아두이노 우노보드 기초 마스터 1

아두이노 마스터 ❶
우노보드 기초

초판인쇄 2019년 1월 10일
초판발행 2019년 1월 10일

저　　자 신 동 욱
발 행 인 곽 종 학

발 행 처 도서출판 Ohm사
주　　소 140-150 서울시 용산구 한강대로 306-5. 세기B/D
전　　화 02-776-4868~9
팩　　스 02-779-6757
등록번호 1975년 9월 12일 제3-3호

http://www.ohm.co.kr　　E-mail : ohm@ohm.co.kr

ISBN 978-89-7101-831-6　　정가 28,000원

아두이노 마스터 ❶

우노보드 기초

Ohm사

이 책의 목차

이 책의 머리글

아두이노는 원래 프로그램이나 전자회로 같은 전문 기술이 없는 사람도 쉽게 사용할 수 있도록 만들어졌으나, 최근 4차 산업혁명 시대를 맞이하여 IoT(사물 인터넷), 드론, 3D 프린터, 로봇 제작 등에 활용되면서 더 많은 관심을 받고 있다. 특히 IoT를 실현하는 기본 보드로 가장 많이 활용되고 있고, 또한 남녀노소를 불문하고 세계적으로 붐이 일고 있는 Maker(메이커)들의 기본 보드로도 많이 사용되고 있다. 우리나라에서도 최근에는 학생들의 창의력을 길러주기 위한 체험 학습 즉 메이커 교육에서도 많이 사용되고 있고, 기업에서도 아두이노 보드의 간단한 배선과 오픈 소스의 장점 때문에 제품 개발에 적극적으로 활용되고 있다.

이 책에서는 위와 같이 많은 사회적 관심을 받고 있는 아두이노 보드 중에서 가장 많이 사용되는 우노보드를 타겟 보드로 설정하였고, 보드와 라이브러리에 대한 단순한 사용법보다는 보드에 연결되는 부품들의 특성 및 동작원리에 대해 설명한 후 이에 기초를 두고 작성한 프로그램을 소개하도록 노력하였다. 그리고 회로도와 함께 배선도도 명시하여 전자 관련 비전문가들도 쉽게 따라 할 수 있도록 하였다.

이 책은 우노보드를 사용하기 위한 기초 편으로 전체 6장으로 구성되어 있으며, 간단히 소개하면 다음과 같다.

제1장에서는 아두이노를 사용하기 위한 설명과 함께 우노보드에 대해 자세히 기술하고 있다.

제2장에서는 아두이노를 사용하기 위해 필요한 C언어 문법과 2진수 및 16진

수에 대해 설명하고 있다.

제3장에서는 아두이노의 기본적인 함수들에 대한 설명과 함께 LED나 스위치와 같은 기본 부품들의 사용법에 대해 다루고 있다.

제4장에서는 첫 번째 응용실험으로 출력용 디스플레이 부품들과 모터들의 제어에 대해 다루고 있고, 또한 이들 부품들을 사용하기 위한 라이브러리 활용법도 소개하고 있다.

제5장에서는 두 번째 응용실험으로 입력용 부품(모듈)들과 센서들의 특징 및 사용법에 대해 다루고 있다.

제6장에서는 5장까지 배운 내용을 토대로 독자 여러분들의 능력을 테스트 해볼 수 있는 15개의 도전 과제를 남겨 두었다.

마지막으로 이 책이 나올 수 있도록 항상 많은 노력을 해주신 Ohm사의 사장님과 직원 여러분들에게 감사의 말씀을 드리고, 또한 아름답고 멋진 책이 나오기까지 노력해주신 편집자에게 감사드립니다.

2018년 12월

신 동 욱

chapter

01

아두이노

아두이노는 이탈리어로 '절친한 친구'라는 뜻을 가지며, 오픈 소스를 기반으로 사용할 수 있는 제어용 MCU 보드이다. 따라서 누구나 조금만 노력하면 쉽게 사용할 수 있는 보드라고 할 수 있다.

CHAPTER

01 아두이노

1.1 아두이노에 대해

아두이노는 2005년에 이탈리아 Massimo Banzi 교수가 누구나 쉽게 사용할 수 있도록 개발한 마이크로컨트롤러(Microcontroller) 보드이며, Atmel사의 AVR이라는 MCU(Micro Controller Unit)를 기반으로 제작되었다. 아두이노는 MCU에 대한 하드웨어적인 전문지식이 없어도 어느 정도의 프로그램 작성 및 이해 능력만 있으면 간단한 개발환경에서 누구나 손쉽게 사용할 수 있다는 특장을 가지고 있다. 특히, 스위치나 LED와 같은 입출력 소자를 제어하는 간단한 입출력 함수를 비롯해서 다양한 함수들이 제공되고 있으며, 아두이노에 연결해서 사용하는 수많은 응용 모듈들에 대한 라이브러리도 오픈 소스형으로 인터넷 상에서 많이 제공되고 있다.

최근까지 다양한 아두이노 보드가 개발되고 있는데, 이들 보드 중 대표적인 보드만 몇가지 간단히 설명하면 다음과 같다.

◆ Arduino NANO

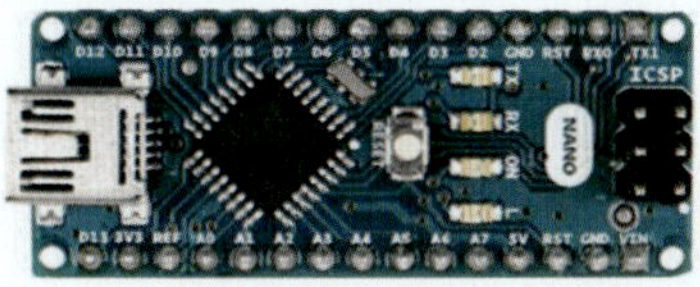

- MCU : ATmega168 또는 ATmega328
- 구동전압/입력전압 : 5V/7~9V
- 디지털 I/O핀/PWM 출력핀 : 14/6
- 아날로그 입력핀 : 8
- Flash Memory : 16kB(ATmega168), 32kB(ATmega328)
- SRAM : 1kB(ATmega168), 2kB(ATmega328)
- EEPROM : 0.5kB(ATmega168), 1kB(ATmega328)
- Clock : 16MHz
- 특징 : UNO 보드의 기능을 갖는 소형 보드이며, mini-B형 USB 단자 장착

◆ Arduino MINI

- MCU : ATmega328
- 구동전압/입력전압 : 5V/7~9V
- 디지털 I/O핀/PWM 출력핀 : 14/6
- 아날로그 입력핀 : 8
- Flash Memory : 32kB
- SRAM : 2kB
- EEPROM : 1kB
- Clock : 16MHz
- 특징 : 브레드보드용으로 적합하며, 프로그램을 업로드 할 장치가 별도로 필요.

◆ Arduino UNO

- MCU : ATmega328
- 구동전압/입력전압 : 5V/7~12V
- 디지털 I/O핀/PWM 출력핀 : 14/6
- 아날로그 입력핀 : 6
- Flash Memory : 32kB
- SRAM : 2kB
- EEPROM : 1kB
- Clock : 16MHz
- 특징 : 기본형으로 가장 많이 사용되며, USB 통신을 위한 FTDI 칩을 내장하고 있어 PC 등에 바로 연결하여 사용 가능

◆ Arduino LEONARD

- MCU : ATmega32u4
- 구동전압/입력전압 : 5V/7~12V
- 디지털 I/O핀/PWM 출력핀 : 20/7
- 아날로그 입력핀 : 12
- Flash Memory : 32kB
- SRAM : 2.5kB
- EEPROM : 1kB
- Clock : 16MHz
- 특징 : USB 통신기능을 가지고 있어 컴퓨터와 연결했을 때 마우스나 키보드와 같은 장치로 인식 가능

◆ Arduino ESPLORA

- MCU : ATmega32u4
- 구동전압/입력전압 : 5V/7~12V
- 디지털 I/O핀/PWM 출력핀 : 20/7
- 아날로그 입력핀 : 12
- Flash Memory : 32kB
- SRAM : 2.5kB
- EEPROM : 1kB
- Clock : 16MHz
- 특징 : LEONARD 보드와 비슷한 특징을 가지며, 보드에 RGB LED, 광센서, 온도센서, 조이스틱 등 장착

◆ Arduino MEGA

- MCU : ATmega2560
- 구동전압/입력전압 : 5V/7~12V
- 디지털 I/O핀/PWM 출력핀 : 54/14
- 아날로그 입력핀 : 16
- Flash Memory : 256kB
- SRAM : 8kB
- EEPROM : 4kB
- Clock : 16MHz
- 특징 : UNO 보드의 고사양 버전으로 많은 입출력핀과 큰 플래시 메모리를 가지고 있으며, 또한 시리얼 통신 포트 4개 장착

◆ Arduino MEGA ADK

- MCU : ATmega2560
- 구동전압/입력전압 : 5V/7~12V
- 디지털 I/O핀/PWM 출력핀 : 54/14
- 아날로그 입력핀 : 16
- Flash Memory : 256kB
- SRAM : 8kB
- EEPROM : 4kB
- Clock : 16MHz
- 특징 : MEGA 보드에 안드로이드 기능을 추가하였으며, 아두이노와 안드로이드의 연동이 필요한 경우 사용 가능

◆ Arduino DUE

- MCU : AT91SAM3X8E
- 구동전압/입력전압 : 3.3V/7~12V
- 디지털 I/O핀/PWM 출력핀 : 54/14
- 아날로그 입력핀 : 12
- 아날로그 출력핀 : 2
- Flash Memory : 512kB
- SRAM : 96kB
- Clock : 84MHz
- 특징 : 32비트 Cortex-M3를 탑재하고 있어 성능은 좋지만 동작 전압이 3.3V이어서 조금 불편

1.2 아두이노 우노보드

이 책에서는 아두이노 우노보드와 다양한 부품(모듈)들이 포함된 [그림 1-1]과 같은 아두이노 스타터 키트를 사용하기로 한다. 우노보드는 아두이노 보드 중에서 가장 기본적이고도 많이 사용되는 보드라고 할 수 있으며, [표 1-1]과 같은 사양을 갖고 있다. 우노보드에는 MCU ATmega328이 장착되어 있고, 16MHz로 5V 전압에서 동작한다. 컴퓨터에 USB 단자로 연결하면 우노보드에 전원이 공급될 뿐 아니라 작성된 프로그램을 손쉽게 컴파일하여 업로드 할 수도 있다. 또한 우노보드가 동작 중일 때는 USB 포트가 시리얼 통신 기능을 하게 되어 컴퓨터와 데이터를 주고 받을 수도 있다.

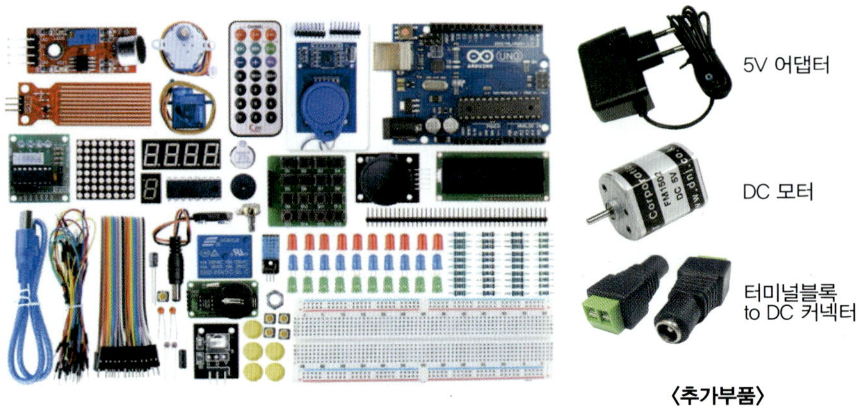

[그림 1-1] 아두이노 스타터 키트 + 추가 부품(터미널 블록, 어댑터, DC 모터)

[표 1-1] 우노보드 사양

항목	사양	비고
사용 MCU	ATmega328	
동작주파수	16MHz	
동작 전압	5V	
권장 외부 입력전압	7~12V	아답터 사용
최대 허용전압	6~20V	아답터 사용
USB 사용 전압	4.5~5.5V	
소비 최대전류	500mA	
3.3V 최대 출력 전류	150mA	
디지털 입출력 허용 전류	40mA	
3.3V 핀에 허용 전류	50mA	
Flash Memory	32KB	Bootloader 0.5KB 사용
SRAM	2KB	
EEPROM	1KB	
디지털 입출력핀	14+6	아날로그 입력핀(A0~A5)을 디지털 핀으로 사용시 6개 추가 사용 가능
아날로그 입력핀	6	
PWM 출력핀	6	
I2C	2핀	
UART	2핀	
SPI	4핀	
크기	68.6mm x 53.4mm	

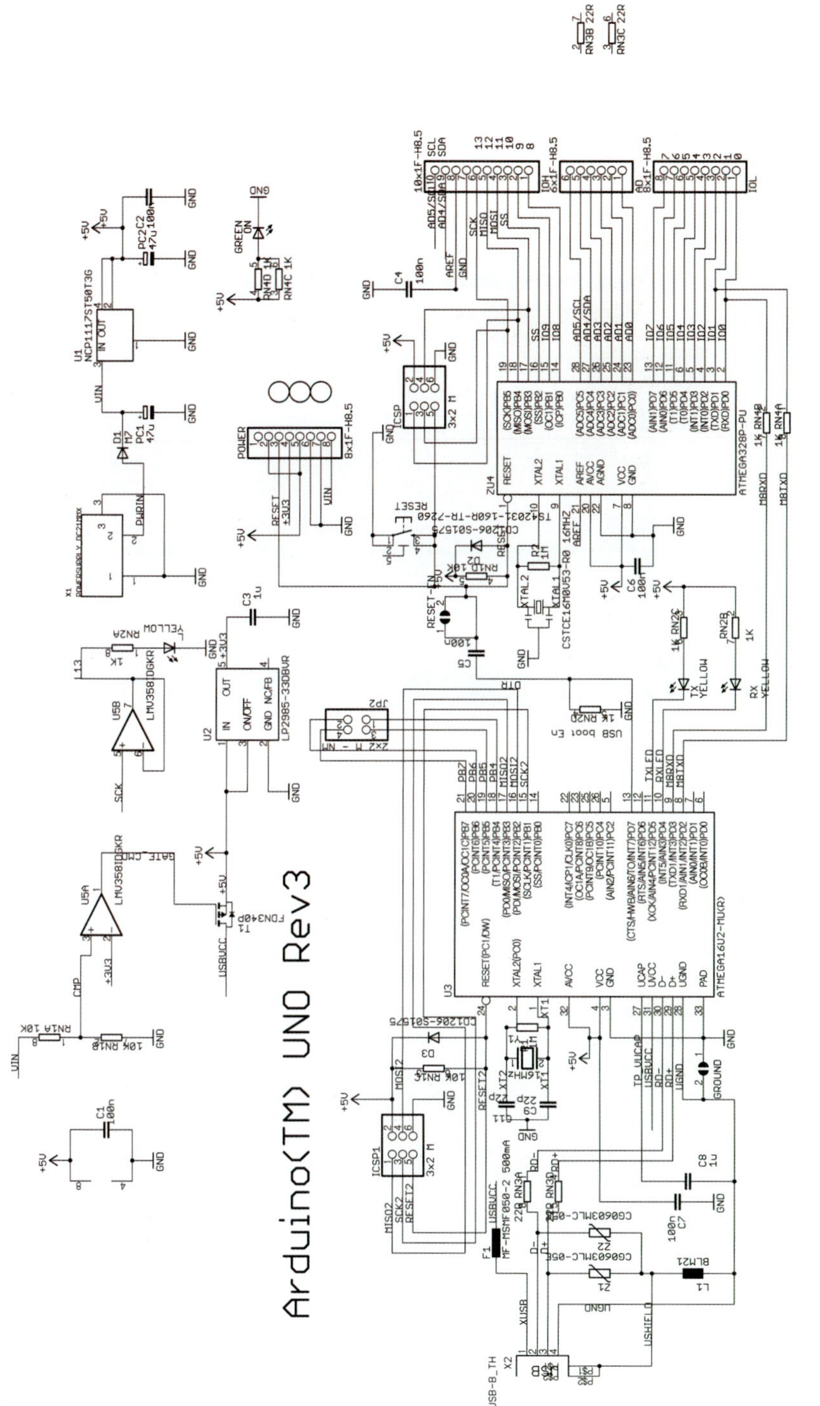

[그림 1-2] 우노보드 회로도

[그림 1-2]는 우노보드 회로도이며, [그림 1-3]과 [그림 1-4]는 우노보드의 핀 구성 및 단자명을 보여준다.

[그림 1-3] 우노보드 핀 구성

[그림 1-4] 우노보드 특수 기능 핀

[그림 1-5]는 우노보드에 사용되는 MCU ATmega328의 핀 구성을 보여주며, [표 1-2]는 ATmega328과 우노보드와의 핀 연결 관계를 보여준다.

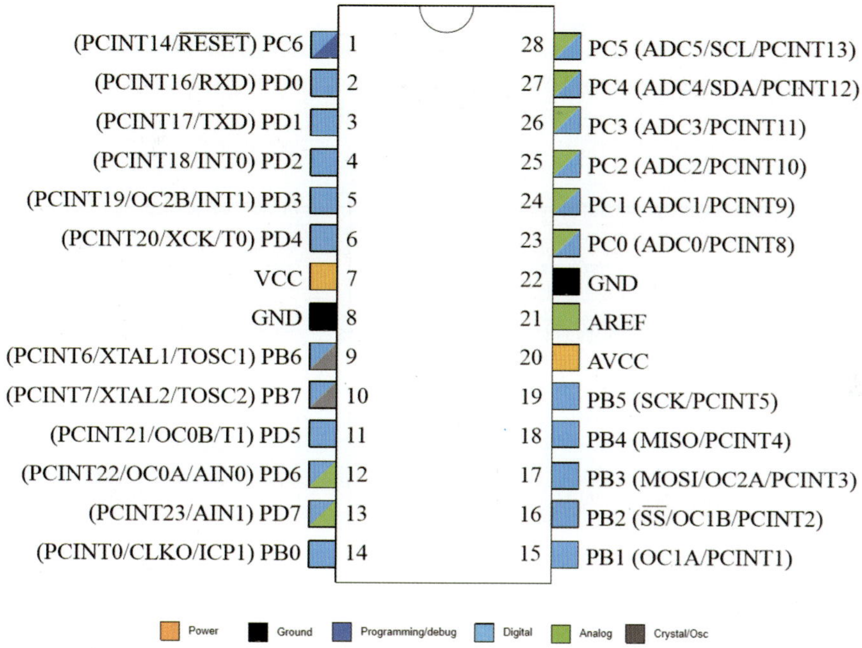

[그림 1-5] ATmega328 핀 구성

[표 1-2] ATmega328과 우노보드와의 핀 연결 관계

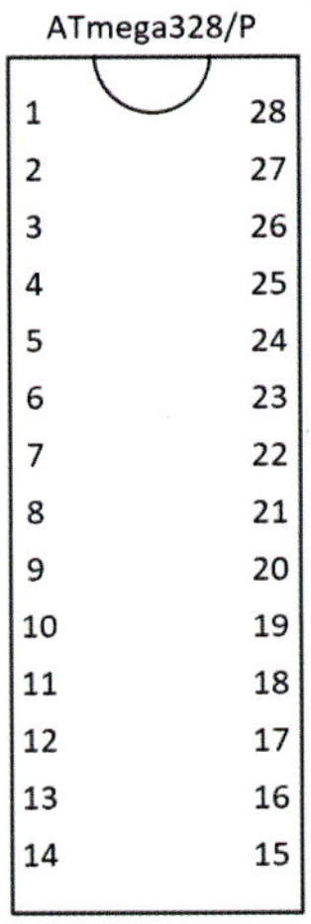

아두이노 핀 명	ATmega328/P 핀 명	ATmega328/P 핀 명	아두이노 핀 명
RESET	PC6(PCINT14/RESET)	PC5 (PCINT13/SCL/ADC5)	A5
0	PD0(PCINT16/RXD)	PC4(PCINT12/SDA/ ADC4)	A4
1	PD1(PCINT17/TXD)	PC3(PCINT11/ADC3)	A3
2	PD2(PCINT18/INT0)	PC2(PCINT10/ADC2)	A2
~3	PD3(PCINT19/OC2B/INT1)	PC1(PCINT9/ADC1)	A1
4	PD4(PCINT20/XCK/T0)	PC0(PCINT8/ADC0)	A0
5V	VCC	GND	GND
GND	GND	AREF	AREF
	PB6(PCINT6/XTAL1/ TOSC1)	VCC	5V
	PB7(PCINT7/XTAL2/ TOSC2)	PB5(PCINT5/SCK)	13
~5	PD5(PCINT21/OC0B/T1)	PB4(PCINT4/MISO)	12
~6	PD6(PCINT22/AIN0/ OC0A)	PB3(PCINT3/OC2A/ MOSI)	~11
14	PD7(PCINT23/AIN1)	PB2(PCINT2/OC1B/SS)	~10
8	PB0(PCINT0/CLKO/ICP1)	PB1(PCINT1/OC1A)	~9

[표 1-3]은 ATmega328과 우노보드와의 핀 연결 관계를 기능별로 정리하여 나타낸 것이다. 표로부터 알 수 있듯이 20개의 디지털 입출력핀, 6개의 아날로그 입력핀, 6개의 아날로그(PWM) 출력핀을 갖고 있다. 그리고, 2개의 외부인터럽트 핀, I2C 핀, SPI핀, 시리얼 포트를 가지고 있다.

[표 1-3] 우노보드의 핀 기능 분류

	아두이노 보드							ATmega328P MCU 핀 번호 및 포트명
	아두이노 핀 명	디지털 입출력 핀	아날로그 입력 핀	PWM 출력 핀	외부 인터럽트 핀	시리얼 통신 핀		
왼쪽	IOREF							
	RESET							1. PC6
	3.3V							
	5V							7(20). 5V
	GND							8(22). GND
	GND							8(22). GND
	Vin							8(22). GND
	A0	14(A0)	A0					23. PC0
	A1	15(A1)	A1					24. PC1
	A2	16(A2)	A2					25. PC2
	A3	17(A3)	A3					26. PC3
	A4(SDA)	18(A4)	A4					27. PC4/SDA
	A5(SCL)	19(A5)	A5					28. PC5/SCL
오른쪽	SCL(A5)		A5			SCL	I2C	28. PC5/SCL
	SDA(A4)		A4			SDA		27. PC4/SDA
	AREF							21. AREF
	GND							8(22). GND
	13	13				SCK	SPI	19. PB5/SS
	12	12				MISO		18. PB4/MISO
	~11	11		~11		MOSI		17. PB3/MOSI/OC2A
	~10	10		~10		SS		16. PB2/SS/OC1B
	~9	9		~9				15. PB1/OC1A
	8	8						14. PB0
	7	7						13. PD7
	~6	6		~6				12. PD6/OC0A
	~5	5		~5				11. PD5/OC0B
	4	4						6. PD4
	~3	3		~3	INT1			5. PD3/INT1/OC2B
	2	2			INT0			4. PD2/INT0
	1	1				Tx	UART	3. PD1/TxD
	0	0				Rx		2. PD0/RxD

1.3 아두이노 사용법

(1) 아우이노 IDE 다운로드

아두이노를 사용하기 위해서는 Arduino IDE(Integrated Development Environment)를 다운받아 설치해야 하며, 아두이노 공식 사이트에서 최신 버전을 다운로드 받을 수 있다.

http://arduino.cc/en/Main/Software

[그림 1-6]과 같이 아두이노 공식 사이트에 들어가 사용 컴퓨터의 OS(이 책에서는 윈도우 기반)에 맞는 소프트웨어를 다운로드 받으면 된다. 윈도우 기반에서는 Window Installer를 클릭하면 되며, 이를 클릭하면 바로 〈아두이노 소프트웨어에 대한 기부금〉 창이 표시되는데 그냥 다운로드만 하고 싶은 경우에는 "JUST DOWNLOAD"를 클릭하면 된다. 다운로드 받은 파일은 "arduino-1.8.7-windows.exe"이며, 이 파일을 실행하여 설치해보도록 하자.

[그림 1-6] 아두이노 공식 사이트

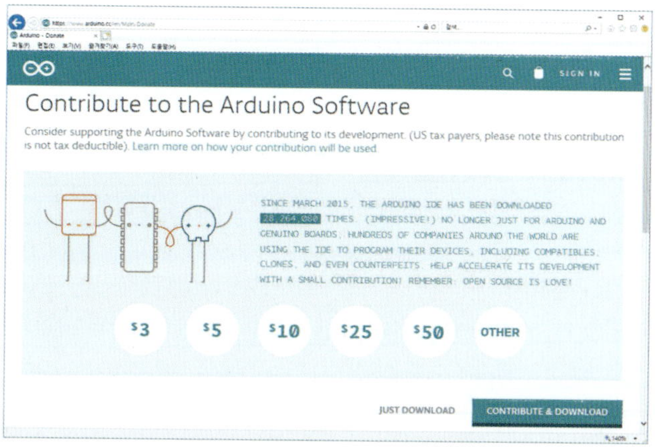

[그림 1-7] 기부금 여부 표시창

(2) 아우이노 IDE 설치

다운로드 받은 파일을 실행하여 라이선스 동의(License Agreement)를 묻는 창이 나오면 [I Agree]를 클릭한다. 그러면 컴퓨터에 설치할 내용을 선택하는 창과 이어서 설치 위치를 지정하는 창이 나오는데 모두 디폴트로 하고 [Next]와 [Install]을 클릭한다. 프로그램 설치가 완료되면 "Arduino USB Driver" 설치 여부를 묻는 창이 나오는데 모두 설치하도록 한다.

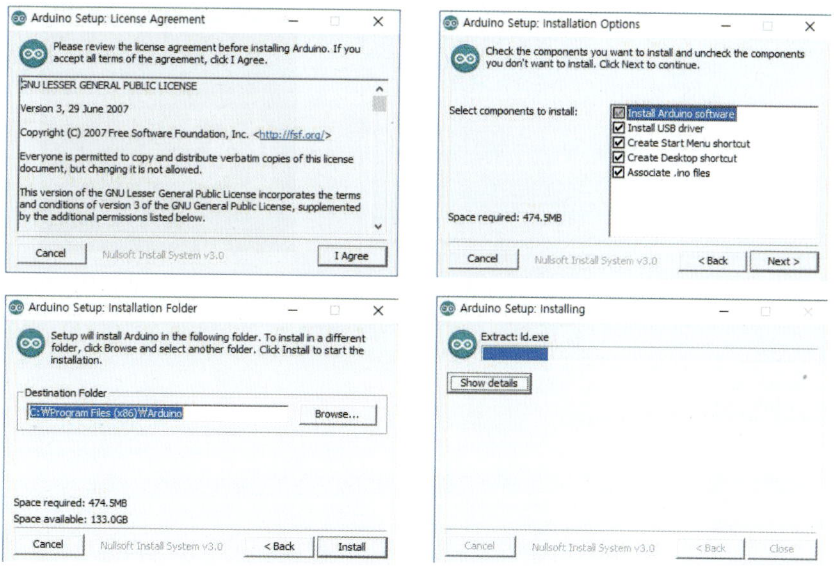

[그림 1-8] 아우이노 IDE 설치

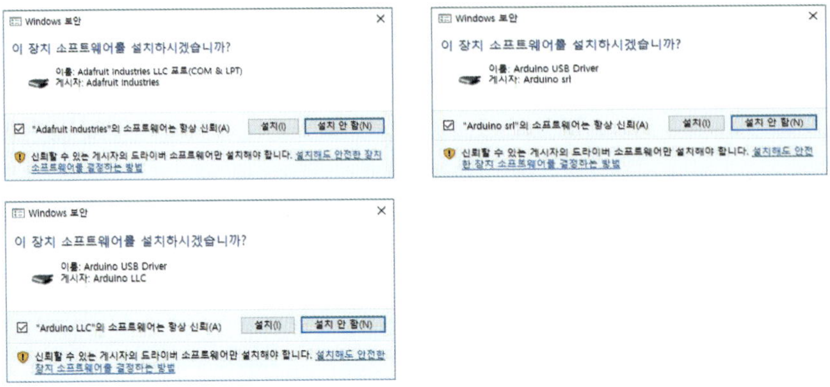

[그림 1-9] Arduino USB 드라이버 설치를 묻는 대화상자 창

설치가 모두 종료되면 [그림 1-10]과 같이 [Close] 버튼이 활성화되어 클릭하면 설치 과정이 완료되며, 바탕화면에 [그림 1-11]과 같은 아두이노 아이콘이 생성된다.

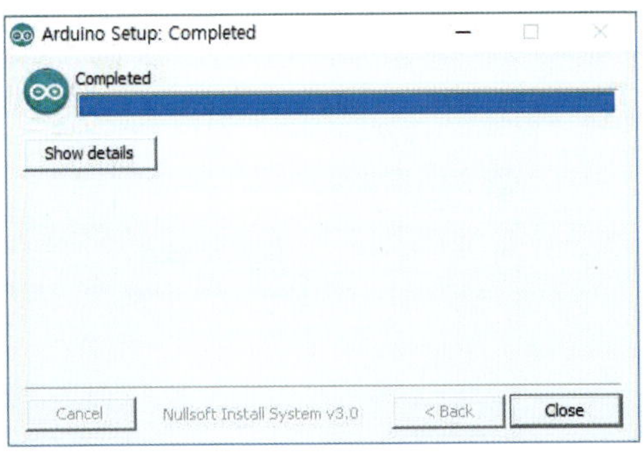

[그림 1-10] 설치 종료 표시 창

[그림 1-11] 바탕화면에 생성된 아이콘

(3) 아두이노 IDE 실행

우선 컴퓨터에 아두이노 우노보드를 연결하고 장치관리자의 포트 항목을 확인한다. [그림 1-12]에서는 Arduino Uno(COM9) 보드가 직렬포트 COM9로 연결되었음을 확인할 수 있으나, COM9는 사용자의 컴퓨터에 따라 다르게 할당되어 표시될 수 있다. 이와 같이 우노보드가 컴퓨터에서 인식되어 COM 포트가 할당되어야 프로그램을 업로드 할 수 있게 된다.

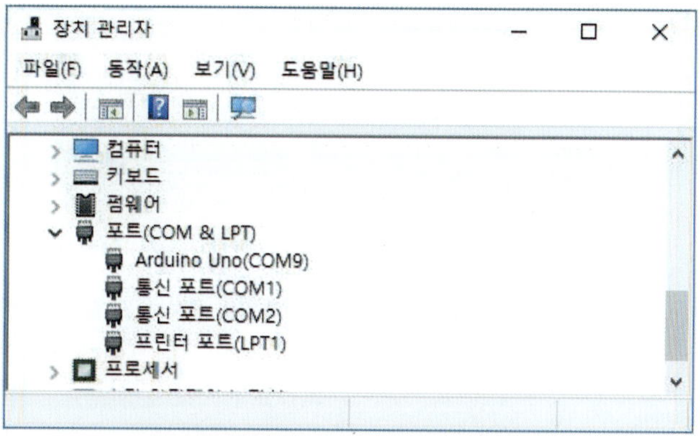

[그림 1-12] 아두이노 보드 컴퓨터 연결 확인(장치 관리자 포트)

아두이노 IDE 아이콘을 더블 클릭하여 실행하면 [그림 1-13]과 같이 두 개의 함수가 들어있는 창이 열리며, 이 창에는 두 개의 함수 setup()과 loop() 함수가 기본적으로 들어있는 것을 확인할 수 있다. 아두이노 IDE에서 작성되는 프로그램을 스케치라 하며, 파일의 확장자는 ino이다.(구버전에서는 pde)

setup() 함수는 아두이노 보드 실행 프로그램에서 사용되는 변수나 MCU에 대한 초기 설정(예 : 입출력 핀의 입출력 방향에 대한 설정)을 수행하는 함수이며, 한번만 실행되는 함수이다.

loop() 함수는 계속 호출되어 반복 실행되는 함수이며, 기본적으로 보이지 않는 main() 함수에 [그림 1-14]와 같이 이 두 함수들이 호출되도록 미리 작성되어 있다고 생각하면 될 것 같다. 따라서 사용자는 아두이노 프로그램을 작성할 때 두 함수에 어떠한 사항을 채우면 되는지 생각하여 작성하면 된다. 아두이노 IDE에서는 메뉴 밑에 6개의 아이콘이 있는데 그 기능은 [표 1-4]와 같다.

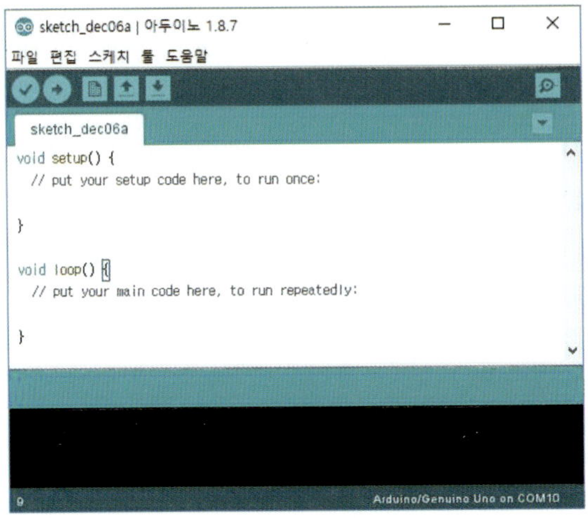

[그림 1-13] 아두이노 초기화면(파일에서 새파일을 클릭해도 같은 창 생성)

```
void main()
{
      setup();                    // 한 번만 실행

      while(1) loop();            // loop() 함수 무한 호출
}
```

[그림 1-14] 아두이노 메인 함수

[표 1-4] 아두이노 IDE의 메뉴 아이콘

아이콘	기능	설명
	컴파일	작성된 프로그램 컴파일
	컴파일 및 업로드	작성된 프로그램 컴파일 후 보드에 업로딩
	새 파일	새로운 스케치 파일 생성
	열기	저장된 스케치 파일 열기
	저장	스케치 파일 저장
	시리얼 모니터	시리얼 통신 창을 생성하여 시리얼 데이터 전송 및 표시

아두이노 IDE에서 작성된 파일이나 오픈된 파일을 업로드 하기 위해서는 [그림 1-15]와 [그림 1-16]과 같이 사용 보드와 시리얼 포트를 설정해주어야 한다.

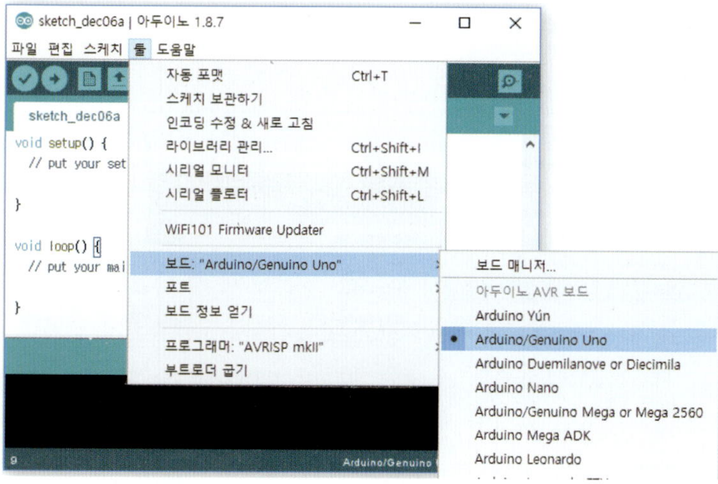

[그림 1-15] 사용 보드 설정

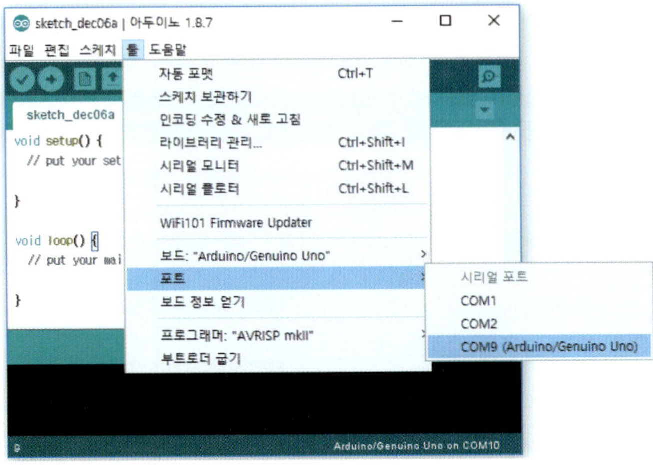

[그림 1-16] 포트 설정

(4) 프로그램 업로드

여기서는 컴퓨터에 연결된 보드와 아두이노 IDE가 잘 설치되었는지 확인하기 위해 [그림 1-17]과 같이 예제 프로그램을 읽어 실행해 보기로 한다. 〈파일 → 예제 → 01.Basics → Blink〉를 선택하여 클릭하면 [그림 1-18]과 같이 Blink 창이 새롭게 표시되는 것을 알 수 있다.

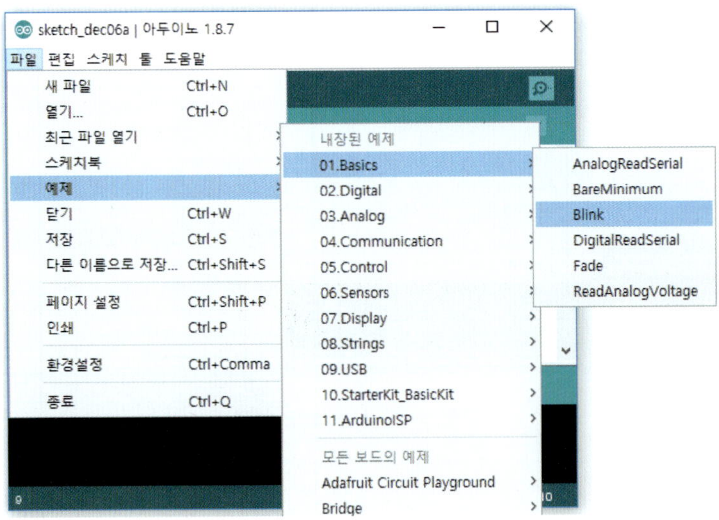

[그림 1-17] 예제 프로그램(스케치) 열기

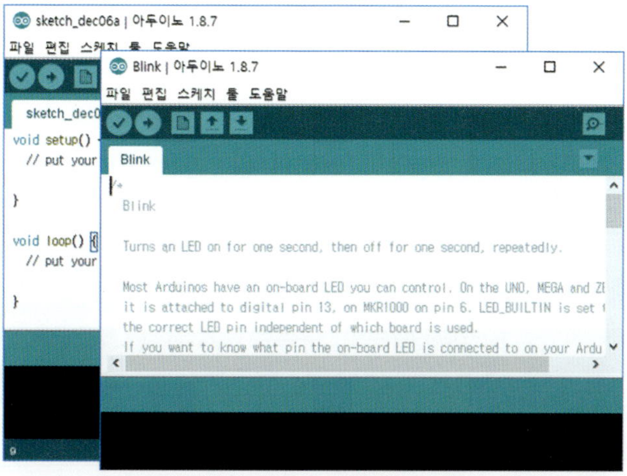

[그림 1-18] Blink 스케치 창 열림

[그림 1-19]는 예제 프로그램 Blink의 내용을 보여주며, 우노보드 테스트용 LED(디지털 입출력 13번 핀에 연결)를 1초 간격으로 ON/OFF 시키는 프로그램이다. 따라서, 별도로 보드에 하드웨어적인 배선이나 연결을 할 필요는 없고, 프로그램을 컴파일 한 후 업로드 하면 바로 프로그램의 동작을 확인할 수 있다.

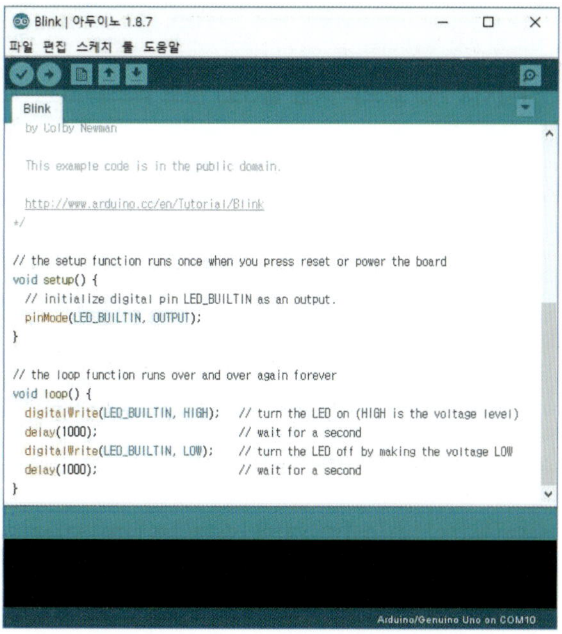

[그림 1-19] Blink 스케치 창

[그림 1-20]은 맨 왼쪽 아이콘(컴파일)을 클릭한 컴파일 결과를 보여주며, 아래 부분 메시지 창에 컴파일된 프로그램의 용량과 변수로 사용할 RAM의 용량이 표시된다.

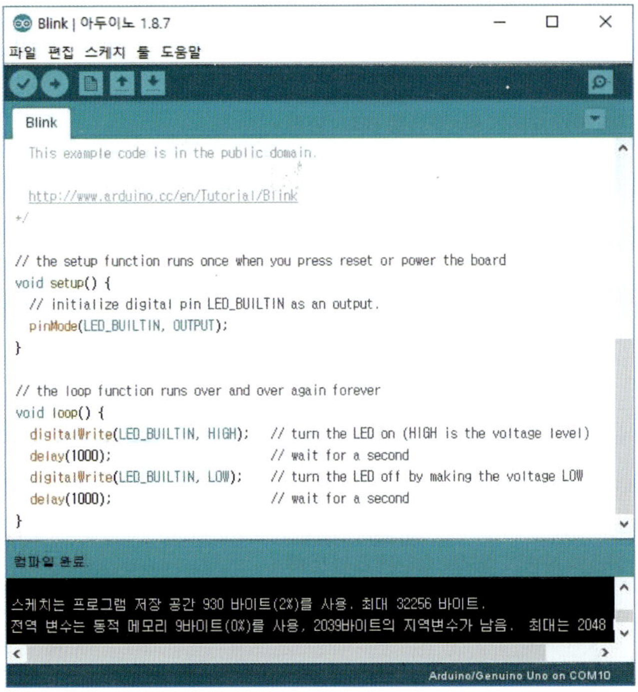

[그림 1-20] 컴파일 실행 창

[그림 1-21]은 두 번째 아이콘(컴파일 및 업로딩)을 클릭하여 컴파일 후 업로드 완료한 상태를 보여주며, 업로드 완료된 후 보드를 살펴보면 이 프로그램이 실행되는 것을 확인할 수 있다. 즉, 우노보드 테스트용 LED가 1초 간격으로 ON/OFF 되는 것을 확인 할 수 있으며, 여기서 delay(1000) 함수는 1000ms 동안 현재 상태를 유지하면서 기다리는 함수이다.

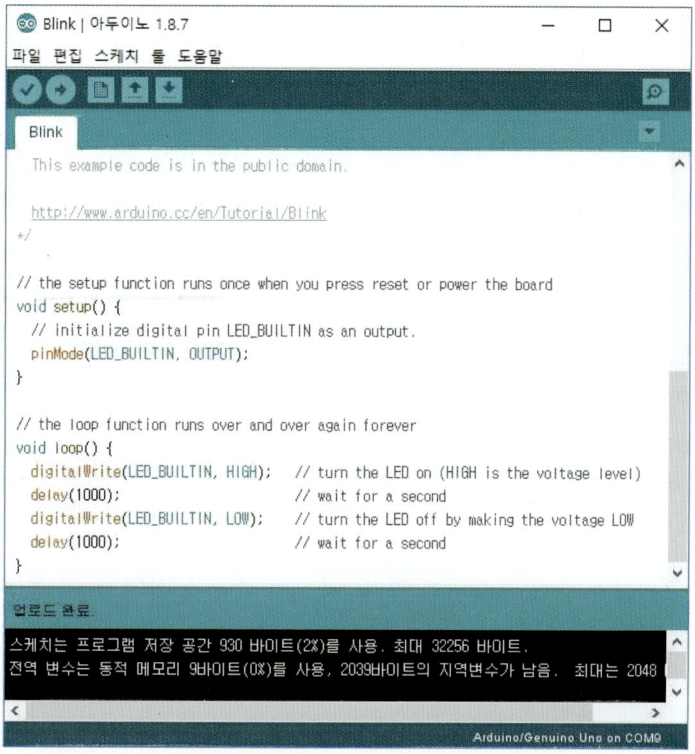

[그림 1-21] 컴파일 및 업로딩 아이콘 실행 화면

다음은 프로그램의 delay(1000) 함수를 delay(3000)으로 수정하고 다른 이름으로 저장한 후 컴파일하여 실행해 보도록 하자.

delay(1000)→delay(3000) 수정→적당한 작업 폴더 만든 후 다른 이름으로 저장
blink1(.ino)으로 저장 → 컴파일 후 실행 확인

```
// the loop function runs over and over again forever
void loop() {
     digitalWrite(LED_BUILTIN, HIGH);       // turn the LED on
     delay(3000);                           // wait for 3 second
     digitalWrite(LED_BUILTIN, LOW);        // turn the LED off
     delay(3000);                           // wait for 3 second
}
```

1.4 회로 배선법

브레드보드(Breadboard)는 전자부품을 납땜하지 않고 배선하기 위한 도구로서 [그림 1-22(a)]와 같은 외관을 가지고 있다. 크기에 따라 많은 종류의 브레드보드가 있으나 사용법은 대부분 같아 원리만 알면 누구나 쉽게 회로를 구성할 수 있다. 브레드보드는 기본적으로 [그림 1-22(a)]와 같이 부품을 꽂을 수 있는 홀(구멍)들로 구성되어 있으며, 다섯 개 단위로 홀들이 배치되어 있는 것을 확인할 수 있다. 이들 다섯 개 홀들은 내부적으로 연결되어 있으며, 수평 방향으로 다섯 개씩 구성되어 있는 부분과 수직 방향으로 다섯 개씩 구성되어 있는 부분으로 크게 나누어진 것을 알 수 있다.

수평 방향의 홀들은 주로 전원을 연결하기 위한 홀들로 다섯 개 홀 다섯 개가 [그림 1-22(b)]와 같이 연결되어 있다. 파란선 부분은 전원의 (-) 쪽을 연결하고, 빨강선 부분은 전원의 (+)쪽을 연결하여 사용한다. 그리고 수직 방향의 홀들은 부품을 꽂아 배선하는 부분이며, 부품들의 연결점을 나타내는 부분이라 할 수 있다. 따라서 부품을 꽂을 때는 부품의 단자들이 같은 수직방향의 홀에 [그림 1-23(a)]와 같이 꽂혀서는 안 되며, [그림 1-23(b)]와 같이 부품의 단자들이 서로 다른 수직방향의 홀에 꽂혀져야 한다.

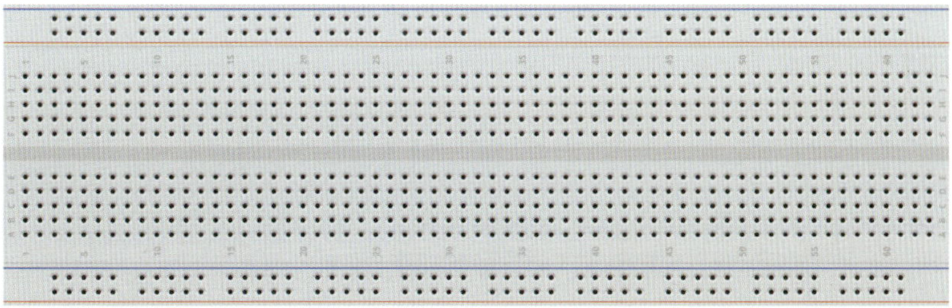

(a) 외관

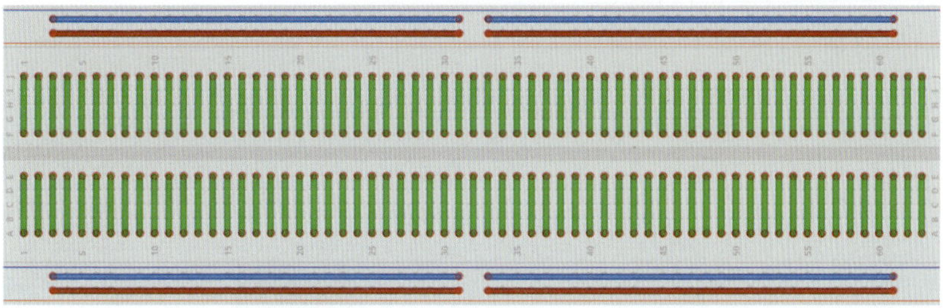

(b) 연결도

[그림 1-22] 브레드보드의 외관 및 연결도

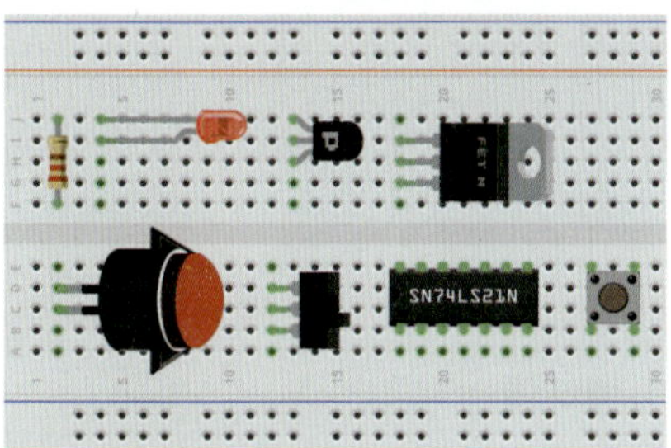

(a) 잘못된 부품 배치

(b) 적절한 부품 배치

[그림 1-23] 부품 배치

[그림 1-24]는 6개의 저항과 전원으로 구성된 회로도와 배선도를 보여준다. 저항 330Ω과 470Ω 이 연결되는 점a에서 두 저항이 연결되고, 저항 330Ω과 3.3kΩ 그리고 470Ω이 연결되는 점b에서 3개의 저항이 연결된다. 마찬가지로 저항 470Ω과 2.2kΩ 그리고 1kΩ이 연결되는 점c에서 3개의 저항이 연결되

며, 470Ω과 3.3kΩ 그리고 2.2kΩ의 아래쪽의 단자들이 전원의 (–)단자에 연결된다.

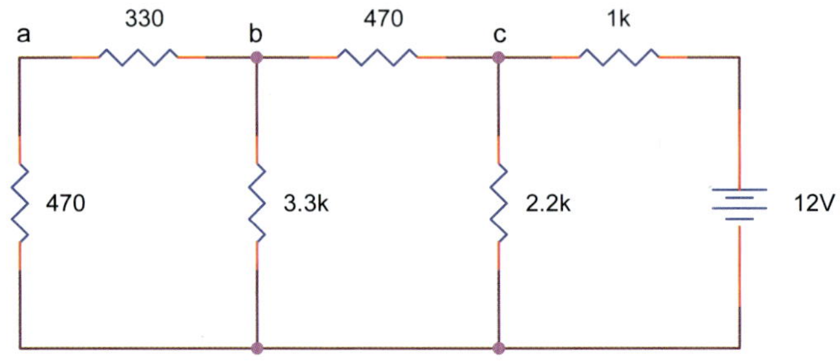

(a) 회로도

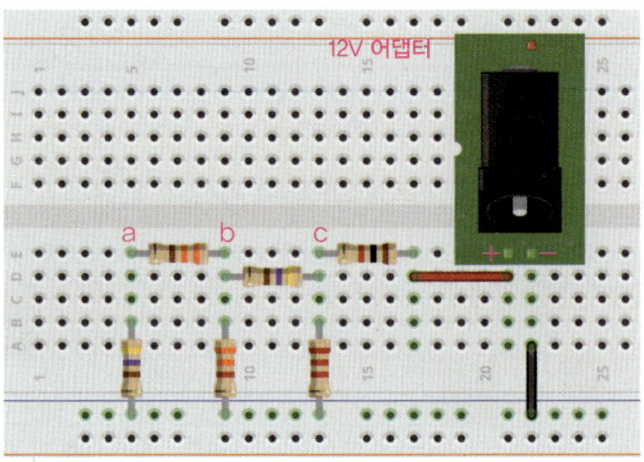

(b) 배선도

[그림 1-24] 배선 예

chapter

02

C 언어

프로그램 작업은 MCU에 생명을 불어넣는 과정이라 생각하며, 프로그램을 잘 작성해야 MCU도 프로그램에 따라 올바른 동작을 하게 된다. 아두이노는 C/C++언어 기반으로 작성하고, 표준 C와 일부 C++의 모든 기능을 지원한다.

CHAPTER

02

C 언어

이 장에서는 C 언어로 프로그램을 작성하는데 있어서 필요한 기본 사항과 C 문법에 대해 간단히 설명하기로 한다.

2.1 수의 체계

(1) 2진수

10진수에서 각 자리 값이 0~9의 값으로 표현되듯이, 2진수에서 각 자리 값은 0과 1의 값을 갖게 된다.

- 2진수로 변환하기
  - 변환할 값을 2로 계속 나누어가면서 [그림 2-1]과 같이 몫과 나머지를 분리해가며 몫이 2보다 작은 값이 될 때까지 반복한다.

- 변환되는 2진수는 나머지 값들을 아래 부분부터 위쪽 방향으로 정리하여 나열한다.
- 10110111

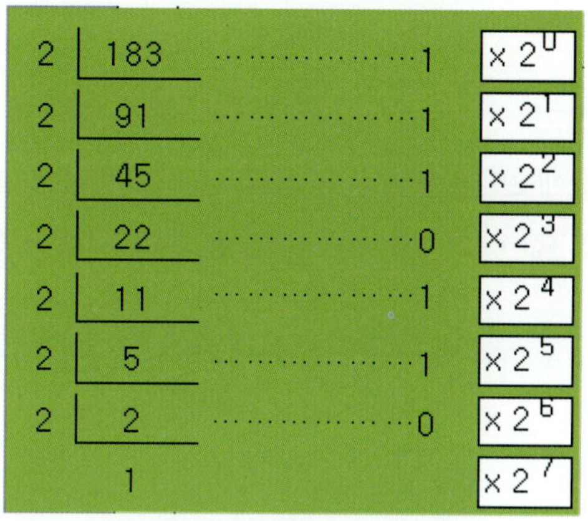

[그림 2-1] 2진수 구하기

● 비트

2진수에서의 각 자리 값을 비트라 하며, 8자리(비트)를 묶어 1바이트라고 한다. 2진수는 다른 수들과 구별하기 위해 2진수 맨 앞에 '0b'(또는 '0B')를 붙여 표현한다.

비트 번호	7 (MSB)	6	5	4	3	2	1	0 (LSB)
자리값	1	0	1	1	0	1	1	1
2비트 번호값	2^7	2^6	2^5	2^4	2^3	2^2	2^1	2^0

[그림 2-2] 비트 번호

MSB, LSB

MSB(Most Significant Bit) : 2진수에서 최상위 비트를 의미
LSB(Least Significant Bit) : 2진수에서 최하위 비트를 의미

● 10진수로 변환하기

2진수의 각 자리 값에 2비트 번호값을 곱해 모두 더해 주면 되며, 앞의 예제에서 얻어진 183의 2진값 0b10110111은 다음과 같이 10진수로 변환된다.

$$1\times2^7+0\times2^6+1\times2^5+1\times2^4+0\times2^3+1\times2^2+1\times2^1+1\times2^0=183$$

(2) 16진수

2진수로 프로그램을 작성하거나 데이터를 표시하는 경우 데이터의 표현이 길어져 불편한 점이 발생한다. 즉, 8비트 데이터의 경우에는 8자리, 16비트 데이터의 경우에는 16자리가 되어 데이터를 입력하면서 종종 에러가 발생할 수 있다. 16진수는 이러한 문제점을 해결하고 좀 더 편하게 사용하기 위한 표현법이라 말할 수 있다.

● 16진수로 변환하기

10진 값을 16진수로 나타낼 때는 2진수를 구한 방법과 동일한 방법으로 구하면 되며, 2진수를 16진수로 변환할 때는 2진수의 맨 아랫자리부터 4자리씩 끊어 16진 값으로 표현하면 된다. 16진수는 각 자리 값이 0~15의 값을 가지며, 값을 표시할 때 10~15의 값은 A~F(또는 a~f)로 나타낸다. 그리고 16진수는 다른 수와 구별하기 위해 16진수 값 맨 앞에 '0x'(또는 '0X')를 붙여 표현한다.

[그림 2-3] 16진수 구하기

10진수	183
2진수	10110111
16진수	B7

[그림 2-4] 2진수로부터 16진수 구하기

● 10진수로 변환하기

16진수를 10진수로 변환하는 방법은 16진수의 각 자리값에 16비트 번호값을 곱해 모두 더해 주면 된다. 여기서 비트 번호는 16진값의 맨 오른쪽 자리를 0으로 하고 왼쪽으로 1씩 증가시켜가며 부여한 번호이다. 따라서, 앞의 예제에서 얻어진 16진값 0xB7은 다음과 같이 10진수로 변환된다.

자리값	B	7
16비트 번호값	16^1	16^0

$$11 \times 16^1 + 7 \times 16^0 = 183$$

[그림 2-5] 16진수에서 10진수 구하기

(3) ASCII CODE(American Standard Code for Information Interchange)

컴퓨터 시대에 정보 교환의 표준을 위해 만든 코드로서, 영어 알파벳, 아라비아 숫자, 각종 구두점 및 심볼, 컴퓨터 제어코드들을 7자리(비트)의 0과 1의 조합으로 표현한 데이터 코드이다. [표 2-1]은 ASCII 코드표를 보여준다. 알파벳 대소문자와 숫자의 코드 값들이 시작 값부터 연속적이라는 것을 확인하기 바란다. 즉 숫자는 0x30~0x39, 알파벳 대문자는 0x41~0x5A, 알파벳 소문자는 0x61~0x7A까지의 코드 값을 가지고 있다.

[표 2-1] ASCII 코드표

10진값	16진값	문자	10진값	16진값	문자	10진값	16진값	문자	10진값	16진값	문자
0	00	NUL	32	20	SPACE	64	40	@	96	60	`
1	01	SOH	33	21	!	65	41	A	97	61	a
2	02	STX	34	22	“	66	42	B	98	62	b
3	03	ETX	35	23	#	67	43	C	99	63	c
4	04	EOT	36	24	$	68	44	D	100	64	d
5	05	ENQ	37	25	%	69	45	E	101	65	e
6	06	ACK	38	26	&	70	46	F	102	66	f
7	07	BEL	39	27	‘	71	47	G	103	67	g
8	08	BS	40	28	(	72	48	H	104	68	h
9	09	TAB	41	29	)	73	49	I	105	69	i
10	0A	LF	42	2A	*	74	4A	J	106	6A	j
11	0B	VT	43	2B	+	75	4B	K	107	6B	k
12	0C	FF	44	2C	,	76	4C	L	108	6C	l
13	0D	CR	45	2D	–	77	4D	M	109	6D	m
14	0E	SO	46	2E	.	78	4E	N	110	6E	n
15	0F	SI	47	2F	/	79	4F	O	111	6F	o
16	10	DLE	48	30	0	80	50	P	112	70	p
17	11	DC1	49	31	1	81	51	Q	113	71	q
18	12	DC2	50	32	2	82	52	R	114	72	r
19	13	DC3	51	33	3	83	53	S	115	73	s
20	14	DC4	52	34	4	84	54	T	116	74	t
21	15	NAK	53	35	5	85	55	U	117	75	u
22	16	SYN	54	36	6	86	56	V	118	76	v
23	17	ETB	55	37	7	87	57	W	119	77	w
24	18	CAN	56	38	8	88	58	X	120	78	x
25	19	EM	57	39	9	89	59	Y	121	79	y
26	1A	SUB	58	3A	:	90	5A	Z	122	7A	z
27	1B	ESC	59	3B	;	91	5B	[	123	7B	{
28	1C	FS	60	3C	〈	92	5C	＼	124	7C	|
29	1D	GS	61	3D	=	93	5D	]	125	7D	}
30	1E	RS	62	3E	〉	94	5E	^	126	7E	~
31	1F	US	63	3F	?	95	5F	_	127	7F	DEL

2.2 C 프로그램 기초

아두이노 통합환경에서 사용하는 C언어 문법은 일반적으로 사용하는 C언어와 같다고 보면 되며, 데이터형에서만 조금 다르다.

(1) 기본 사항

◆ 주석

주석은 프로그램의 실행과는 무관하며, 프로그램에 대한 설명문을 넣을 때 사용한다.

여러 줄에 걸쳐서 주석을 쓸 때는 "/*"와 "*/"을 다음과 같이 사용하며,

```
/*  여러 줄에 대한 주석문 시작
    이 줄도 주석
*/
```

한 줄로 나타낼 수 있는 짧은 주석의 경우에는 "//"를 이용하여 다음과 같이 사용한다.

```
 // 여기서부터 이 줄 끝까지 주석
a = a * 3;          // 여기서부터 이 줄 끝까지 주석
```

◆ 들여쓰기

중괄호 {....}로 표현되는 함수부분이나 블록(제어문, 반복문)에서는 이 중괄호 안에 실행되는 문장들을 쓰게 되는데 이때 여러 개의 공백이나 탭을 이용하여 여백을 두고 프로그램을 작성하는 방법을 들여쓰기라 한다. 들여쓰기는 프로그램의 실행과는 상관이 없지만, 프로그램의 이해와 디버깅을 위해 필요한 프로그램 작성법이므로 반드시 따르는 것이 필요하다.

```
// 구구단 출력
void gugudan()
{
	int  m, n, mul;

	for(m = 2;m <= 9;m++){
		for(n = 1;n <= 9;n++){
			mul = m * n;
			printf("%d x %d = %d\n", m, n, mul);
		}
	}
}
```

◆ 문장과 세미콜론(;)

우리가 문장을 쓸 때 종료부분에 마침표(.)를 사용하는 것과 같이 C로 프로그램을 작성할 때 문장에는 반드시 세미콜론(;)을 사용한다. C 언어에서 문장은 작업을 처리할 수 있는 기본 단위이며, 문장의 끝을 나타내기 위해 세미콜론을 사용한다. 세미콜론은 주로 변수 선언, 함수원형 선언, 대입문에 의한 표현식, 함수 호출 등의 마지막에 사용되며, 조건문이나 반복문에서 범위를 나타내는 경우에는 중괄호로 나타내고 세미콜론은 사용하지 않는다. 또한 #로 시작되는 전처리기(#define, #include)에도 세미콜론은 사용하지 않기 때문에 앞으로 프로그램 연습을 하면서 경험적으로 어느 부분에 사용되는지를 잘 익혀두어야 한다. 세미콜론이 사용되어야 할 위치에 제대로 사용되지 않으면 컴파일러가 엉뚱한 위치에 에러가 있다고 메시지를 출력할 수도 있기 때문에 세미콜론 사용에 항상 주의하여야 한다.

◆ 전처리기 지시자

전처리기 지시자에는 〈#include〉와 〈#define〉이 있으며, 항상 '#'로 시작된다. 전처리기라는 의미는 프로그램을 컴파일 하기 전에 우선 처리한다는 의미로 사용된다.

지시자 〈#include〉는 '포함시킨다'라는 의미로 지시자에서 지시한 파일을 그

부분에 우선 포함(삽입)한 후 컴파일 하도록 지시하는 명령어라 할 수 있다. 지시 파일은 텍스트 파일이면 어떤 파일이라도 사용할 수 있으나, 일반적으로 프로그램의 맨 윗부분에 놓이기 때문에 헤더 파일(확장자 *.h)이라 한다. 이 헤더 파일에는 컴파일러 자체가 제공하는 파일이 사용되기도 하고, 사용자가 직접 작성한 헤더 파일이 나오기도 한다. 이 헤더 파일에는 함수에 대한 정의(함수 원형), 전역변수, 심볼 및 매크로 함수에 대한 정의 등이 일반적으로 포함되어 있다.

지시자 〈#define〉은 '정의한다'라는 의미로 심볼이나 함수(매크로 함수라고 함)에 대한 정의를 내릴 때 사용한다. 여기서 정의한 심볼과 함수는 컴파일하기 전에 모두 정의된 값으로 바뀌고 그 다음 컴파일이 수행된다.

(2) 함수 원형

프로그램에서 사용자가 작성한 함수들에 대해 미리 정의하는 부분으로 main() 함수를 제외한 모든 함수들에 대해 정의를 해 주어야 한다. 프로그램에서 함수가 나오는 순서에 따라 생략할 수도 있으나, 가능하면 정의를 하는 것을 권장하고 싶다. 이렇게 함수들을 정의하게 되면 프로그램 내에 어떠한 함수들이 어떠한 형태로 사용되는지 한 눈으로 확인할 수 있기 때문이다. 함수를 정의하는 방법은 [그림 2-6]과 같으며, 정의할 내용은 함수명과 함께 함수가 실행되고 난 후 함수를 호출한 곳에 건네주는 결과값의 형태와 이 함수를 호출할 때 건네주어야 하는 값(인자)의 데이터 형에 대한 정의를 해 주어야 한다.

〈함수 원형 형식〉
함수를 호출하면서 건네주는 값의 데이터형은 순서대로 써 주어야 되지만 인자명은 생략할 수 있다.

```
함수형  함수명(인자1 데이터형, 인자2 데이터형....); 또는
함수형  함수명(인자1 데이터형 인자1, 인자2 데이터형 인자2....);
```

예

```
int  sum(int, int);            // 또는 int  sum(int a, int b);
```

[그림 2-6] 함수 원형 선언 형식

함수에는 컴파일러에서 제공하는 라이브러리 함수와 사용자가 만든 함수가 있으며, 라이브러리 함수를 사용하는 경우에는 사용할 함수가 정의된 헤더파일을 include 하면 된다. 그러나, 사용자가 만든 함수는 함수 몸체 부분의 작성과 함께 함수 원형에서 함수의 형태를 정의해 주어야 하며, 사용자 정의 함수가 많은 경우에는 헤더 파일을 만들어 사용할 수도 있다.

함수는 [그림 2-7]과 같은 형식을 가지며 함수형은 함수 몸체가 실행되고 난 후 함수를 호출한 곳에 실행결과를 반환하는 데이터형을 나타낸다. 함수형에는 [표 2-2]와 같은 형이 있으며, "void"는 없다는 의미로 함수형이나 인자가 없을 때 사용한다. 그리고 함수의 형태를 정의하는 함수 원형과 함수에 대한 정의 방법은 [그림 2-8]과 같다.

```
함수형  함수명(인자1유형 인자1, 인자2형 인자2....)
{                                    // 함수 시작
    변수 선언;                        // 함수 내에서 사용할 변수(지역변수) 선언

    함수 몸체;                        // 함수에서 수행하는 문장 기술

    return(함수형의 결과값);           // 함수형이 있는 경우 결과 리턴
}                                    // 함수 끝
```

[그림 2-7] 함수의 구조

[표 2-2] 함수형

함수형		바이트 수	값의 범위	비고
논리형	boolean	1	0(false), 1(true)	두 상태 표시
문자형	char	1	−128 ~ 127	숫자, ASCII 문자 표시
	unsigned char	1	0 ~ 255	숫자, ASCII 문자 표시
정수형	byte	1	0 ~ 255	양의 정수
	int 또는 short	2	−32768 ~ 32767	2의 보수
	unsigned int 또는 word	2	0 ~ 2^{16}−1(65535)	양의 정수
	long	4	-2^{31} ~ 2^{31}−1	2의 보수
	unsigned long	4	0 ~ 2^{32}−1	양의 정수
실수형	float	4	±1.175e^{-38} ~ ±3.402e^{38}	소수 7자리
	double	4	±1.175e^{-38} ~ ±3.402e^{38}	소수 14자리
void		리턴 값 없음		

```
// 함수 원형
// 함수를 호출하면서 건네주는 값의 데이터형은 순서대로 써 주어야 되지만
// 인자명은 생략할 수 있다.

 int  sum(int, int);              // 또는 int  sun(int a, int b);
```

```
// 함수 정의 예

// 2개의 값 더하기
int  sum(int a, int b)
{
     int   c;

     c = a + b;
     return(c);           // 또는 return c;
}
```

[그림 2-8] 함수 원형과 함수에 대한 정의 예

return 문은 함수의 실행이 끝난 후 결과 값을 건네주면서 함수를 종료하는 역할을 한다. 그러나, 함수형이 void(리턴 값이 없는 형)인 경우에 return문이 사용되면 함수의 실행을 이 부분에서 강제 종료하고, 호출한 곳으로 리턴(귀환)하라는 것을 의미한다.

```
return(리턴 값 또는 식);              // 또는 return 리턴 값 또는 식
return;                               // 호출한 곳으로 리턴
```

2.3 데이터형 및 변수

◆ 데이터형

아두이노 통합개발환경(IDE)에서 지원하는 데이터형은 [표 2-3]과 같으며, 특히 값의 범위에 주의하여 사용하여야 한다.

[표 2-3] 데이터형에 따른 값의 범위

데이터형		바이트 수	값의 범위	비고
논리형	boolean	1	0(false), 1(true)	두 상태 표시
문자형	char	1	−128 ~ 127	숫자, ASCII 문자 표시
	unsigned char	1	0 ~ 255	숫자, ASCII 문자 표시
정수형	byte	1	0 ~ 255	양의 정수
	int 또는 short	2	−32768 ~ 32767	2의 보수
	unsigned int 또는 word	2	0 ~ 2^{16}−1(65535)	양의 정수
	long	4	-2^{31} ~ $2^{31}-1$	2의 보수
	unsigned long	4	0 ~ $2^{32}-1$	양의 정수
실수형	float	4	±1.175e^{-38} ~ ±3.402e^{38}	소수 7자리
	double	4	±1.175e^{-38} ~ ±3.402e^{38}	소수 14자리

◆ 식별자

프로그램 작성을 위해 사용자가 정의하여 사용하는 함수명, 변수명, 라벨의 이름을 가르키며, 알파벳 대소문자와 숫자 그리고 밑줄('_')을 사용할 수 있다. 그러나 식별자의 첫 문자는 반드시 알파벳 또는 밑줄을 사용할 수 있으며, 숫자는 첫 문자로 사용할 수 없다. 그리고, 대소문자를 구별해서 사용하며, 32 문자까지 사용할 수 있다.

◆ 변수

변수는 프로그램에서 임시로 값을 저장하는 장소이며, 사용 전에 반드시 변수 선언을 해야 한다. 변수명은 이름만 보더라도 무슨 변수인지 짐작할 수 있게 사용 용도(의미)에 맞춰 이름을 붙이는 것이 좋다.

– 전역 변수 : 함수 외부에서 선언되어 모든 함수에서 사용할 수 있는 변수이다.

- 지역 변수 : 함수 내에서 선언되어 사용되는 변수로 함수 내에서만 사용할 수 있는 변수이며, 함수가 종료하면 모든 변수의 값은 없어진다.
- 정적 지역 변수 : 함수 내에 선언되는 변수이며, 데이터형 앞에 "static"을 붙여 사용한다. 이 변수는 함수가 종료하더라도 일반 지역 변수와는 달리 메모리에 계속 남아 보존되며, 함수가 처음 호출될 때만 한 번 초기화가 실행된다.

◆ 상수형 변수 const

상수형 변수로서 프로그램 실행 중에 값을 바꿀 수 없는 변수를 나타내며, 플래시 메모리에 저장된다.

예) `const int c_int = 123;`

2.4 배열 및 문자열

(1) 배열

배열은 학생들의 성적과 같이 같은 속성을 가진 많은 데이터를 일일이 변수를 선언하여 저장하기 보다는 대표 이름으로 정의한 후 변수명에 번호를 붙여 구분지어 사용하기 위한 자료구조이다. 배열은 데이터형, 배열명, 데이터의 개수를 나타내는 배열크기로 정의하며, 이렇게 정의한 배열은 컴퓨터의 메모리에 연속적으로 저장 영역이 할당된다.

```
데이터형    배열명[배열크기];                         // 1차원
데이터형    배열명[행_배열크기][열_배열크기];         // 2차원
```

예를 들어,

```
int score[10];
```
으로 정의하면 [그림 2-9]와 같이 10개의 저장 메모리가 연속적으로 할당된다. 할당된 메모리 크기는 int로 정의되어 있고, 개수가 10개이므로 (2바이트 * 10개)=20바이트가 된다. 할당된 메모리에서 첫 번째 데이터가 저장되는 곳의 변수명은 score[0]이 되고, 맨 마지막 데이터가 저장되는 곳의 변수명은 score[9]가 된다. 여기서, score[0]부터 score[9]를 원소라 하며, 대괄호에 있는 번호는 index 라 하여 0~(배열크기-1)의 값을 갖는다. 첫 번째 데이터는 score[1]이 아니라 score[0]부터 시작되는 점에 주의하여야 한다.

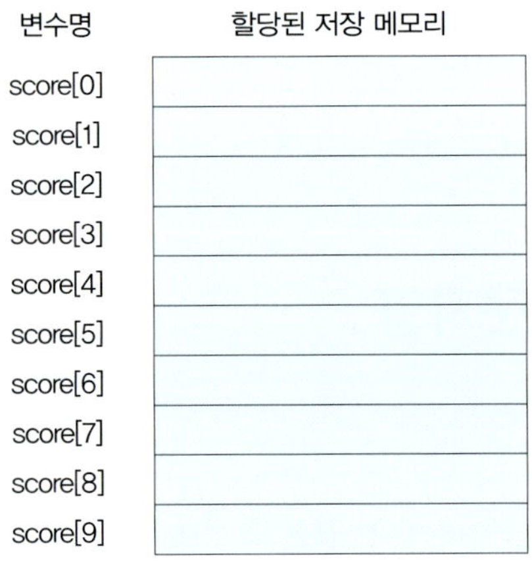

[그림 2-9] **배열 정의**

배열에 값을 부여하는 경우에는 [그림 2-10]과 같이 원소 하나하나에 값을 부여할 수도 있고, 또한 배열을 선언할 때 중괄호를 이용하여 부여할 수도 있다.

```
int   a[4] = {33, 87, 65, 28};
int   b[3], c[100];

b[0] = 3;
b[1] = 2;
b[2] = 7;

for(i = 0;i < 100;i++){
    c[i] = 100 - i;
}
```

[그림 2-10] 배열에 대한 값 부여 예

2차원 배열에서는 2개의 index로 정의하며, 이 index값으로 원소를 지정한다.

```
int   aa[3][2];
```

와 같이 정의하면 [그림 2-11]과 같이 원소명들이 정의되며, 메모리에는 a[0][0]의 저장위치가 선두위치에 놓이고 a[2][1]이 마지막 위치에 연속적으로 할당된다.

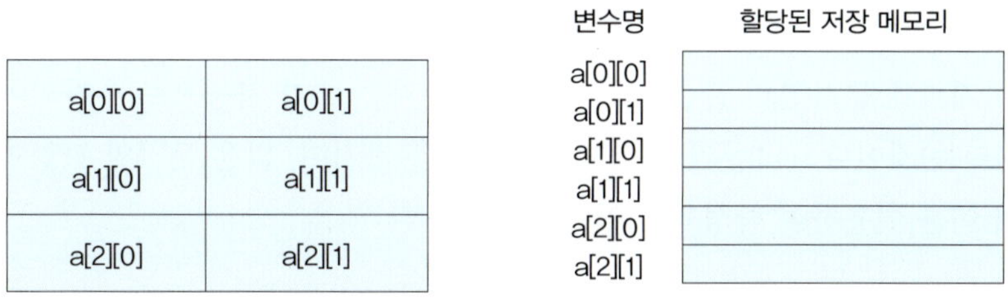

[그림 2-11] 2차원 배열의 구조와 메모리 할당

2차원 배열에 대한 값도 원소마다 값을 부여할 수도 있고, 배열을 선언할 때 초기값으로 모든 원소의 값을 부여할 수도 있다. 2차원 배열 초기화는 일반적으로 행 단위로 열의 개수씩 묶어 정의하는 방법으로

```
int   a[3][2] = {{1, 2}, {3, 4}, {5, 6}};
```

와 같이 정의할 수도 있지만, 1차원 배열처럼 일렬로 메모리에 저장된 순서대로

```
int  a[3][2] = {1, 2, 3, 4, 5, 6};
```

와 같이 정의할 수도 있다.

(2) 문자열(String)

계속된 일련의 문자를 문자열이라 하며, 앞뒤에 인용부호 “”로 둘러싸서 표기한다, 문자열의 정의는 char 데이터형 배열로 다음과 같이 정의한다.

```
char  ss[100];
```

문자열의 초기화는 일반적으로

```
char ss[] = “String Test”
```

와 같이 수행하며, 배열의 크기는 지정하지 않더라도 컴파일러가 인용부호 사이에 있는 문자수에 1을 더한 메모리 공간을 할당한다. [그림 2-12]는 문자열 ss[]의 초기화에 따라 메모리에 저장된 상태를 보여준다. 여기서 특이한 점은 맨 마지막에 문자열의 끝을 나타내는 null 문자('＼0')가 자동으로 추가되어 저장된다는 것이다. null문자는 실제로 0의 값을 가지며, 많은 문자열 관련 함수들이 이를 이용하여 작성되어 있다.

변수명	메모리 저장값	실제 저장값 (ASCII Code)
ss[0]	'S'	0x53
ss[1]	't'	0x74
ss[2]	'r'	0x72
ss[3]	'i'	0x69
ss[4]	'n'	0x6e
ss[5]	'g'	0x67
ss[6]	' '	0x20
ss[7]	'T'	0x54
ss[8]	'e'	0x65
ss[9]	's'	0x73
ss[10]	't'	0x74
ss[11]	'\0' (null 문자)	0x0

[그림 2-12] 문자열의 구조와 메모리 할당

문자열 초기화의 다른 방법으로는 다음과 같이 데이터 하나씩 부여하는 방법이 있지만, 문자열에 관련된 다양한 라이브러리 함수를 사용하려면 문자열의 맨 마지막에 null 문자('\0')도 반드시 넣어주어야 한다.

```
char ss[] = {'S', 't', 'r', 'i', 'n', 'g', ' ', 'T',
             'e', 's', 't', '\0'};
```

(3) 포인터 변수

일반 변수와는 다르게 변수에 메모리의 주소(address)를 저장하는 변수이며, 선언시에 '*'를 사용하여 포인터 변수임을 나타낸다.

```
데이터형    *변수명;

char   *cptr;
int    *ptr, *iptr;
float  *fptr;
```

[그림 2-13] 포인터 변수 선언

따라서,

```
int  *ptr;
```

로 정의하면, ptr 변수는 포인터 변수로서 어드레스를 값으로 갖는다는 것을 의미한다. 그리고 변수 선언이외의 문장에서 포인터 변수 앞에 '*'가 붙으면 포인터 변수가 가르키는 곳의 내용을 나타낸다. 그리고 일반 변수는 변수 자체가 변수의 값을 나타내지만, 변수 앞에 '&'가 붙으면 그 변수의 값이 저장되는 메모리의 주소를 나타내게 된다.

```
int    *p, i;

i = 3;                  // i에 값 3 저장
p = &i;                 // 변수 i의 저장 어드레스를 p에 저장
                        // p는 i 의 값이 저장되는 어드레스를 나타냄
*p = *p + 3             // p가 가르키는 곳(i 어드레스)에 3을 더해 저장
                        // 즉 i값은 3이 증가된 6이 된다.
```

[그림 2-14] 포인터 사용 예

2.5 연산자

C 언어에서는 [표 2-4]와 같은 연산자가 사용 가능하며, 연산자들의 기능과 의미에 대해서 잘 이해해 두어야 한다.

[표 2-4] 연산자

분류	연산자
대입 연산자	=
산술 연산자	+ - * / %
관계 연산자	> < == != >= <=
증감 연산자	++ --
논리 연산자	&& || !
조건 연산자	?:
비트 논리 연산자	& | ^ ~
비트 이동 연산자	<< >>
형 변환 연산자	(char) (int) (float) (double) (unsigned char) (unsigned int)
축약 대입 연산자	+= -= *= /= %= &= |= ^= >>= <<=

◆ 대입 연산자

'=' 기호가 대입(할당) 연산자이며, 대입 연산자의 오른쪽 부분을 평가한 결과를 왼쪽의 변수에 맞춰 저장하는 기능을 갖는다. 따라서 왼쪽에는 상수나 수식이 나올 수 없으며, 오른쪽 부분에 대한 평가값은 왼쪽 변수형에 맞추어 저장되는 점에 주의하여야 한다.

형식) 변수 = 상수값, 변수, 식, 함수;

예

```
a = 3;
c = a + 3;
d = sum(3);
```

[그림 2-15] 대입 연산자

◆ 산술 연산자

산술연산을 수행하는 연산자이며, 연산은 연산자를 중심으로 피연산자의 데이터형과 대입 연산자의 왼쪽 변수형에 따라 결과값이 결정된다.

[표 2-5] 산술 연산자

연산자	기호	의미
덧셈	+	덧셈 연산
뺄셈	−	뺄셈 연산
곱셈	*	곱셈 연산
나눗셈	/	나눗셈 연산
나머지 연산	%	나머지 연산(정수형만 사용 가능)

예

```
int   a, c;
float b;

a = 5 / 3;            // a에는 5/3의 정수연산 결과 1이 저장
b = 5 / 3;            // b에는 5/3의 정수연산 결과 1이 실수 1.0으로 저장
c = 8 / 3 + 7.0 / 2;  // c에는 2(정수연산) + 3.5(실수연산)에서 5.5가
                      // 왼쪽 변수 정수형에 맞춰 소수점 없어지고 5로 저장
```

◆ 관계 연산자

관계 연산자는 2개의 피연산자 크기를 비교하기 위한 연산자이며, 결과는 참(1)이거나 거짓(0)이 된다. if문, for문, while문에서 조건식으로 사용된다.

[표 2-6] 관계 연산자

연산자	기호	의미
보다 크다.	op1 > op2	피연산자 op1이 피연산자 op2보다 크면 참, 그렇지 않으면 거짓
보다 작다.	op1 < op2	피연산자 op1이 피연산자 op2보다 작으면 참, 그렇지 않으면 거짓
같다.	op1 == op2	피연산자 op1이 피연산자 op2와 같으면 참, 그렇지 않으면 거짓
같지 않다.	op1 != op2	피연산자 op1이 피연산자 op2와 같지 않으면 참, 그렇지 않으면 거짓
크거나 같다.	op1 >= op2	피연산자 op1이 피연산자 op2보다 크거나 같으면 참, 그렇지 않으면 거짓
작거나 같다.	op1 <= op2	피연산자 op1이 피연산자 op2보다 작거나 같으면 참, 그렇지 않으면 거짓

예

```
if(a >= 90) grade = 'A';
else if(a >= 80) grade = 'B';
else if(a >= 70) gread = 'C';
else grade = 'D';
```

◆ 증감 연산자

증감 연산자는 변수의 값을 1증가시키거나 1감소시키는 연산자이며, 변수의 앞이나 뒤에 올 수 있다. 증감 연산자가 변수와 함께 단독으로 사용되는 경우에는 연산자의 위치에 관계없이 증감의 의미만을 갖지만, 다른 문장과 함께 사용하는 경우에는 의미가 다르기 때문에 주의가 필요하다.

[표 2-7] 증감 연산자

연산자	기호	의미
1증가	변수++	변수의 현재값이 우선 사용된 후 맨 마지막에 변수의 값 1증가
	++변수	변수의 현재값이 우선 1 증가된 후 그 다음에 사용
1감소	변수--	변수의 현재값이 우선 사용된 후 맨 마지막에 변수의 값 1 감소
	--변수	변수의 현재값이 우선 1 감소된 후 그 다음에 사용

예

```
int   a = 3, b, c;
b = a++;                    // b값은 3이 되고, a값은 4가 됨
c = ++a;                    // a값은 5가 되고, c값도 5가 됨
```

◆ 논리 연산자

2개 이상의 관계 연산자를 기술할 때 사용되는 연산자로 관계 연산자와 같이 참과 거짓으로 결과 값을 출력한다. 이들 논리 연산자는 여러 개의 조건을 동시에 만족하는지 또는 여러 개의 조건 중에서 하나라도 만족하는지를 조사할 때 사용한다.

[표 2-8] 논리 연산자

연산자	기호	의미
AND(동시)	op1 && op2	연산자의 왼쪽 값(op1)과 오른쪽 값(op2)이 모두 참이면 참, 그렇지 않으면 거짓
OR(또는)	op1 || op2	연산자의 왼쪽 값(op1)과 오른쪽 값(op2) 중에 하나라도 참이면 참, 모두 거짓이면 거짓
NOT(반전)	!op1	연산자 오른쪽 값(op1)이 참이면 거짓, 거짓이면 참

예

```
if(a >= 'A' && a <= 'Z') a = a - 'A' + 'a';   // 대문자이면 소문자 변환
if((a % 2) == 0 || (a % 3) == 0) b = 1;       // a의 값이 2 또는 3의 배수이면
```

◆ 조건 연산자(삼항 연산자)

이 연산자는 다음과 같이 3개의 항을 가지며, 관계 연산식이 〈참〉인 경우에는 〈참결과〉을 〈거짓〉인 경우에는 〈거짓결과〉의 값을 출력한다. 이 연산자는 선행처리기 #define문과 함께 매크로 함수를 정의할 때 자주 사용한다.

(관계연산식) ? 참결과 : 거짓결과

예

```
max = (x > y) ? x : y;        // x와 y중에서 큰 값 구함
abs = (x >= 0) ? x : -x;      // x의 절대 값 구함
```

[그림 2-16] 조건 연산자 형식 및 사용 예

◆ 비트 이동 연산자

이 연산자는 비트 단위로 왼쪽 또는 오른쪽으로 이동시키는 연산을 수행한다.

[표 2-9] 비트 이동 연산자

연산자	기호	의미
왼쪽 이동	op1 〈〈 op2	연산자의 왼쪽 값(op1)을 오른쪽 값(op2)만큼 왼쪽으로 이동하며, 오른쪽 빈자리에는 0으로 채워짐($op1 \times 2^{op2}$)
오른쪽 이동	op1 〉〉 op2	연산자의 왼쪽 값(op1)을 오른쪽 값(op2)만큼 오른쪽으로 이동하며, 왼쪽 빈자리에는 맨 왼쪽의 최상위 부호비트가 채워짐($op1/2^{op2}$)

예

```
a = 32 >> 2;      // 0b00100000 >> 2 => 0b00001000 => 8(32÷2²)
b = 32 << 2;      // 0b00100000 << 2 => 0b10000000 => 128((32×2²)
```

◆ 비트 논리 연산자

이 연산자는 비트 단위로 논리 연산 AND, OR, XOR를 수행하는 연산자이다.

[표 2-10] 비트 논리 연산자

연산자	기호	의미
AND 연산	op1 & op2	– op1과 op2의 대응하는 비트끼리 AND 연산 – 양쪽 비트가 모두 1일 때만 1, 그렇지 않으면 0 – 특정 비트의 값을 추출하거나 또는 특정 비트의 값을 강제로 0으로 할 때 사용
OR 연산	op1 | op2	– op1과 op2의 대응하는 비트끼리 OR 연산 – 양쪽 비트 중 어느 한쪽이라도 1이면 1, 양쪽이 모두 0이면 0 – 특정 비트의 값을 강제로 1로 할 때 사용
XOR 연산	op1 ^ op2	– op1과 op2를 대응하는 비트끼리 XOR 연산 – 양쪽 비트의 값이 다르면 1, 같으면 0 – 특정 비트의 값을 반전할 때 사용
반전 연산	~op1	op1의 모든 비트값에 대해 반전(1의 보수)

예

```
a = a & 0b00000001;   // a의 0비트만 그대로 남기고 나머지 비트 모두 0으로
b = b & 0b11111110;   // b의 0비트째는 0으로 하고, 나머지 비트는 그대로
c = c | 0b00000001;   // c의 0비트째만 1로 하고, 나머지 비트는 그대로
d = d ^ 0b00000001;   // d의 0비트째만 반전하고, 나머지 비트는 그대로
e = ~e;               // e의 모든 비트 반전(1의 보수)
```

◆ 형 변환 연산자

연산자 다음에 나오는 피연산자의 값을 연산자에서 지정한 데이터형으로 변환하는 연산을 수행한다.

[표 2-11] 형 변환 논리 연산자

연산자	기호	의미
8비트 부호 있는 char형 변환	(char)op1	연산자의 오른쪽 값(op1)을 8비트 부호 있는 char 형으로 변환
8비트 부호 없는 char형 변환	(unsigned char)op1	연산자의 오른쪽 값(op1)을 8비트 부호 없는 char 형으로 변환
16비트 부호 있는 int 형 변환	(int)op1	연산자의 오른쪽 값(op1)을 16비트 부호 있는 int 형으로 변환
16비트 부호 없는 int 형 변환	(unsinged int)op1	연산자의 오른쪽 값(op1)을 16비트 부호 없는 int 형으로 변환
실수 float형 변환	(float)op1	연산자의 오른쪽 값(op1)을 실수 float형으로 변환
실수 double 형 변환	(double)op1	연산자의 오른쪽 값(op1)을 실수 double형으로 변환

예

```
int     a, b;

a = 8/3 + 7.0/2;         // 2(정수연산) + 3.5(실수연산)에서 5.5가 왼쪽 변수
                         // 정수형에 맞춰 소수점이 없어지고 5로 저장
b = (float)8/3 + 7.0/2;  // 2.67(실수연산) + 3.5(실수연산)에서 6.17이 왼쪽
                         // 변수 정수형에 맞춰 소수점이 없어지고 6으로 저장
```

◆ 축약 대입 연산자

대입 연산자와 산술연산자, 비트연산자를 합쳐 하나의 연산자처럼 표시한 연산자이며, 왼쪽 변수가 오른쪽 수식에서 하나의 피연산자로 사용될 때 이 연산자를 사용할 수 있다.

[표 2-12] 축약 대입 연산자

<table>
<tr><th>축약 대입 연산자</th><th>의미(x : 변수, y : 상수, 변수, 수식, 함수)</th></tr>
<tr><td>x += y</td><td>x = x + y</td></tr>
<tr><td>x -= y</td><td>x = x - y</td></tr>
<tr><td>x *= y</td><td>x = x * y</td></tr>
<tr><td>x /= y</td><td>x = x / y</td></tr>
<tr><td>x %= y</td><td>x = x % y</td></tr>
<tr><td>x &= y</td><td>x = x & y</td></tr>
<tr><td>x |= y</td><td>x = x | y</td></tr>
<tr><td>x ^= y</td><td>x = x ^ y</td></tr>
<tr><td>x >>= y</td><td>x = x >> y</td></tr>
<tr><td>x <<= y</td><td>x = x << y</td></tr>
</table>

예

```
a += 3;          // a = a+ 3
b <<= 3;         // b = b << 3
```

3.6 조건문

(1) if 문

if 조건문은 [그림 2-17]과 같이 주어진 조건식을 만족할 때만 실행문을 실행하고, 만족하지 않으면 실행문을 실행하지 않고 건너뛰게 할 때 사용하는 조건문이다. 조건식은 일반적으로 관계 연산자, 논리 연산자, 산술 연산자로 구성되고, 조건식이 0이 아닌 상수가 오는 경우에는 항상 참이 된다. 실행문이 하나인 경우에는 중괄호를 생략할 수 있다.

```
if(조건식) {
    <실행문>
}
```

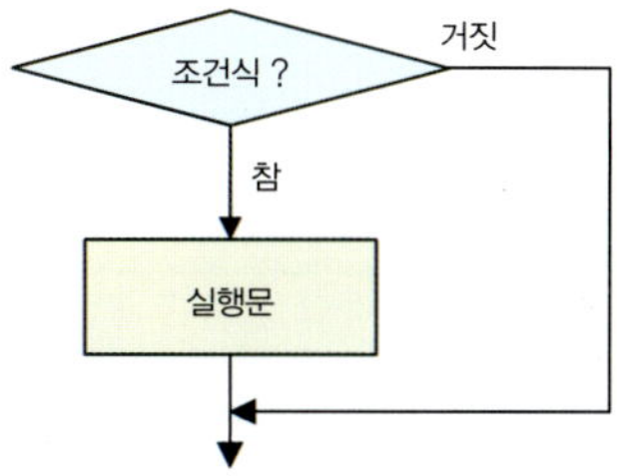

[그림 2-17] if문의 형식과 의미

예

```
unsigned char  c = 'f';
unsigned char a = 86, b = 0x55;;

if((a % 2) == 0) {                // a를 나눈 나머지가 0이면(짝수)
     b = ~b;                      // b의 값 반전
 }

if(c >= 'a' && c <= 'z'){         // c가 알파벳 소문자이면
    c = c - 'a' + 'A';            // 대문자로 변환하여 저장
}
```

[그림 2-18] if문의 사용 예

(2) if else 문

〈if else〉 조건문은 [그림 2-19]와 같이 주어진 조건식을 만족할 때는 〈실행문 1〉을 실행하고, 만족하지 않으면 〈실행문2〉를 실행한다.

```
if(조건식) {
    <실행문1>
}
else {
    <실행문2>
}
```

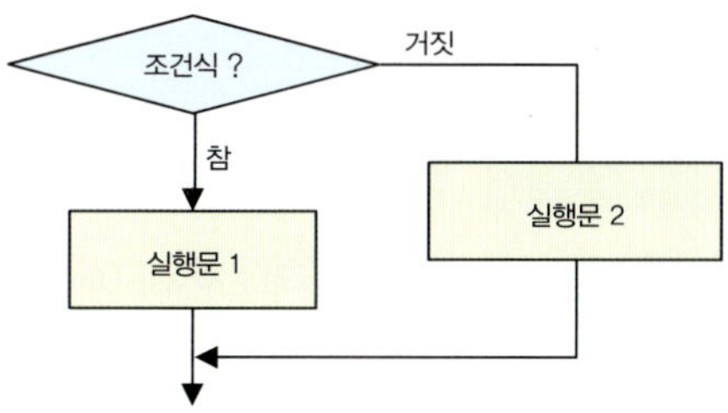

[그림 2-19] if else 문의 형식과 의미

예

```
unsigned int a = 87, b = 0x55;

if((a % 2) == 0) {                  // a를 나눈 나머지가 0이면(짝수)
   b = b ^ 0x0F;                    // b의 하위 4비트 반전(0x5A)
}
else {                              // 그렇지 않으면(홀수)
   b= b ^ 0xF0;                     // b의 상위 4비트 반전(0xA5)
}
```

[그림 2-20] if else 문의 사용 예

(3) else if 문

〈else if〉 조건문은 [그림 2-21], [그림 2-22]와 같이 2가지 형식을 가지며, 여러 개의 조건이 있는 경우에 사용되는 조건문이다. [그림 2-21]에서는 주어진 조건식이 모두 만족하지 않을 때는 아무 것도 실행하지 않지만, [그림 2-22]에서는 else 문에 의해 아무 조건도 만족하지 않는 경우에는 else 문에 포함된 실행문을 실행하게 된다.

```
if(조건식1) {
    <실행문1>
}
else if(조건식2) {
    <실행문2>
}
else if(조건식3) {
    <실행문3>
}
```

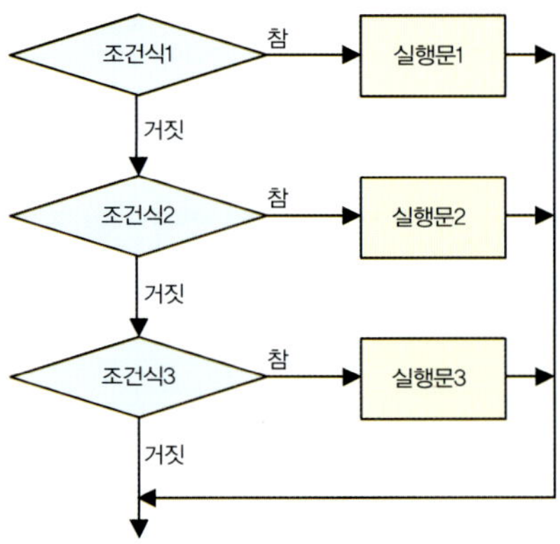

[그림 2-21] 〈else if〉 문의 형식과 의미

```
if(조건식1) {
    <실행문1>
}
else if(조건식2) {
    <실행문2>
}
else if(조건식3) {
    <실행문3>
}
else {
    <실행문4>
}
```

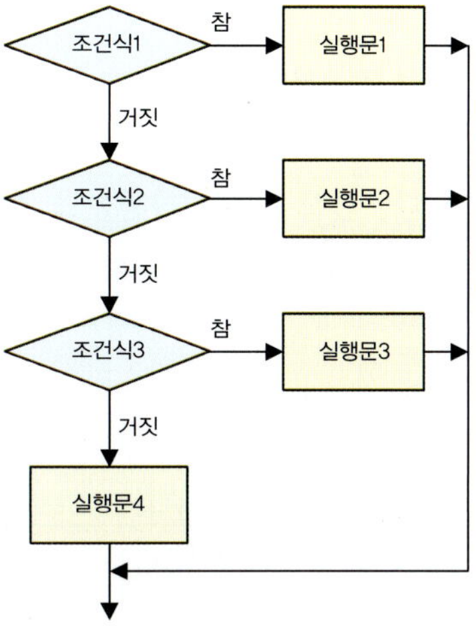

[그림 2-22] 〈else if....else〉 문의 형식과 의미

예

```
unsigned int  a = 27, b;

if((a % 2) == 0 && (a % 3) == 0)) b = 0xFF;      // a가 6의 배수
else if((a % 2) == 0)) b = 0x0F;                  // 2의 배수
else if((a % 3) == 0)) b= 0xF0;                   // 3의 배수
else b = 0x0;                                     // 2 또는 3의 배수가 아님
```

[그림 2-23] else if 문의 사용 예

(4) switch 문

switch 문은 [그림 2-24]와 같이 변수 또는 수식을 평가하여 그 값에 해당하는 실행문을 실행하고, 아무것도 일치하는 값이 없으면 default에 있는 실행문을 실행하는 조건문이다. 따라서 if 문에서는 참과 거짓을 판별한 후 참인 경우에만 실행문을 실행하지만, switch 문에서는 주어진 변수 또는 수식 평가값에 해당하는 부분을 찾아 실행한다는 점이 다르다.

여기서 case 바로 다음에 나오는 value에는 수식이나 조건식은 나올 수 없으며, 항상 값(상수 또는 문자)을 나타내야 한다. 그리고 실행문 뒤에 바로 break

문이 나오는데 이 명령어는 switch 문으로부터의 탈출을 의미하며, 이것이 생략된 경우에는 바로 다음에 나오는 case 다음의 실행문을 실행하므로 주의하여야 한다. 간혹 2개의 실행문을 실행하도록 하기 위해 break 문을 생략하는 경우도 있지만 확실히 이해하고 사용하여야 한다.

```
switch(변수 또는수식) {
      case value1:
            <실행문1>
            break;
      case value2:
            <실행문2>
            break;
      default:
            <실행문3>
}
```

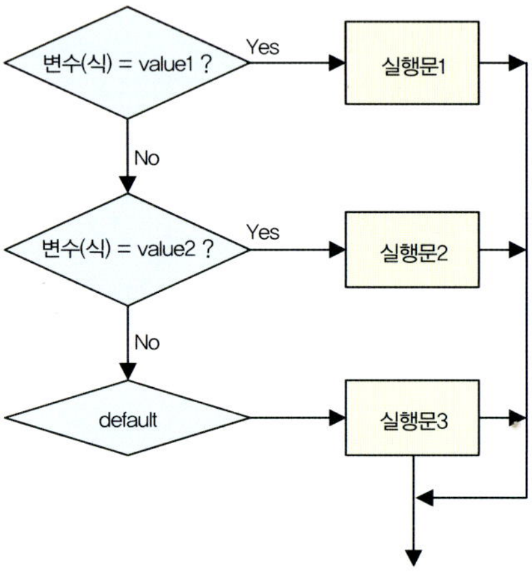

[그림 2-24] switch 문의 형식과 의미

break 문

이 명령어는 주로 반복문에서 반복되는 루프(반복 실행되는 부분)로부터 탈출시킬 때 사용하지만, 반복문이 아닌 switch 문에서도 특별히 이 명령어를 사용하여 switch 문으로부터 탈출시킬 때 사용한다.

예

```
char  op = '/';
unsigned int  a = 10, b = 3, c;

switch(op){
    case '+':
         c = a + b;
         break;
    case '-':
         c = a - b;
         break;
    case '*':
         c = a * b;
         break;
   case '/':
         c = a / b;
         break;
   default:
         c = a % b;
 }
```

[그림 2-25] switch 문의 사용 예

2.7 반복문

(1) for 문

for 문은 [그림 2-26]과 같이 for 다음 소괄호 안에 〈카운터 변수 초기화〉, 〈종료 조건식〉, 〈증감 연산〉의 세 부분으로 구성된다. 실행순서는

① 카운터 변수에 대한 초기화가 실행된다.

② 종료 조건식에 대한 평가가 이루어지고 거짓이면 for 문을 빠져나오고, 참이면 반복 실행문을 실행한다.

③ 카운터 변수 값에 대한 증감 연산을 수행한 후 ②번으로 돌아가 종료 조건식을 검사한다.

```
for(카운터 변수 초기화; 종료 조건식 ; 카운터 변수 증감 연산) {
        <반복 실행문>
}
```

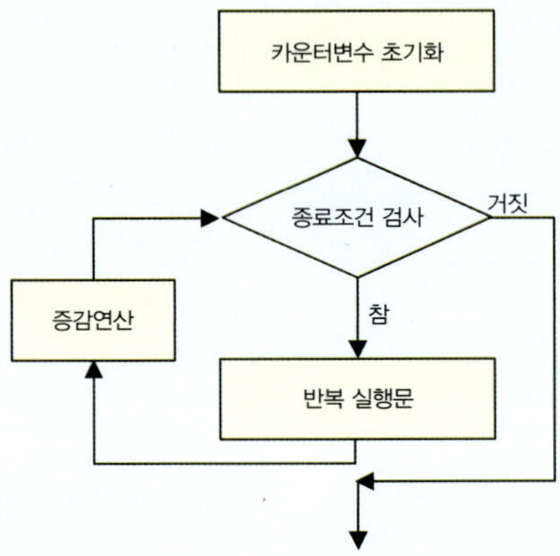

[그림 2-26] for 문 형식 및 동작

예 1부터 10까지 더하기

```
int   a, sum = 0;

for(a = 1;a <= 10;a++){
    sum = sum + a;
}
```

[그림 2-27] for 문 사용 예

● 2중 루프

for 반복문내에 for 반복문이 나오는 형태를 2중 루프라 하며, [그림 2-28]은 구구단 연산을 하는 2중 루프 프로그램의 예를 보여준다. 외곽 변수의 초기 값에 대해 내부 변수의 값이 초기 값부터 종료 값까지 증가하면서 곱셈 문장이 실행되며, 그 다음 외곽 변수의 값이 1증가한 후 다시 내부 변수의 값이 초기

값부터 종료 값까지 증가하면서 곱셈 문장이 실행된다. 이와 같은 과정을 외곽 변수의 값이 종료 값 9에 이를 때까지 실행하게 된다.

예 구구단 계산하기

```
int   a, b, val;

for(b = 2;b < 10;b++){          // 단 값(2~9)
    for(a = 1;a < 10;a++){      // 행 값(1~9)
        val = b * a;
    }
}
```

[그림 2-28] 2중 루프 for 문 사용 예

(2) while 문

while 문은 [그림 2-29]와 같이 while 다음 소괄호 안에 종료 조건식이 나오며, 종료 조건식이 참(만족)인 동안 계속해서 while 문에 포함된 반복 실행문 부분이 실행된다. for 문과 달리 카운터 변수에 대한 초기 설정과 증감 연산이 while 문에 포함되어 있지 않으므로, 초기 설정은 while 문으로 들어가기 전에, 증감 연산은 while 문 안에서 이루어져야 한다.

```
while(종료 조건식) {
        <반복 실행문>
}
```

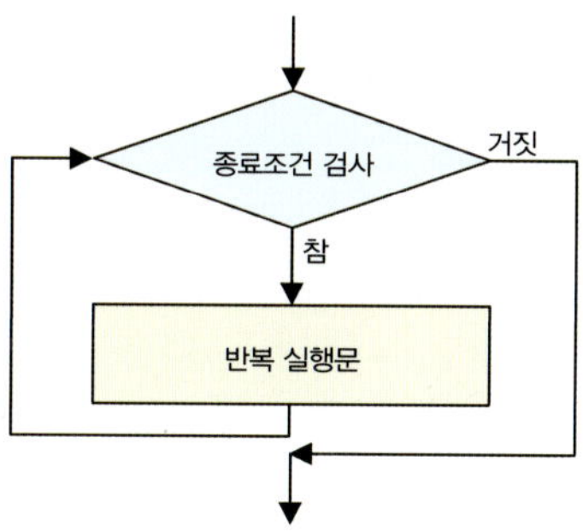

[그림 2-29] while 문 형식 및 동작

```
예 1부터 10까지 더하기

int   a = 1, sum = 0; // sum의 초기값 반드시 필요

while(a <= 10){
    sum = sum + a;
    a++;
}
```

[그림 2-30] while 문 사용 예

(3) do while 문

do while 문은 [그림 2-31]과 같이 우선 실행된 후 종료 조건 검사가 이루어지기 때문에 for 문이나 while 문과는 달리 적어도 반복 실행문을 1회 실행한다. do whie 문도 while 문과 같이 카운터 변수에 대한 초기 설정과 증감 연산이 do while 문에 포함되어 있지 않으므로 초기설정은 do while 문으로 들어가기 전에, 증감 연산은 do while 문 안에서 이루어져야 한다.

```
do {

      <반복 실행문>

} while(종료 조건식);
```

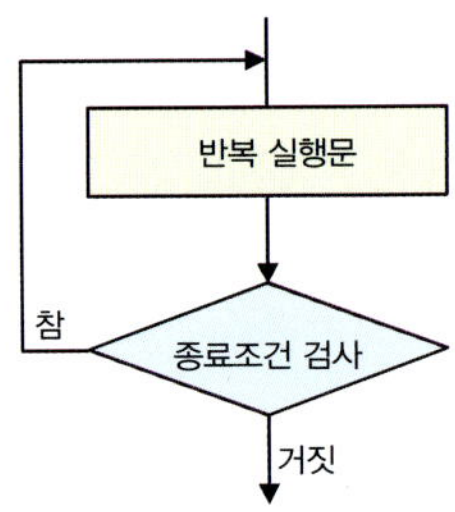

[그림 2-31] while 문 형식 및 동작

예 **5자리 정수의 자릿값 차례로 출력하기**
12345의 10진값에 대해 1자리부터 차례로 한 자리씩 출력해보자. 즉 5, 4, 3, 2, 1을 차례로 출력해보자.

10진값	10진값 % 10 (1자리 추출)	10진값 / 10 (10으로 나눈 몫)
12345	5	1234
1234	4	123
123	3	12
12	2	1
1	1	0

```
int   dig, val = 12345;

do {
    dig = val % 10;          // val의 1자리값 추출
    val = val / 10;          // 10으로 나눈 값을 val 저장
} while(val != 0);           // 10진값이 0이 아닐 때까지
```

[그림 2-32] do while 문 사용 예

(4) 무한 루프

● 무한 반복문

프로그램을 실행하다 보면 아무 조건 없이 끊임없이 계속 실행해야 하는 경우가 종종 발생하는데 이때 사용하는 구문이 무한 반복문이며, [그림 2-33]과 같이 for 문과 while 문을 이용한 무한 반복문이 있다.

```
// for 문에서 종료조건식이 생략되면 계속 반복 실행문 실행
for(;;){
    <반복 실행문>
}
```

(a) for 문에 의한 무한 루프

```
// while 문에서 종료조건식이 0이 아닌 상수이면 항상 참이 되어
// 계속 반복 실행문 실행
while(1){
    <반복 실행문>
}
```

(b) while 문에 의한 무한 루프

[그림 2-33] 무한 반복문

● 무한 대기

무한 반복문에서 [그림 2-34]와 같이 반복 실행문이 생략되면 무한 대기 상태가 된다.

```
for(;;);  또는 for(;;){ }
```

(a) for 문에 의한 무한 대기문

```
while(1);    또는  while(1){ }
```

(a) while 문에 의한 무한 대기문

[그림 2-34] 무한 대기문

● break 문, continue 문

〈break 문〉

반복문(for, while, do while)에서 반복문으로부터 탈출시키는 기능을 가지며, 반복을 종료하고 반복문 다음으로 실행의 흐름을 바꾸어주는 역할을 한다.

〈continue 문〉

반복문(for, while, do while)에서 continue 문 아래에 있는 부분의 실행을 생략하고 반복문의 선두(for문에서는 증감연산 부분)로 점프하여 실행의 흐름을 바꾸어주는 역할을 한다.

◆ 반환 명령 return 문

함수형이 "void" 가 아닌 모든 함수에서는 실행이 끝난 후 결과 값을 반환하여야 하며, 이 때 사용하는 명령어가 return 문이다. return 문은 기본적으로 함수의 종료를 나타내며, return 문 뒤에 값이나 수식이 있는 경우에는 값을 반환하면서 종료하라는 의미를 갖는다.

[표 2-13] return 문 형식

형식	의미 및 예
return	void 형인 경우에 사용하며, 함수를 종료하라는 의미로 사용
return 식 또는 값	return 3;　　// 3 반환 return a+b;　　// a+b의 값 반환
return(식 또는 값)	return(3);　　// 3 반환 return(a+b);　　// a+b의 값 반환

3.7 #define 지시자

#define 지시자는 심볼을 정의하거나 매크로(macro) 함수를 정의할 때 사용되며, 이들 심볼과 매크로 함수는 [그림 2-35]와 같이 컴파일 전에 전처리기 과

정에서 정의된 값이나 함수로 모두 치환된다.

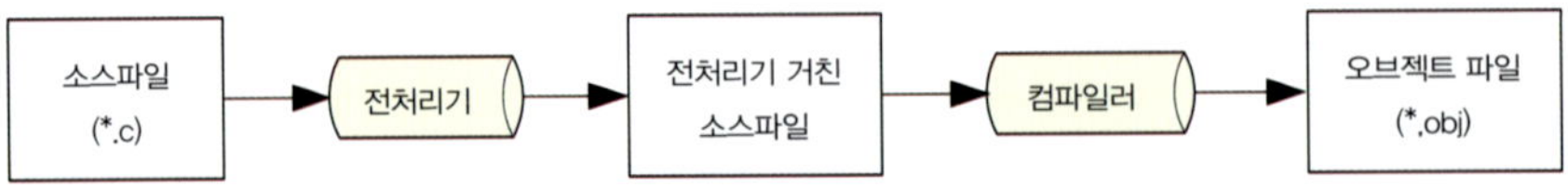

[그림 2-35] 컴파일러 전처리 과정

#define 지시자는 [그림 2-36]과 같이 2가지 형식을 가지며, 심볼명과 매크로 함수명은 일반 변수들과 구별하기 위해 [그림 2-37]과 같이 일반적으로 대문자를 많이 사용한다.

```
#define   심볼명            심볼값
#define   매크로함수명      매크로함수
```

[그림 2-36] #define 지시자 형식

```
#define PHI          3.141592                      // PHI값 정의
#deifne SQUARE(x)    ((x) * (x))                   // 제곱 구하기 매크로 함수
#deine  MAX(x, y)    (((x) >= (y)) ? (x) : (y))    // 큰 값 구하기 매크로 함수
#define ABS(x)       (((x) >= 0) ? (x) : -(x))     // 절대값 구하기 매크로 함수
```

[그림 2-37] #define 지시자 사용 예

#define 지시자가 정의하는 심볼이나 매크로 함수는 컴파일에 앞서 정의된 값이나 함수로 바뀌게 된다. 매크로 함수에서 수식을 정의하는 부분에서는 소괄호를 잘 사용하여야 하며, 그렇지 않으면 원하지 않는 결과가 얻어진다. 특히 매크로 함수를 프로그램 내에서 사용할 때 하나의 값이나 변수가 아닌 연산식으로 주어지는 경우에 원하지 않는 문제가 발생할 수 있다. [표 2-14]와 같이 SQUARE(x)의 3가지 정의식과 주어진 값에 대한 연산결과를 확인해보자. 〈정의식1〉은 2가지 모두 원하지 않은 결과가 나왔으며, 〈정의식2〉는 한 가지 경우에 대해 원하지 않는 결과가 나왔음을 알 수 있다. 반면에 〈정의식3〉은 두

가지 모두 원하는 결과가 나왔지만, 소괄호가 많이 사용된 것을 알 수 있다. 매크로 함수는 이와 같이 소괄호를 이용하여 어떠한 경우에도 잘못된 연산결과가 나오지 않도록 신경써서 정의해야 한다는 점에 주의하여야 한다.

[표 2-14] 정의식에 따른 평가값

SQUARE(x)	정의식1 x * x	정의식2 (x) * (x)	정의식3 ((x) * (x))	원하는 값
SQUARE(4+3)	4+3*4+3=19	(4+3)*(4+3)=49	((4+3)*(4+3)) = 49	49
64/SQUARE(2)	64/2*2=64	64/(2)*(2)=64	64/((2)*(2)) = 16	16

chapter

03

아두이노 기초실험

아두이노를 비롯한 MCU 제어보드는 스위치나 센서와 같은 입력기기의 상태에 따라 LED 및 모터와 같은 출력기기를 제어하기 위해 사용한다. 따라서 아두이노의 디지털 입출력 및 아날로그 입출력 처리는 MCU의 가장 기본적인 기능이라 할 수 있으며, 또한 입출력 처리를 좀 더 효율적으로 처리하기 위한 외부 인터럽트와 타이머는 또 다른 MCU의 주요 기능이라 할 수 있다.

CHAPTER

03

아두이노 기초실험

여기서는 아두이노 보드에 연결하여 사용하는 LED, 스위치, 7-세그먼트와 같은 기본 부품에 대해 아두이노 보드와의 연결과 아두이노에서 제공되는 기본적인 함수들을 이용한 프로그램 작성법에 대해 설명한다.

3.1 디지털 입출력

아두이노에서 디지털 입출력은 아두이노 보드에 연결하는 모든 디바이스(부품 및 모듈)들을 제어하는데 있어 가장 기본적인 기능이다. 출력 디바이스(LED, 모터 등)에 대해서는 0(LOW) 또는 1(HIGH)을 출력하여 ON/OFF 시키며, 입력 디바이스(스위치, 센서)에 대해서는 입력 디바이스의 상태를 읽어 ON/OFF 상태를 확인하는 것이다. 따라서 스위치 또는 센서의 상태에 따라 LED나 모터 등을 ON/OFF 제어하는 것은 MCU를 사용하는 가장 기본적인 기능이라고 할 수 있다.

디지털 입출력 처리에 관련하여 많이 사용되는 함수들을 정리해보면 다음과 같다. 기본적으로 사용되는 함수는 pinMode(), digitalRead(), digitalWrite()함수이며, 시간 지연 함수 delay()함수는 출력 디바이스의 동작 확인을 위해 많이 사용되는 함수이다.

〈디지털 입출력 핀 입출력 방향 설정 함수〉

```
void pinMode(pin_no, mode)
```

기능	지정된 디지털 I/O 핀에 대한 입출력 방향 설정		
매개변수	pin_no	설정하고 싶은 디지털 핀 번호	
	mode	INPUT	입력 핀으로 설정
		INPUT_PULLUP	내부 풀업 저항을 사용하는 입력 핀 설정
		OUTPUT	출력 핀으로 설정
리턴 값	없음(void)		

〈디지털 입출력 함수〉

```
void digitalWrite(pin_no, value)
```

기능	지정된 디지털 I/O 핀에 디지털 값 출력		
매개변수	pin_no	출력 핀 번호	
	value	LOW	0(0V) 출력
		HIGH	1(5V) 출력
리턴 값	없음(void)		

```
int digitalRead(pin_no)
```

기능	지정된 디지털 I/O 핀으로부터 디지털 값 입력	
매개변수	pin_no	입력 핀 번호
리턴 값	디지털 값 0(LOW) 또는 1(5V)	

〈시간 지연 함수〉

```
void delay(ms_value)
```

기능	ms 단위의 딜레이 함수	
매개변수	ms_value	ms 단위의 설정 시간(unsigned long)
리턴 값	없음(void)	

```
void delayMicrosecond(us_value)
```

기능	us 단위의 딜레이 함수	
매개변수	us_vlaue	us 단위의 설정 시간(unsigned int)
리턴 값	없음(void)	

〈시간 측정 함수〉

```
unsigned long millis(void)
```

기능	프로그램 동작 후 ms 단위의 경과 시간 반환(약 50일 후 0으로 리셋)
매개변수	없음
리턴 값	ms 단위의 시간

```
unsigned long micros(void)
```

기능	프로그램 동작 후 us 단위의 경과 시간 반환(약 70분 후 0으로 리셋)
매개변수	없음
리턴 값	us 단위의 시간

아두이노에서 디지털 입출력 처리를 위한 사용법을 간단히 정리하면 다음과 같다.

사용법

① setup()함수에서 pinMode()함수를 이용하여 사용하는 모든 디지털 입출력 핀에 대해 입력으로 사용할 것인지 아니면 출력으로 사용할 것인지를 설정한다.

② 방향 설정이 끝난 후 프로그램이 시작할 때 출력 디바이스 중에서 초기 상태가 필요한 경우(예를 들면 모터의 경우에는 OFF, LED의 경우에는 ON 또는 OFF)에는 digitalWrite() 함수를 이용하여 초기 상태 값을 출력한다.

③ loop() 함수에서 입력처리는 digitalRead(), 출력처리는 digitalWrite() 함수를 이용하여 수행하도록 한다.

※ 아두이노에서 입출력 처리는 기본적으로 한 핀(bit) 단위로 수행된다.

3.2 LED 제어하기

LED(Light Emitting Diode)는 발광 다이오드라고 하며, 전기 신호에 따라 빛을 발생하는 반도체 다이오드의 일종이다. LED는 일반 다이오드와 같이 애노드(+) 단자와 캐소드(–) 단자를 가지며, 일반적으로 다리 긴 쪽이 애노드 단자인 경우가 많으나 종종 반대인 경우도 있어 주의가 필요하다. 그리고 LED는 애노드 쪽의 전압이 캐소드 쪽보다 어느 정도 이상의 높은 전압이 걸려야만 ON이 되어 발광하게 된다.

(a) 외관 (b) 기호

[그림 3-1] LED 외관 및 기호

LED를 아두이노 보드에 연결하는 방법에는 [그림 3-2]와 같이 2가지가 있으며, 저항과 LED를 5V와 출력 핀에 연결하는 풀업(pull up)방식과 0V와 출력

핀에 연결하는 풀다운(pull down) 방식이다.

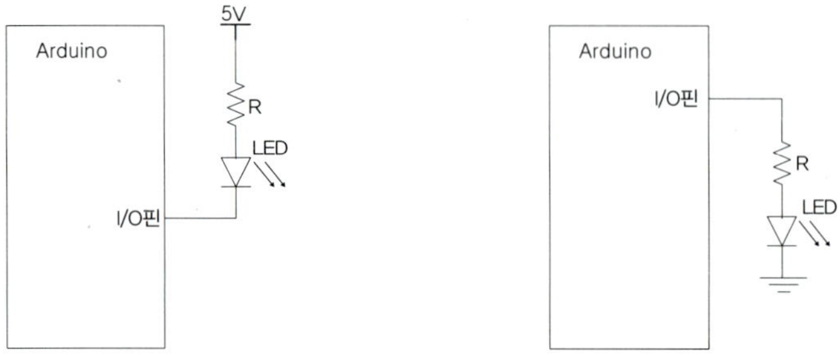

(a) 풀업 방식　　(b) 풀다운 방식

[그림 3-2] LED 연결 방식

풀업 방식에서는 출력 핀의 출력 값이 0일 때 LED의 애노드에 외부전압 5V가 저항을 통해 연결되고, 캐소드에는 출력 핀을 통해 0V가 걸려 순방향이 되면서 LED가 ON이 된다. 이때 전류는 외부에서 아두이노 쪽으로 흘러들어가기 때문에 싱크(sync) 방식이라고도 한다. 반면에 출력 값이 1일 때는 LED의 양 단자(애노드와 캐소드)에 모두 5V가 걸려 OFF가 된다. 이것은 다이오드와 LED가 애노드에 걸리는 전압이 캐소드에 걸리는 전압보다 어느 정도 높아야 ON이 되기 때문이다.([그림 3-3])

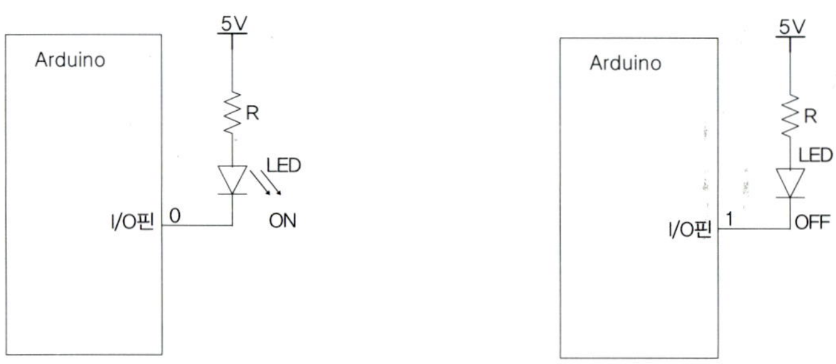

(a) 0 출력　　(b) 1출력

[그림 3-3] 풀업 방식 LED 동작

풀다운 방식에서는 출력 핀의 출력 값이 1일 때 LED의 애노드가 저항을 통해 5V에 연결되고, 캐소드에는 0V가 연결되어 순방향이 되면서 LED가 ON이 된다. 이 때 전류는 아두이노 쪽에서 밖으로 흘러나오기 때문에 소스(source) 방식이라고도 한다. 반면에 출력 값이 0일 때는 LED의 양 단자에 모두 0V가 걸려 OFF가 된다.([그림 3-4]))

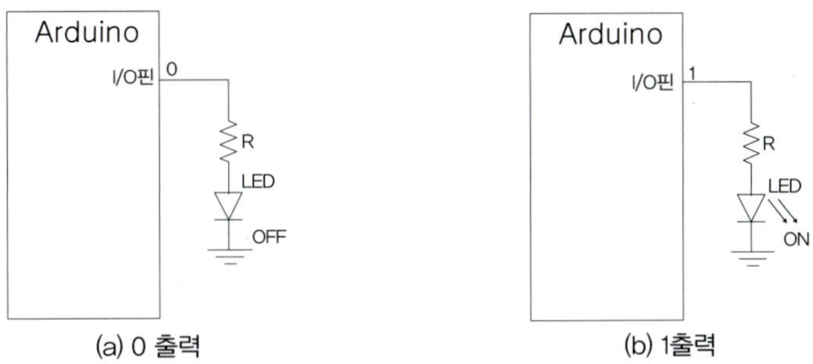

[그림 3-4] 풀다운 방식 LED 동작

LED가 ON일 때 LED에 흐르는 전류는 [그림 3-3], [그림 3-4]로부터

$$5V=Ri+V_{\mathrm{LED}} \rightarrow i=\frac{5V-V_{LED}}{R}$$

이 된다.(여기서 V_{LED}는 LED가 ON일 때 LED 양단에 걸리는 전압으로 일반적으로 LED 종류에 따라 조금 차이가 있지만 1.8~2.0V의 값을 갖는다.)

LED는 일반적으로 10mA 정도의 전류로 동작시키기 때문에(이때 V_{LED}=2.0V로 하자)

$$\frac{5-2.0}{R}=10mA \rightarrow \mathrm{R}=300\Omega$$

이 된다. 따라서 LED를 사용하는 경우 10mA 전후의 전류가 흐르도록 300Ω ~ 1kΩ의 저항을 사용하면 된다.

[LED 연습1] LED 구동 기본 회로

LED를 [그림 3-5]와 같이 아두이노 8번 핀에는 청색 LED를 풀다운으로 연결하고, 10번 핀에는 적색 LED를 풀업으로 연결하여 1과 0이 출력될 때 LED의 ON/OFF 상태를 확인하는 프로그램을 작성해보자.

사용 부품	수량
적색 LED	1개
청색 LED	1개
330Ω	2개

아두이노 연결핀	연결 부품
8	청색 LED 애노드
10	적색 LED 캐소드

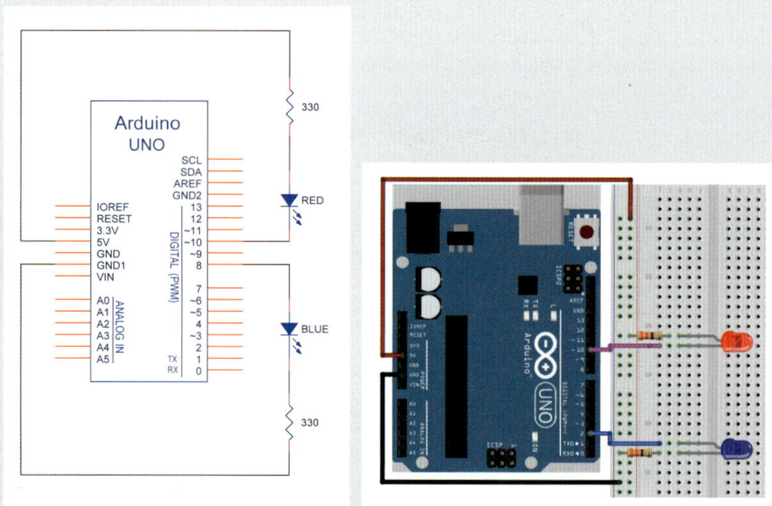

[그림 3-5] LED 회로 및 배선도

[프로그램 3-1] LED 풀업/풀다운 연결핀 HIGH 출력 확인

```
// led1
// LED 풀업/풀다운 연결핀 HIGH 출력 확인
const int pd_led_pin = 8;                       // 풀다운 연결핀
const int pu_led_pin = 10;                      // 풀업 연결핀

void setup()
{
      pinMode(pd_led_pin, OUTPUT);              // 풀다운 LED 연결핀 출력 설정
      pinMode(pu_led_pin, OUTPUT);              // 풀업 LED 연결핀 출력 설정
}

void loop()
{
      digitalWrite(pd_led_pin, HIGH);           // 풀다운 LED 연결핀 HIGH 출력
      digitalWrite(pu_led_pin, HIGH);           // 풀업 LED 연결핀 HIGH 출력
}
```

```
const int  pu_led_pin = 8;                      // 고정 변수로 8을 지정
```

이 문장은

```
int  pu_led_pin = 8;
```

로 써도 실행에는 아무 상관이 없다. 그러나 핀 번호 8이라는 값이 프로그램 실행 중에 바뀌어지는 값이 아니고, 또한 프로그램 실행 중에 바뀌게 되면 다른 핀이 지정될 수 있다. 따라서 const는 지정된 핀 번호가 바뀔 수 없도록 하기 위해 고정 변수형으로 설정하는 것이다.

[프로그램 3-2] LED 풀업/풀다운 연결핀 LOW 출력 확인

```
// led2
// LED 풀업/풀다운 연결핀 HIGH 출력 확인
const int pd_led_pin = 8;                    // 풀다운 연결핀
const int pu_led_pin = 10;                   // 풀업 연결핀

void setup()
{
      pinMode(pd_led_pin, OUTPUT);           // 풀다운 LED 연결핀 출력 설정
      pinMode(pu_led_pin, OUTPUT);           // 풀업 LED 연결핀 출력 설정
}

void loop()
{
      digitalWrite(pd_led_pin, LOW);         // 풀다운 LED 연결핀 HIGH 출력
      digitalWrite(pu_led_pin, LOW);         // 풀업 LED 연결핀 HIGH 출력
}
```

동작 확인

어느 쪽 LED가 ON 또는 OFF 되는지 확인하도록 하고, 올바르게 동작하는 것인지 판단해 보기 바란다.

[LED 연습 2] LED 4개 연결 구동 회로

4개의 LED를 [그림 3-6]과 같이 아두이노 4, 5, 6, 7번 핀에 풀업으로 연결하고, 이를 순차적으로 한 개씩 1초 간격으로 ON이 되도록 구동하는 프로그램을 작성해보자.

사용 부품	수량
적색 LED	4개
330Ω	4개

아두이노 연결핀	연결 부품
4, 5, 6, 7	LED 4개

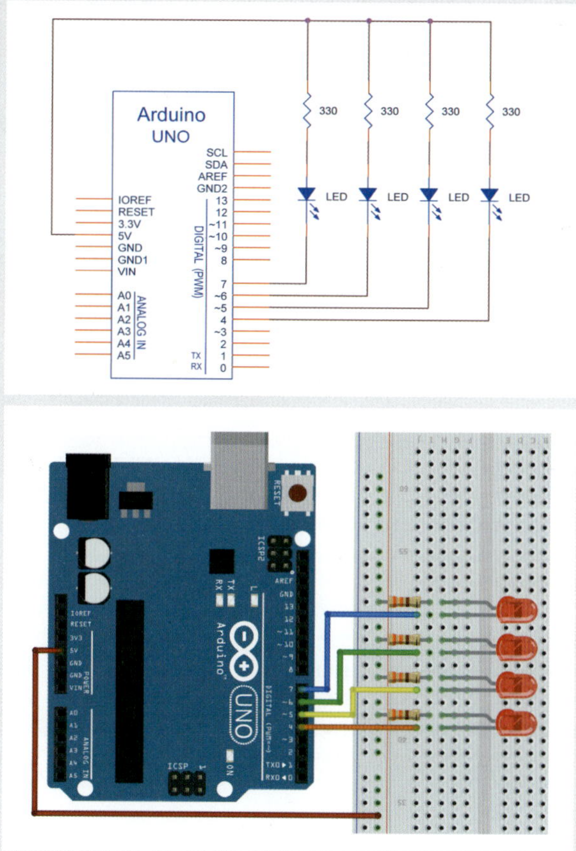

[그림 3-6] LED 4개 연결 구동 회로 및 배선도

[프로그램 3-3]은 반복함수 loop()에서 1초 간격으로 LED1부터 LED4까지 한 개씩 ON이 되게끔 하는 것을 한 주기로 하여 무한히 반복하는 프로그램이다.

[프로그램 3-3] 4개의 LED 순차 점멸

```
// led3
// 4개의 순차점멸(LED 풀업 연결)
const int led1_pin = 4;
const int led2_pin = 5;
const int led3_pin = 6;
const int led4_pin = 7;

void setup()
{
      pinMode(led1_pin, OUTPUT);          // 4번 핀 출력 설정
      pinMode(led2_pin, OUTPUT);          // 5번 핀 출력 설정
      pinMode(led3_pin, OUTPUT);          // 6번 핀 출력 설정
      pinMode(led4_pin, OUTPUT);          // 7번 핀 출력 설정
}

void loop()
{
      // LED1만 ON
      digitalWrite(led1_pin, LOW);        // 4번 핀 LOW 출력(on)
      digitalWrite(led2_pin, HIGH);       // 5번 핀 HIGH 출력(off)
      digitalWrite(led3_pin, HIGH);       // 6번 핀 HIGH 출력(off)
      digitalWrite(led4_pin, HIGH);       // 7번 핀 HIGH 출력(off)
      delay(1000);

      // LED2만 ON
      digitalWrite(led1_pin, HIGH);       // 4번 핀 HIGH 출력(off)
      digitalWrite(led2_pin, LOW);        // 5번 핀 LOW 출력(on)
      digitalWrite(led3_pin, HIGH);       // 6번 핀 HIGH 출력(off)
      digitalWrite(led4_pin, HIGH);       // 7번 핀 HIGH 출력(off)
      delay(1000);

      // LED3만 ON
      digitalWrite(led1_pin, HIGH);       // 4번 핀 HIGH 출력(off)
      digitalWrite(led2_pin, HIGH);       // 5번 핀 HIGH 출력(off)
      digitalWrite(led3_pin, LOW);        // 6번 핀 LOW 출력(on)
      digitalWrite(led4_pin, HIGH);       // 7번 핀 HIGH 출력(off)
      delay(1000);

      // LED4만 ON
      digitalWrite(led1_pin, HIGH);       // 4번 핀 HIGH 출력(off)
      digitalWrite(led2_pin, HIGH);       // 5번 핀 HIGH 출력(off)
      digitalWrite(led3_pin, HIGH);       // 6번 핀 HIGH 출력(off)
      digitalWrite(led4_pin, LOW);        // 7번 핀 LOW 출력(on)
      delay(1000);
}
```

[프로그램 3-4]는 [프로그램 3-3]을 다른 방식으로 작성한 것이다. 모든 LED를 setup() 함수에서 OFF 시킨 상태에서 시작하도록 하였고, loop() 함수에서는 이전 상태에서 ON되었던 LED는 OFF시키고 다음 LED만 ON시켜가며 LED1부터 순차적으로 LED4까지 ON 시키는 것을 한 주기로 반복하는 프로그램이다.

[프로그램 3-4] 4개의 LED 순차 점멸

```
// led4
// 4개의 순차점멸(LED 풀업 연결)

const int led1_pin = 4;
const int led2_pin = 5;
const int led3_pin = 6;
const int led4_pin = 7;

void setup()
{
      pinMode(led1_pin, OUTPUT);            // 4번 핀 출력 설정
      pinMode(led2_pin, OUTPUT);            // 5번 핀 출력 설정
      pinMode(led3_pin, OUTPUT);            // 6번 핀 출력 설정
      pinMode(led4_pin, OUTPUT);            // 7번 핀 출력 설정

      // LED 모두 off
      digitalWrite(led1_pin, HIGH);         // 4번 핀 HIGH 출력(off)
      digitalWrite(led2_pin, HIGH);         // 5번 핀 HIGH 출력(off)
      digitalWrite(led3_pin, HIGH);         // 6번 핀 HIGH 출력(off)
      digitalWrite(led4_pin, HIGH);         // 7번 핀 HIGH 출력(off)
}

void loop()
{
      // LED1만 ON
      digitalWrite(led4_pin, HIGH);         // LED4 off
      digitalWrite(led1_pin, LOW);          // LED1 on
      delay(1000);

      // LED2만 ON
      digitalWrite(led1_pin, HIGH);         // LED1 off
      digitalWrite(led2_pin, LOW);          // LED2 on
      delay(1000);

      // LED3만 ON
      digitalWrite(led2_pin, HIGH);         // LED2 off
```

```
        digitalWrite(led3_pin, LOW);            // LED3 on
        delay(1000);

        // LED4만 ON
        digitalWrite(led3_pin, HIGH);           // LED3 off
        digitalWrite(led4_pin, LOW);            // LED4 on
        delay(1000);
}
```

[프로그램 3-5]는 배열을 이용하여 작성한 프로그램이며, 순차적으로 출력해야 할 값들을 배열에 저장한 후 차례대로 모든 핀에 하나씩 출력해 가는 것이다.

[프로그램 3-5] 4개의 LED 순차 점멸

```
// led5
// 4개의 순차점멸(LED 풀업 연결) 배열 이용

const int led_pin[4] = {4, 5, 6, 7};       // LED 연결 핀 번호

// LED 연결핀에 차례로 출력할 출력 값
// (LED1 on, LED2 off, LED3 off, LED4 off)
// (LED1 off, LED2 on, LED3 off, LED4 off)
// (LED1 off, LED2 off, LED3 on, LED4 off)
// (LED1 off, LED2 off, LED3 off, LED4 on)
const int led_out[4][4] = {{0, 1, 1, 1}, {1, 0, 1, 1},{1, 1, 0,
1},{1, 1, 1, 0}};
int    out_no = 0;         // 출력 값 출력 순서 번호(0-3)

void setup()
{
      int n;

      for(n = 0;n < 4;n++){
            pinMode(led_pin[n], OUTPUT);     // led_pin[n]번핀 출력 설정
            digitalWrite(led_pin[n], HIGH);  // led_pin[n]번핀 HIGH 출력
       }
}

void loop()
{
```

```
        int n;

        for(n = 0;n < 4;n++){
              //  led_pin[n]번핀에 out_no 패턴 출력
              digitalWrite(led_pin[n], led_out[out_no][n]);
        }
        out_no++;                                    // 다음 출력 패턴 번호 설정
        if(out_no == 4) out_no = 0;                  // 마지막 다음은 처음 패턴으로

        delay(1000);
}
```

보충 설명

setup() 함수에서는 배열 led_pin[]에 저장되어 있는 핀 번호 4,5,6,7에 대해 하나씩 불러내어 출력으로 설정하고 있다. loop() 함수에서는 out_no에 해당하는 출력 값들을 핀 단위로 하나씩 출력하고, 다음에는 다음 패턴의 값들이 출력되도록 out_no의 값을 +1하여 갱신한 것이다. 배열 번호는 0~3의 값을 가지므로 4가 되는 순간 0부터 다시 시작하도록 하고 있다.

따라서 [프로그램 3-3], [프로그램 3-4]에서는 loop() 함수에서 4개의 상태를 모두 출력했지만, [프로그램 3-5]에서는 loop() 함수를 실행할 때마다 하나의 상태만 출력한다는 것이 다른 점이라 할 수 있다.

[LED 연습 3] LED 8개 연결 구동 회로

8개의 LED를 [그림 3-7]과 같이 아두이노 4,5,6,7,8,9,10,11번 핀에 풀업으로 연결하고, LED를 순차적으로 ON 시켜가는 프로그램을 작성해보자.

사용 부품	수량
적색 LED	4개
청색 LED	4개
330Ω	8개

아두이노 연결핀	연결 부품
4,5,6,7,8,9,10,11	LED 8개

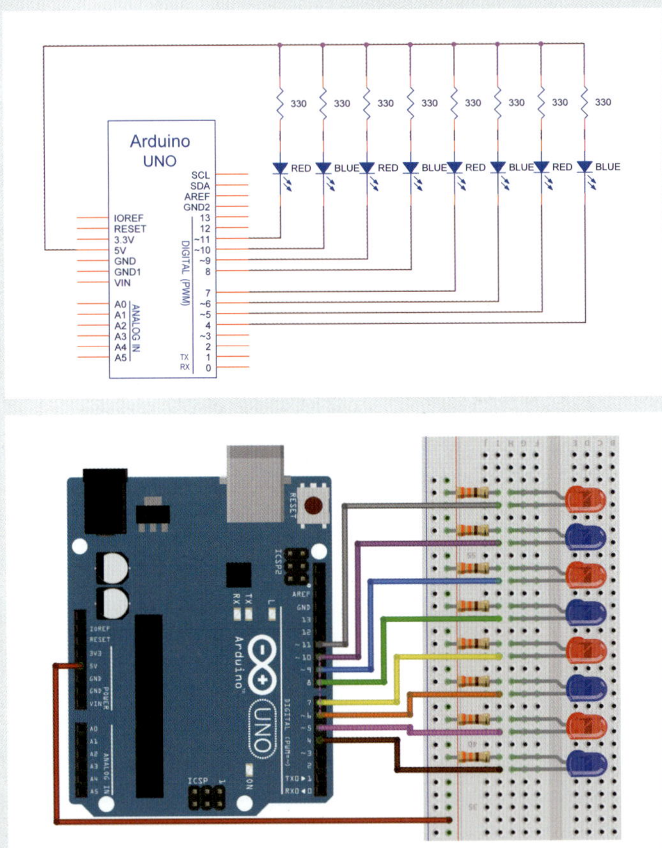

[그림 3-7] LED 8개 연결 회로 및 배선도

[프로그램 3-6]은 배열을 이용하여 작성한 프로그램이며, 순차적으로 출력해야 할 값들을 배열에 저장한 후 차례대로 모든 핀에 하나씩 출력해 가는 것이다.

[프로그램 3-6] 8개의 LED 순차 점멸

```
// led6
// 8개의 순차점멸(LED 풀업 연결) 배열 이용

const int led_pin[8] = {4, 5, 6, 7, 8, 9, 10, 11}; // LED 연결 핀 번호

// LED 연결핀에 차례로 출력할 출력 값
const int led_out[8][8] =
        {{0, 1, 1, 1, 1, 1, 1, 1}, {1, 0, 1, 1, 1, 1, 1, 1},
         {1, 1, 0, 1, 1, 1, 1, 1}, {1, 1, 1, 0, 1, 1, 1, 1},
         {1, 1, 1, 1, 0, 1, 1, 1}, {1, 1, 1, 1, 1, 0, 1, 1},
         {1, 1, 1, 1, 1, 1, 0, 1}, {1, 1, 1, 1, 1, 1, 1, 0}};

int    out_no = 0;                             // 출력 값 출력 순서 번호(0-7)

void setup()
{
      int n;

      for(n = 0;n < 8;n++){
            pinMode(led_pin[n], OUTPUT);    // led_pin[n]번핀 출력 설정
            digitalWrite(led_pin[n], HIGH);// led_pin[n]번핀 HIGH 출력
      }
}

void loop()
{
      int n;

      for(n = 0;n < 8;n++){
            // led_pin[n]번핀에 out_no 패턴 출력
            digitalWrite(led_pin[n], led_out[out_no][n]);
      }
      out_no++;                               // 다음 출력 패턴 번호 설정
      if(out_no == 8) out_no = 0;             // 마지막 다음은 처음 패턴으로

      delay(1000);
}
```

[프로그램 3-7]은 배열을 이용하지만 loop()함수에서 우선 LED를 모두 off 시킨 후 순차적으로 out_no(0~7) 째에 연결된 LED만 ON 시키는 프로그램이다.

[프로그램 3-7] 8개의 LED 순차 점멸

```
// led7
// 8개의 순차점멸(LED 풀업 연결) 배열 이용

const int led_pin[8] = {4, 5, 6, 7, 8, 9, 10, 11};  // LED 연결 핀 번호

int    out_no = 0;        // on 시킬 LED 번호 초기값(0~7)

void setup()
{
      int n;

      for(n = 0;n < 8;n++)
            pinMode(led_pin[n], OUTPUT);    // led_pin[n]번핀 출력 설정
}

void loop()
{
      int n;

      // LED 모두 off
      for(n = 0;n < 8;n++) digitalWrite(led_pin[n], HIGH);

      // out_no째 LED만 on
      digitalWrite(led_pin[out_no], LOW);

      out_no++;                              // 다음 ON시킬 LED 번호 설정
      if(out_no == 8) out_no = 0;            // 마지막 다음은 처음으로

      delay(1000);
}
```

보충 설명

프로그램에는 정답이 없습니다. 여러분들도 여러 가지 방식으로 프로그램을 작성해 보기 바랍니다.

3.3 스위치 다루기

스위치도 아두이노 보드에 연결하는 방식에는 LED와 마찬가지로 [그림 3-8]과 같이 풀업(pull up) 방식과 풀다운(pull down) 방식이 있다.

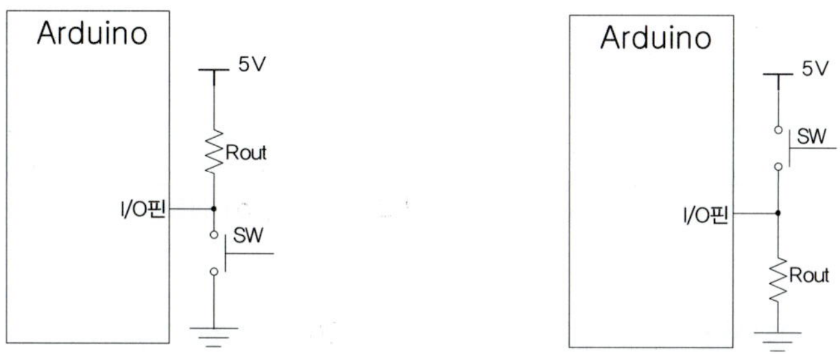

(a) 풀업 방식 (b) 풀다운 방식

[그림 3-8] 스위치 연결 회로

풀업 방식에서 스위치가 [그림 3-9(a)]와 같이 OFF인 경우에는 풀업 저항을 통해 5V가 I/O핀에 입력되고, 스위치가 ON인 경우에는 스위치 양단이 연결되면서 I/O핀에 0V가 입력된다.

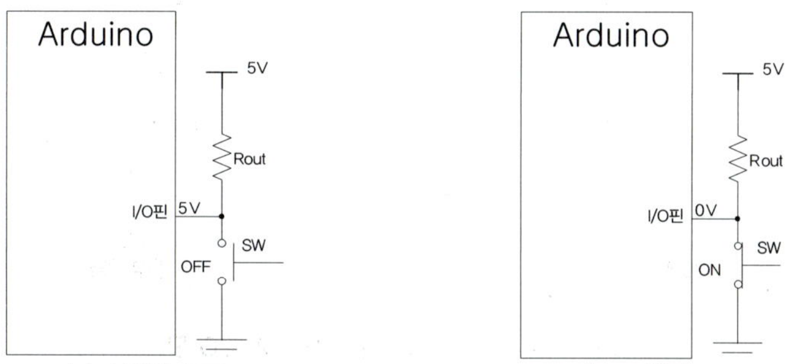

(a) 스위치 OFF (b) 스위치 ON

[그림 3-9] 풀업 방식 스위치 on, off 상태

풀다운 방식에서 스위치가 [그림 3-10(a)]와 같이 OFF 인 경우에는 I/O핀이 저항을 통해 GND(0V)에 연결되어 있으므로 I/O핀에 0V가 입력되고, 스위치가 ON인 경우에는 저항을 거쳐 GND에 전류가 흐르면서 I/O핀에 5V가 입력된다.

(a) 스위치 OFF (b) 스위치 ON

[그림 3-10] 풀다운 방식 스위치 on, off 상태

아두이노 보드에 사용되는 MCU의 I/O 핀은 20kΩ~100kΩ의 내부 풀업 저항(Rin)을 가지고 있어 내부 풀업 저항을 사용하는 경우에는 [그림 3-11]과 같이 외부의 풀업 저항을 연결하지 않아도 된다. 그러나 내부 풀업 저항을 사용하는 경우에는 setup() 함수에서 pinMode(핀번호, INPUT_PULLUP)를 선언해 주어야 한다.

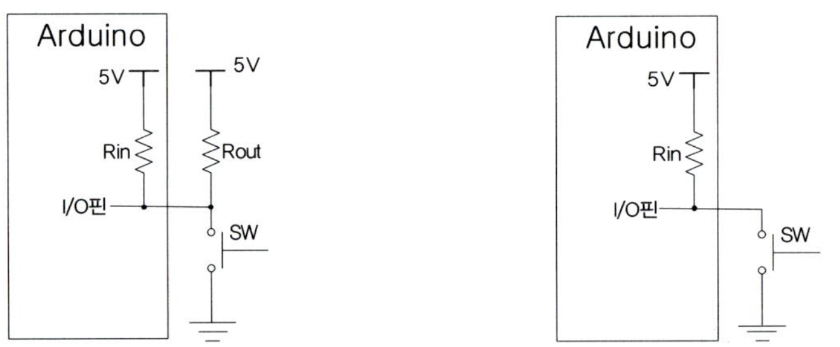

(a) 내부 풀업 + 외부 풀업 (b) 내부 풀업

[그림 3-11] 내부 풀업 저항 사용 시 I/O 핀

택트(Tact) 스위치

택트 스위치는 [그림 3-12]와 같은 외관과 내부 구조를 갖는 푸시 버튼(Push Button)형 스위치이며, 스위치의 4단자 중 2단자씩(a-a', b-b') 연결되어 있는 것을 알 수 있다. 따라서 스위치가 ON이 되면 4단자가 모두 연결되는 구조를 갖고 있다. 그러나 택트 스위치를 배선할 때 단자 a와 a'가 연결되어 있는지 아니면 단자 b가 연결되어 있는지 혼동이 생길 수 있다. 이러한 경우에는 서로 대각선 되는 단자 2개를 선택하여 사용하면 된다. 즉 단자 a와 b' 또는 a'와 b단자를 스위치의 두 단자로 사용하여 배선하면 아무 문제없이 사용할 수 있다.

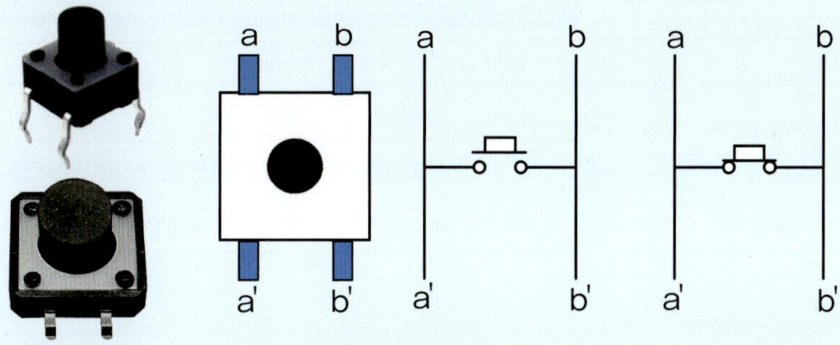

(a) 외관 (b) 내부 연결도 (c) on 상태

[그림 3-12] 택트(Tact) 스위치

[스위치 연습1] 스위치 풀업, 풀 다운 연결 동작 확인

[그림 3-13]과 같이 스위치1은 아두이노 보드 3번 핀에 풀업 방식으로 연결하고, 스위치2는 아두이노 보드 2번 핀에 풀다운 방식으로 연결한다. 그리고 2개의 LED를 8번 핀과 9번 핀에 풀업 방식으로 각각 연결하고, 스위치1의 상태는 9번 핀에 스위치2의 상태는 8번 핀에 각각 출력하는 프로그램을 작성해보자.

사용 부품	수량
스위치	2개
적색 LED	1개
청색 LED	1개
330Ω	2개
10kΩ	2개

아두이노 연결핀	연결 부품	연결 방법	비고
2	스위치2	풀다운	-
3	스위치1	풀업	-
8	청색 LED	풀업	풀다운 스위치 상태 출력
9	적색 LED	풀업	풀업 스위치 상태 출력

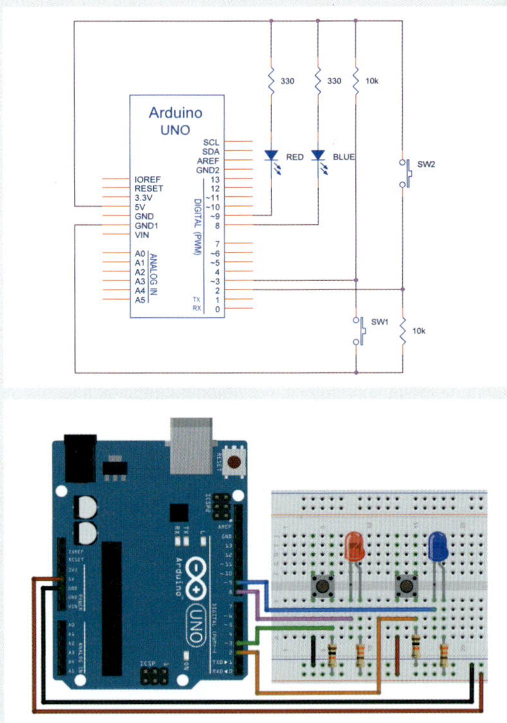

[그림 3-13] 스위치 풀업, 풀다운 연결 회로 및 배선도

[프로그램 3-8] 스위치 풀업/풀다운 동작 확인

```
// switch1
// 스위치 풀업/풀다운 동작 확인
// 스위치 상태 그대로 풀업저항 연결 LED에 출력하기
const int pd_sw_pin = 2;              // 풀다운 스위치 연결핀(SW2)
const int led2_pin = 8;               // 풀다운 스위치 확인용 LED(pull up)

const int pu_sw_pin = 3;              // 풀업 스위치 연결핀(SW1)
const int led1_pin = 9;               // 풀업 스위치 확인용 LED(pull up)

void setup()
{
      pinMode(pd_sw_pin, INPUT);      // 풀다운 스위치 연결핀 입력 설정
      pinMode(pu_sw_pin, INPUT);      // 풀업 스위치 연결핀 입력 설정

      pinMode(led1_pin, OUTPUT);      // 풀업 스위치 확인용 LED 연결핀 출력 설정
      pinMode(led2_pin, OUTPUT);      // 풀업 스위치 확인용 LED 연결핀 출력 설정
}

void loop()
{
      boolean pd_sw, pu_sw;

      pu_sw = digitalRead(pu_sw_pin); // 풀업 스위치 상태 읽기
      digitalWrite(led1_pin, pu_sw);  // 풀업 스위치 상태 LED 출력

      pd_sw = digitalRead(pd_sw_pin); // 풀업 스위치 상태 읽기
      digitalWrite(led2_pin, pd_sw);  // 풀업 스위치 상태 LED 출력
}
```

동작 확인

① 풀업으로 연결된 스위치에 대해 스위치가 눌려질 때는 LED가 ON이 되고, 스위치가 눌려져 있지 않을 때는 LED가 OFF가 됨을 확인하라. 즉 풀업으로 연결된 스위치가 눌려질 때는 0의 값이 입력되어 풀업으로 연결된 LED에 출력하면 ON이 되는 것이다.

② 풀다운으로 연결된 스위치에 대해 스위치가 눌려질 때는 LED가 OFF 되고, 스위치가 눌려지지 않을 때는 ON이 됨을 확인하라. 즉 풀다운으로 연결된 스위치가 눌려질 때는 1의 값이 입력되어 풀업으로 연결된 LED에 출력하면 OFF가 되는 것이다.

(a) 외부 풀업 연결 (b) 내부 풀업 연결

[그림 3-14] 스위치 풀업 연결

아두이노 I/O 포트 핀에는 내부에 풀업 저항이 있어 스위치나 센서를 연결할 때 외부에 풀업 저항을 [그림 3-14b]와 같이 생략할 수 있다. 그러나 내부 풀업 저항을 사용할 때는 pinMode()함수에서 INPUT_PULLUP을 설정해 주어야 내부 풀업저항이 활성화된다.

[스위치 연습2] 스위치 외부 풀업 연결, 내부 풀업 연결 동작 확인

[그림 3-15]와 같이 스위치1은 아두이노 보드 3번 핀에 외부 풀업 방식으로 연결하고, 스위치2는 아두이노 보드 2번 핀에 내부 풀업 방식으로 연결하자. 그리고 스위치의 상태를 확인하기 위해 2개의 LED를 8번 핀과 9번 핀에 풀업 방식으로 각각 연결하고, 두 스위치의 상태를 그대로 LED에 각각 출력하는 프로그램을 작성해보자.

사용 부품	수량
스위치	2개
적색 LED	1개
청색 LED	1개
330Ω	2개
10kΩ	2개

아두이노 연결핀	연결 부품	연결 방법	비고
2	스위치2	내부풀업	–
3	스위치1	외부풀업	–
8	청색 LED	풀업	내부풀업 스위치 상태 출력
9	적색 LED	풀업	외부풀업 스위치 상태 출력

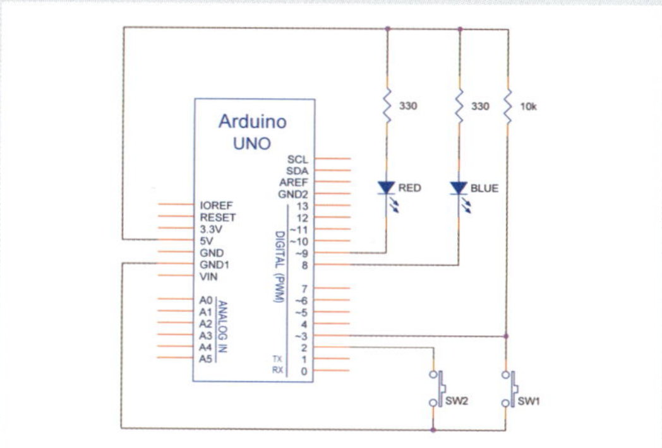

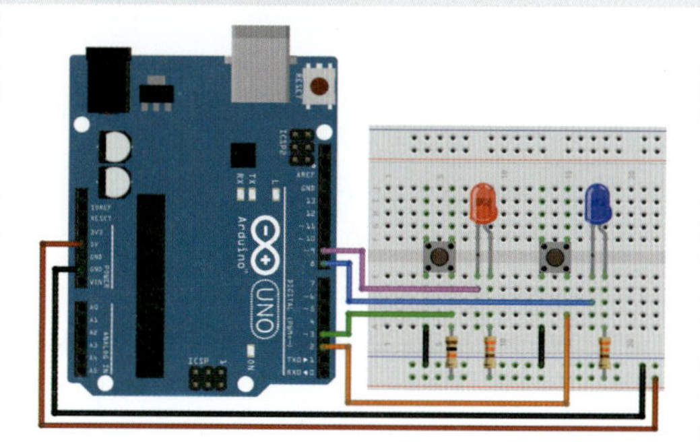

[그림 3-15] 스위치 외부 풀업 및 내부 풀업 회로 및 배선도

[프로그램 3-9] 스위치 외부/내부 풀업 연결 동작 확인

```
// switch2
// Switch 외부/내부 풀업 연결 스위치 동작 화인
const int out_pu_sw_pin = 3;       // 외부 풀업 스위치 연결핀(SW1)
const int led1_pin = 9;            // 외부 풀업 스위치 확인용 LED(pull up)

const int in_pu_sw_pin = 2;        // 내부 풀업 스위치 연결핀(SW2)
const int led2_pin = 8;            // 내부 풀업 스위치 확인용 LED(pull up)

void setup()
{
      pinMode(out_pu_sw_pin, INPUT);        // 외부 풀업 Switch 연결핀 입
                                            // 력 설정
      pinMode(in_pu_sw_pin, INPUT_PULLUP); // 내부 풀업 Switch 연결핀 입
                                            // 력 설정

      pinMode(led1_pin, OUTPUT);   // 외부풀업 스위치 확인 LED 연결핀 출력 설정
      pinMode(led2_pin, OUTPUT);   // 내부풀업 스위치 확인 LED 연결핀 출력 설정
}

void loop()
{
      boolean in_pu_sw, out_pu_sw;

      out_pu_sw = digitalRead(out_pu_sw_pin);  // 외부풀업 스위치 상태 읽기
      digitalWrite(led1_pin, out_pu_sw);       // 외부풀업 내부풀다운 스위치
                                               // 상태 LED 출력

      in_pu_sw = digitalRead(in_pu_sw_pin); // 내부풀업 스위치 상태 읽기
      digitalWrite(led2_pin, in_pu_sw);     // 내부풀업 스위치 상태 LED 출력
}
```

동작 확인

① 내부 풀업 저항을 사용하는 경우에는

pinMode(in_pu_pin, INPUT_PULLUP);

와 같이 pinMode() 함수에서 INPUT_PULLUP을 반드시 명시해 주어야 한다.

② 외부 풀업과 내부 풀업에 대한 스위치 동작은 모두 같은 것을 확인할 수 있을 것이다.

일반적으로 스위치로 무엇인가를 제어할 때는 스위치를 누를 때마다 한 번만 동작을 하는 경우가 많다. 예를 들면 스위치를 누를 때마다 눌려지는 순간에 LED의 상태를 바꾼다거나 또는 모터를 ON/OFF 하는 경우를 들 수 있다. 이런 경우에는 스위치의 현재 상태를 한 번만 읽어서는 해결할 수 없으며, 짧은 시간차를 두고 두 번 읽어 처리해주어야 한다. 짧은 시간차를 두고 스위치의 상태를 읽었을 때 스위치의 상태를 분류해 보면 [그림 3-16]과 [표 3-1]과 같이 나누어지는 것을 알 수 있다. 따라서 스위치가 눌려지는 순간은 첫 번째 상태에서 OFF이고, 두 번째 상태에서 ON이어야 하는 것을 알 수 있다.

[표 3-1] 스위치 상태 분류

스위치 상태	첫 번째 상태	두 번째 상태	비 고
OFF	OFF	OFF	
OFF → ON	OFF	ON	Falling Edge
ON	ON	ON	
ON → OFF	ON	OFF	Rising Edge

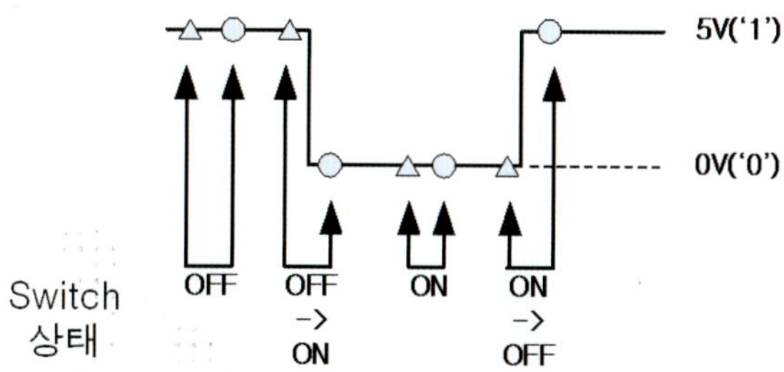

[그림 3-16] 스위치의 상태

[스위치 연습3] 스위치 눌려지는 순간 LED 반전시키기

3번 핀에 연결된 스위치가 눌려질 때마다 눌려지는 순간에 9번 핀에 연결된 LED를 ON/OFF 반전시키는 프로그램을 작성해보자.

회로 배선은 [그림 3-17]과 같이 스위치는 아두이노 보드 3번 핀에 외부 풀업 방식으로 연결하고, LED는 아두이노 보드 9번 핀에 풀업 방식으로 연결한다.

사용 부품	수량
스위치	1개
LED	1개
330Ω	1개
10kΩ	1개

아두이노 연결핀	연결 부품
3	스위치
9	LED

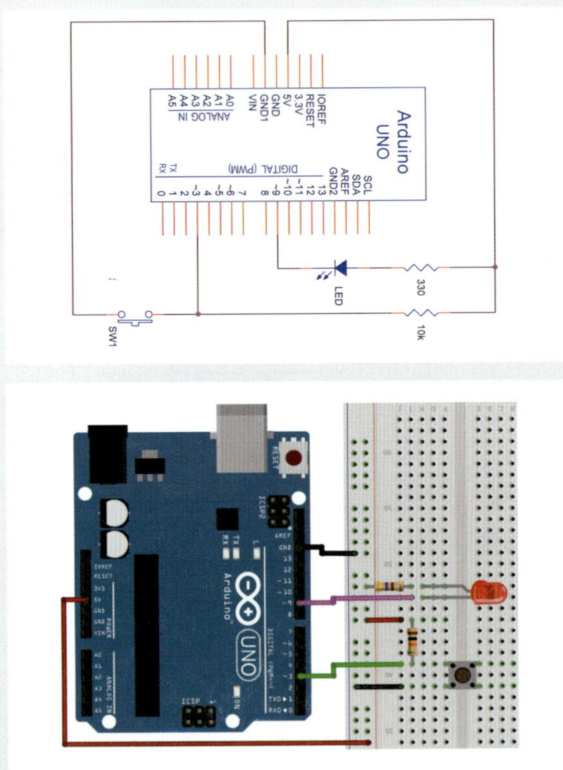

[그림 3-17] 스위치와 LED 회로 및 배선도

[프로그램 3-10] 스위치 눌려지는 순간 LED 반전시키기

```
// switch3
// Switch 눌려질 때마다 LED on/off 점멸
#define OFF  1
#define ON  0

const int sw_pin = 3;                        // 스위치 연결핀
const int led_pin = 9;                       // LED 연결핀
boolean  led_st = OFF;                       // LED 초기 상태

void setup()
{
      pinMode(sw_pin, INPUT);                // Switch 연결핀 입력 설정
      pinMode(led_pin, OUTPUT);              // LED 연결핀 출력 설정

      digitalWrite(led_pin, led_st);         // LED 초기상태 출력
}

void loop()
{
      boolean o_sw, n_sw;

      o_sw = digitalRead(sw_pin);            // 스위치 첫 번째 상태 읽기
      delay(10);                             // 10ms 지연
      n_sw = digitalRead(sw_pin);            // 스위치 두 번째 상태 읽기

      if(o_sw == OFF && n_sw == ON){         // 앞 상태 OFF and 뒤 상태 ON
            led_st = !led_st;                // LED 상태 반전
            digitalWrite(led_pin, led_st);   // LED 상태 반전 출력
      }
}
```

[스위치 연습4] 스위치 눌려질 때마다 4개의 LED 순차 점멸

[그림 3-18]과 같이 스위치는 아두이노 보드 3번 핀에 외부 풀업 방식으로 연결하고, 4개의 LED는 아두이노 보드 8,9,10,11번 핀에 풀업 방식으로 연결한다. 그리고 스위치가 눌려질 때마다 눌려지는 순간에 4개의 LED를 1개씩만 ON이 되도록 순차 점멸시키는 프로그램을 작성해보자

사용 부품	수량
스위치	1개
LED	4개
330Ω	4개
10kΩ	1개

아두이노 연결핀	연결 부품
3	스위치 1개
8,9,10,11	LED 4개

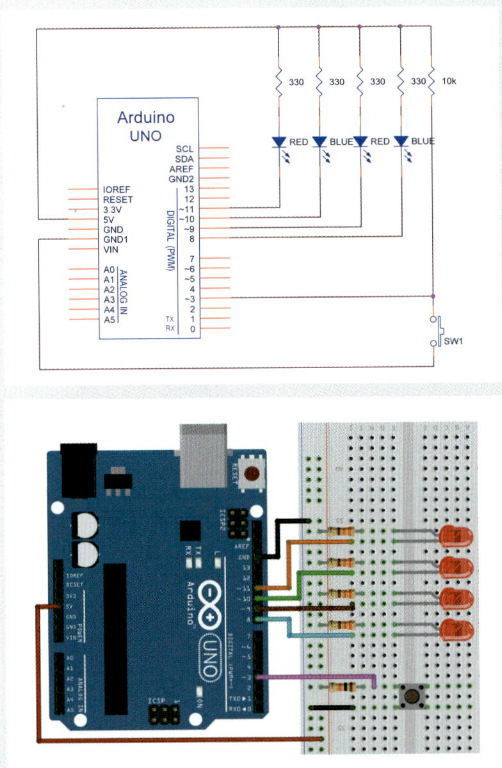

[그림 3-18] 4개 LED 회로 및 배선도

[프로그램 3-11] 스위치 눌려질 때마다 4개의 LED 순차 점멸

```
// switch4
// Switch 눌려질 때마다 4개의 LED 순차 점멸(1개 LED만 on)
#define OFF  1
#define ON  0

const int sw_pin = 3;                          // 스위치 연결핀
const int led_pin[4] = {8, 9, 10, 11};         // LED 연결핀

// 4개 LED 출력 패턴
const int led_out[4][4] ={{0, 1, 1, 1}, {1, 0, 1, 1},{1, 1, 0, 1},{1, 1, 1, 0}};
int     out_no = 0;                            // 출력 패턴 번호(0-3)

void setup()
{
      byte  n;

      pinMode(sw_pin, INPUT);                  // Switch 연결핀 입력 설정

      for(n = 0;n < 4;n++)                     // 4개의 LED 연결핀 출력 설정
      pinMode(led_pin[n], OUTPUT);             // led_pin[n]번핀 출력 설정

      // LED 초기상태 출력
      for(n = 0;n < 4;n++){
            // led_pin[n]번핀에 out_no 패턴 출력(LED0만 ON)
            digitalWrite(led_pin[n], led_out[out_no][n]);
      }
}

void loop()
{
      boolean o_sw, n_sw;
      byte n;

      o_sw = digitalRead(sw_pin);              // 스위치 첫 번째 상태 읽기
      delay(10);
      n_sw = digitalRead(sw_pin);              // 스위치 두 번째 상태 읽기

      if(o_sw == OFF && n_sw == ON){           // 앞 상태 OFF & 뒤 상태 ON
            out_no++;                          // 다음 출력 패턴 번호 설정
            if(out_no == 4) out_no = 0;        // 마지막 다음은 처음 패턴으로
            for(n = 0;n < 4;n++){
                  // led_pin[n]번핀에 out_no 패턴 출력
                  digitalWrite(led_pin[n], led_out[out_no][n]);
            }
      }
}
```

채터링의 정의 및 방지(Debouncing : 디바운싱)

채터링(Chattering)은 스위치가 ON, OFF 되는 순간의 짧은 시간 동안 [그림 3-19]와 같이 고속으로 접점이 붙고 떨어지고 해서 ON, OFF가 반복되는 현상이며, 채터링을 방지하는 방법(스위치 디바운싱)으로는 하드웨어적인 방법과 소프트웨어적인 방법이 있다.

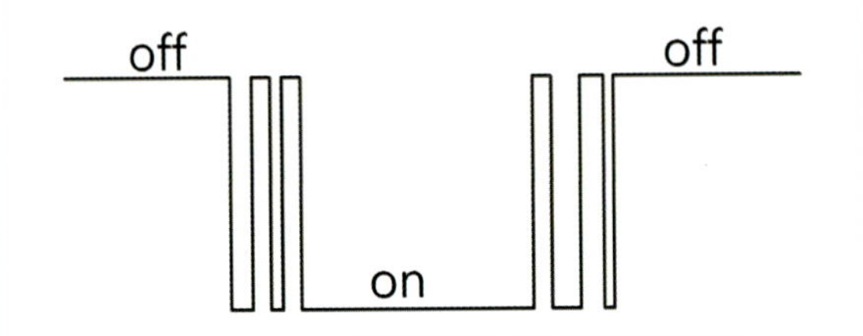

[그림 3-19] 스위치 채터링 현상

① 하드웨어적 방법 : 여러 가지 방법이 있지만, 간편한 방법으로는 콘덴서(수 uF)를 스위치 양단에(병렬) 연결하여 콘덴서의 특성에 의해 짧은 시간 동안에 스위치의 상태가 변하는 것을 방지하는 방법이다.
② 소프트웨어적 방법 : 스위치 상태를 읽고 나서 바로 이전 상태와 다른 경우에 한하여 일정 시간(5ms, 상황에 따라 조정 필요) 경과 후 다시 스위치 상태를 읽는 방법이다.

[스위치 연습5] 스위치 눌려질 때마다 4개의 LED 순차 점멸(채터링 방지)

[스위치 연습4]의 프로그램에 채텅링 방지를 위한 소프트웨어적인 방법으로서 디바운싱 처리를 추가하여 프로그램을 작성해보자.

[프로그램 3-12] 스위치 눌려질 때마다 4개의 LED 순차 점멸(채터링 방지)

```
// switch5
// 채터링 방지를 위한 디바운싱 처리 추가
// Switch 눌려질 때마다 4개의 LED  순차 점멸(1개 LED만 on)

#define OFF 1
#define ON  0

const int sw_pin = 3;                         // 스위치 연결핀
const int led_pin[4] = {8, 9, 10, 11};        // LED 연결핀

// 4개 LED 출력 패턴
const int led_out[4][4] ={{0, 1, 1, 1}, {1, 0, 1, 1},{1, 1, 0, 1},{1, 1, 1, 0}};
int    out_no = 0;                            // 출력 패턴 번호(0-3)

boolean SW_read(void);

void setup()
{
      byte  n;

      pinMode(sw_pin, INPUT);                 // 스위치 연결핀 입력 설정

      // 4개의 LED 연결핀 출력 설정
      for(n = 0;n < 4;n++)
            pinMode(led_pin[n], OUTPUT);

      // LED 초기상태 출력(0번째 패턴 출력)
      for(n = 0;n < 4;n++)
            digitalWrite(led_pin[n], led_out[out_no][n]);
}

void loop()
{
      boolean o_sw, n_sw;
      byte  n;

      o_sw = SW_read();                       // 스위치 첫 번째 상태 읽기
      delay(10);
      n_sw = SW_read();                       // 스위치 두 번째 상태 읽기

      if(o_sw == OFF && n_sw == ON){          // 앞 상태 OFF & 뒤 상태 ON
            out_no++;                         // 다음 출력 패턴 번호 설정
            if(out_no == 4) out_no = 0;       // 마지막 다음은 처음 패턴으로
            for(n = 0;n < 4;n++){
                  // led_pin[n]번핀에 out_no 패턴 출력
                  digitalWrite(led_pin[n], led_out[out_no][n]);
```

```
            }
        }
}

boolean SW_read()
{
        boolean f_sw, s_sw;

        f_sw = digitalRead(sw_pin);             // 스위치 첫 번째 상태 읽기
        delay(3);                               // 3초 대기
        s_sw = digitalRead(sw_pin);             // 스위치 두 번째 상태 읽기

        if(f_sw != s_sw) {                      // 스위치의 두 상태가 다를 때 스
                                                // 위치 다시 읽기
            delay(3);                           // 3초 대기
            s_sw = digitalRead(sw_pin);         // 스위치 세 번째 상태 읽기
        }
        return(s_sw);
}
```

3.4 외부 인터럽트

지금까지 스위치에 대한 처리는 스위치의 상태를 직접 읽어 ON/OFF 되었는지를 소프트웨어적으로 계속 확인했는데 이러한 방식을 폴링(Polling)방식이라 한다. 반면에 MCU는 특정 핀을 통해 입력되는 외부 디바이스(스위치, 센서 등)로부터의 신호를 자동적으로 감지하여 처리하는 기능을 가지고 있는데, 이러한 입력 처리 방식을 외부 인터럽트 방식이라고 한다. 우노보드에서는 [표 3-2]에 나타내듯이 2,3번 핀이 외부 인터럽트(INT0, INT1) 기능을 가지며, MCU의 외부 인터럽트 기능에서 인식할 수 있는 신호는 [그림 3-20]과 [표 3-3]에 따라 하강 에지, 상승 에지, 로우 레벨, 상태 변화를 감지할 수 있다.

[표 3-2] 우노보드 외부 인터럽트 핀

아두이노 보드						ATmega328P MCU 핀 번호 및 포트명
아두이노 핀 명	디지털 입출력 핀	아날로그 입력 핀	PWM 출력 핀	외부 인터럽트 핀	시리얼 통신 핀	
3	3		3	INT1		5. PD3/INT1/OC2B
2	2			INT0		4. PD2/INT0

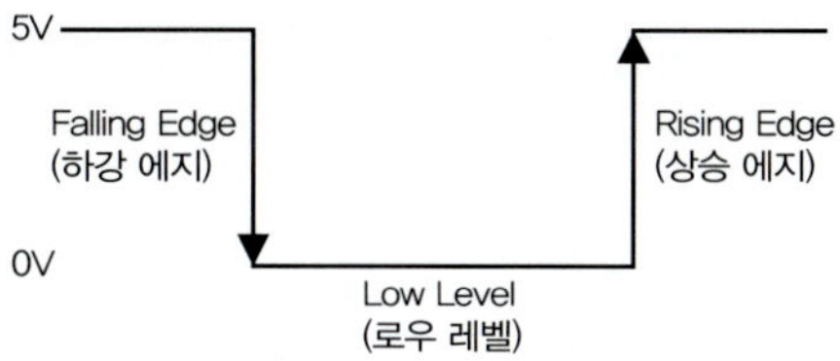

[그림 3-20] 외부 인터럽트 감지 신호

[표 3-3] 외부 인터럽트 감지 신호

신호 분류	신호 상태
LOW 레벨	OFF
하강 에지	OFF → ON
상승 에지	ON → OFF
상태 변화	OFF → ON 또는 ON → OFF

외부 인터럽트가 발생할 때 처리되는 과정은 다음과 같다.

① 사용자 요구 신호 감지

MCU는 프로그램을 실행하면서 외부 인터럽트 핀을 통해 사용자가 요구한 신호(하강 에지, 상승 에지, 로우 레벨, 상태 변화 중 하나)가 입력되는지를 지속적으로 체크하며, 신호가 감지되면 MCU는 현재 실행하던 프로그램을 중단한다.

② 외부 인터럽트 처리 함수 실행

MCU는 현재 실행하던 프로그램을 중단하고 사용자가 작성한 외부 인터럽트 처리 함수(신호가 감지될 때 수행할 프로그램)로 점프하여 실행한다.

주의 인터럽트 함수는 사용자 프로그램에 의해 호출되어 실행되는 함수가 아니므로 인자를 사용할 수 없고, 또한 어떠한 값도 반환할 수 없음에 주의하여야 한다. 따라서 인터럽트 함수에서 사용하는 변수들은 모두 전역 변수(함수 밖에서 선언된 변수) volatile 형식(컴파일러의 최적화 방지)으로 선언하여야 한다.

③ 외부 인터럽트 처리 함수 종료

외부 인터럽트 함수를 실행 완료하면 MCU는 외부 인터럽트 함수가 실행되기 이전에 멈췄던 위치로 돌아가 실행하던 프로그램을 이어서 실행하게 된다.

외부 인터럽트에 관련된 라이브러리 함수는 다음과 같으며, 인터럽트를 설정하는 함수와 해제하는 함수로 구성되어 있다.

<table>
<tr><th colspan="4">void attachInterrupt(digitalPinToInterrupt(pin), ISR, mode)</th></tr>
<tr><td>기능</td><td colspan="3">외부 인터럽트에 대한 핀 번호, 동작 모드, 인터럽트 함수 지정</td></tr>
<tr><td rowspan="7">매개변수</td><td>pin</td><td colspan="2">외부 인터럽트를 사용할 수 있는 핀 번호
(우노보드에서는 2번핀과 3번핀 사용 가능)
※ pin에 상수 값이나 변수를 넣어 digitalPinToInterrupt(pin) 함수를 호출하면, 인터럽트로 사용할 수 있는 핀이면 인터럽트 번호를 사용할 수 없으면 –1 값이 반환된다.</td></tr>
<tr><td>ISR</td><td colspan="2">인터럽트 발생시 자동 실행되는 함수명</td></tr>
<tr><td rowspan="5">mode</td><td colspan="2">인터럽트 발생 모드</td></tr>
<tr><td>LOW</td><td>핀에 입력되는 신호가 LOW일 때</td></tr>
<tr><td>CHANGE</td><td>핀에 입력되는 신호가 변할 때
(LOW→HIGH 또는 HIGH→LOW)</td></tr>
<tr><td>RISING</td><td>LOW에서 HIGH로 변할 때(상승에지)</td></tr>
<tr><td>FALLING</td><td>HIGH에서 LOW로 변할 때(하강에지)</td></tr>
<tr><td>리턴 값</td><td colspan="3">없음</td></tr>
</table>

<table>
<tr><th colspan="4">void attachInterrupt(interrupt, ISR, mode)</th></tr>
<tr><td>기능</td><td colspan="3">외부 인터럽트에 대한 ID 번호, 동작 모드, 인터럽트 함수 지정</td></tr>
<tr><td rowspan="7">매개변수</td><td>interrupt</td><td colspan="2">인터럽트 ID번호
(우노보드에는 2개 0(2번핀) 또는 1(3번핀))</td></tr>
<tr><td>ISR</td><td colspan="2">인터럽트 발생시 자동 실행되는 함수명</td></tr>
<tr><td rowspan="5">mode</td><td colspan="2">인터럽트 발생 모드</td></tr>
<tr><td>LOW</td><td>핀에 입력되는 신호가 LOW일 때</td></tr>
<tr><td>CHANGE</td><td>핀에 입력되는 신호가 변할 때
(LOW->HIGH 또는 HIGH->LOW)</td></tr>
<tr><td>RISING</td><td>LOW에서 HIGH로 변할 때(상승에지)</td></tr>
<tr><td>FALLING</td><td>HIGH에서 LOW로 변할 때(하강에지)</td></tr>
<tr><td>리턴 값</td><td colspan="3">없음</td></tr>
</table>

void deattachInterrupt(digitalPinToInterrupt(pin))		
기능	지정된 인터럽트를 해제	
매개변수	pin	해제할 핀 번호
리턴 값	없음	

void deattachInterrupt(interrupt)		
기능	지정된 인터럽트를 해제	
매개변수	interrupt	해제할 인터럽트 ID 번호
리턴 값	없음	

void interrupts()	
기능	noInterrupts()로 비활성화된 인터럽트를 모두 활성화시키는 함수
매개변수	없음
리턴 값	없음

void noInterrupts()	
기능	전체 인터럽트를 비활성화시키는 함수
매개변수	없음
리턴 값	없음

외부 인터럽트 사용법

① setup()함수에서 인터럽트 설정함수 attatchInterrupt()를 이용하여 사용할 외부 인터럽트에 대해 설정한다.
attachInterrupt(digitalPinToInterrupt(pin), ISR, mode) 또는
attachInterrupt(interrupt, ISR, mode)
외부 인터럽트 번호 : 0, 1(핀 번호 2, 3)
외부 인터럽트 처리 함수명 : void 형으로 매개 변수가 없는 함수로 만든다.
외부 인터럽트 동작모드 : 하강, 상승, 로우 레벨, 상태변화 중 하나를 설정한다
※ INT0, INT1 핀의 입출력 방향에 대한 설정은 디폴트로 입력으로 되어 있어 생략해도 상관없음.

② 외부 인터럽트가 발생할 때 실행할 인터럽트 함수를 작성한다.

[외부 인터럽트 연습1] 스위치 눌려질 때마다 LED 반전시키기

[그림 3-17]과 같이 스위치를 아두이노 보드 3번 핀에 풀업 방식으로 연결하고, 9번 핀에는 LED를 풀업 방식으로 연결하도록 한다. 그리고 스위치가 눌려질 때마다 LED를 반전시키는 프로그램을 외부 인터럽트 방식을 이용하여 작성해 보자.

[프로그램 3-13] 스위치 눌려질 때마다 LED 점멸(외부 인터럽트1 이용)

```
// interrupt1
// Switch 눌려질 때마다 LED on/off 점멸(외부 인터럽트 사용)
const int sw_pin = 3;                  // 스위치 연결핀(INT1 핀)
const int led_pin = 9;                 // LED 연결핀
volatile boolean led_st = HIGH;        // LED 초기 상태(OFF)

void setup()
{
      // 외부 인터럽트 설정
      // attachInterrupt(1, flash, FALLING);
      attachInterrupt(digitalPinToInterrupt(sw_pin), flash, FALLING);

      pinMode(led_pin, OUTPUT);               // LED 연결핀 출력 설정
      digitalWrite(led_pin, led_st);          // LED 초기상태 출력
}

void loop()
{
      // 스위치 체크하는 부분이 없어져 따로 반복해서 할 작업이 없음
}

// 외부 인터럽트1 처리 함수
void flash(void)
{
      led_st = !led_st;                       // LED 상태 반전
      digitalWrite(led_pin, led_st);          // LED 상태 반전 출력
}
```

동작 확인

실행시키면 채터링이 발생하는 것을 알 수 있다. 따라서, 이에 대한 대책이 필요하며, 여러 가지 방법을 생각할 수 있지만 여기서는 인터럽트 걸리는 시간 간격이 200ms 이내이면 무시하도록 하여 다시 작성해 보았다. 그러나 스위치를 떼는 순간에도 채터링이 발생할 수 있으므로 스위치를 조작하는 시간에 맞춰 200ms의 값을 조정할 필요가 있다. 따라서 스위치를 빠르게 조작하는 경우에는 200ms보다 작아도 되지만, 천천히 조작하는 경우에는 더 크게 조정할 필요가 있을 수도 있다.

[프로그램 3-14] 스위치 눌려질 때마다 LED 반전시키기(외부 인터럽트 + 채터링 방지)

```
// interrupt2
// Switch 눌려질 때마다 LED on/off 점멸(외부 인터럽트 사용)
// 채터링 방지 기능 추가
const int sw_pin = 3;                    // 스위치 연결핀(INT1 핀)
const int led_pin = 9;                   // LED 연결핀
volatile boolean  led_st = HIGH;         // LED 초기 상태(OFF)
volatile unsigned long  t1, t2;

void setup()
{
      // 외부 인터럽트 설정
      // attachInterrupt(1, flash, FALLING);
      attachInterrupt(digitalPinToInterrupt(sw_pin), flash, FALLING);

      pinMode(led_pin, OUTPUT);          // LED 연결핀 출력 설정
      digitalWrite(led_pin, led_st);     // LED 초기상태 출력

      t1 = millis();                     // 프로그램 시작 시간 저장
}

void loop()
{
      // 스위치 체크하는 부분이 없어져 따로 반복해서 할 작업이 없음
}

// 외부 인터럽트1 처리 함수
void flash(void)
{
      // 채터링 체크 : 200ms 이내에 스위치가 또 눌려진 상태이면 무시
      t2 = millis();                     // 현재 시간 저장

      // 인터럽트 시간 간격 체크
      if((t2 - t1) < 200) return;        // 200ms 보다 작으면 무시
      else t1 = t2;                      // 인터럽트 발생 시간 갱신

      led_st = !led_st;                  // LED 상태 반전
      digitalWrite(led_pin, led_st);     // LED 상태 반전 출력
}
```

[외부 인터럽트 연습2] 스위치 눌려질 때마다 4개의 LED 순차 점멸(외부 인터럽트1 사용)

[그림 3-18]과 같이 스위치는 아두이노 보드 3번 핀에 외부 풀업 방식으로 연결하고, 4개의 LED를 아두이노 보드 8,9,10,11번 핀에 풀업 방식으로 연결한다. 그리고 스위치가 눌려질 때마다 4개의 LED를 1개씩만 ON이 되도록 외부인터럽트 방식을 이용하여 순차 점멸되도록 프로그램을 작성해보자.

[프로그램 3-15] 스위치 눌려질 때마다 4개의 LED 순차 점멸(외부 인터럽트1 이용)

```
// interrupt3
// Switch 눌려질 때마다 4개의 LED 순차 점멸(1개 LED만 on)
const int sw_pin = 3;                      // 스위치 연결핀(INT1 핀)
const int led_pin[4] = {8, 9, 10, 11};     // LED 연결핀

// 4개 LED 출력 패턴
const int led_out[4][4] ={{0, 1, 1, 1}, {1, 0, 1, 1},{1, 1, 0, 1},{1,
1, 1, 0}};
volatile int    out_no = 0;                // 출력 패턴 번호(0-3)
volatile unsigned long  t1, t2;

void setup()
{
      byte  n;

      // 외부 인터럽트 설정
      attachInterrupt(digitalPinToInterrupt(sw_pin), flash, FALLING);

      // 4개의 LED 연결핀 출력 설정
      for(n = 0;n < 4;n++)
            pinMode(led_pin[n], OUTPUT);

      // LED 초기상태 출력(LED0만 ON)
      for(n = 0;n < 4;n++)
            digitalWrite(led_pin[n], led_out[out_no][n]);

      t1 = millis();                       // 프로그램 시작 시간 저장
}

void loop()
{
      // 스위치 체크하는 부분이 없어져 따로 반복해서 할 작업이 없음
}

// 외부 인터럽트1 처리 함수
void flash(void)
{
      byte  n;

      // 채터링 체크 : 200ms 이내에 스위치가 또 눌려진 상태이면 무시
      t2 = millis();                       // 현재 시간 저장

      // 인터럽트 시간 간격 체크
      if((t2 - t1) < 200) return;          // 200ms 보다 작으면 무시
```

```
        else t1 = t2;                         // 인터럽트 발생 시간 갱신

        out_no++;                             // 다음 출력 패턴 번호 설정
        if(out_no == 4) out_no = 0;           // 마지막 다음은 처음 패턴으로

        for(n = 0;n < 4;n++){
              // led_pin[n]번핀에 out_no 패턴
              digitalWrite(led_pin[n], led_out[out_no][n]);
        }
}
```

3.5 7-세그먼트(7-Segment)

7-세그먼트는 [그림 3-21]과 같이 일반적으로 숫자를 표시하기 위해 8개의 LED(8자 모양에 7개, 소수점에 1개)가 하나의 패키지에 들어있는 표시 장치이다. 애노드(Anode) 단자와 캐소드(Cathode) 단자를 갖는 8개 LED의 단자를 모두 사용하게 되면 16개의 단자가 필요하지만, 7-세그먼트에서는 단자의 수를 줄이기 위해 8개 LED의 애노드 또는 캐소드 단자를 [그림 3-21]과 같이 공통으로 뽑아(두 개의 COM 단자) 10핀으로 구성해서 사용하고 있다. 애노드 단자를 공통단자로 사용하는 7-세그먼트는 커먼 애노드(Common Anode)형이라 하고, 캐소드 단자를 공통단자로 사용하는 7-세그먼트는 커먼 캐소드(Common Cathode)형이라 한다. 커먼 애노드형은 캐소드 단자에 연결되는 신호에 따라 7-세그먼트의 LED가 ON/OFF 되므로 풀업 형식으로 사용하고, 커먼 캐소드형은 애노드 단자에 연결되는 신호에 따라 7-세그먼트의 LED가 ON/OFF 되므로 풀다운 형식으로 사용한다.

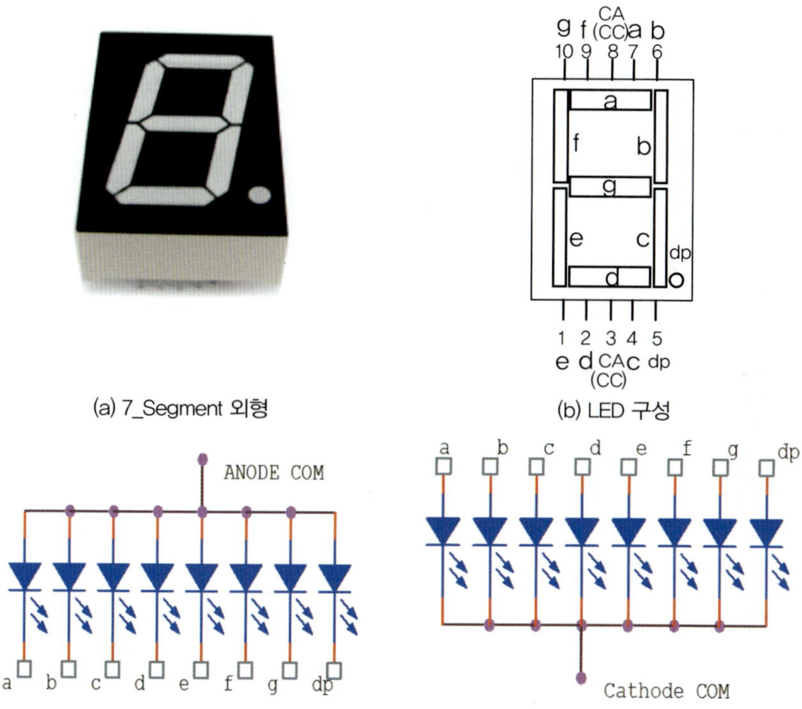

(a) 7_Segment 외형 (b) LED 구성

(c) Common Anode 형 (d) Common Cathode 형

[그림 3-21] 7-Segment

7-세그먼트에 숫자를 표시하기 위해서는 7-세그먼트 디코더/드라이버 IC를 사용하여 4비트로 구동하는 방법이 있으나, 여기서는 드라이버 IC를 사용하지 않고 MCU에 7-세그먼트를 직접 연결하여 구동하는 방법을 이용하도록 한다. MCU에 직접 연결하여 사용할 때는 표시 폰트를 만들 필요가 있으며, [표 3-4]는 10진수 및 16진수를 표시하기 위한 폰트를 보여준다. 커먼 애노드형을 풀업 방식으로 연결하여 사용할 때는 ON=0, OFF=1이 되고, 커먼 캐소드형을 풀다운 방식으로 연결해서 사용할 때는 ON=1, OFF=0의 값이 된다.

[표 3-4] 10진수(0~9)와 16진수(0~F)에 대한 패턴

표시문자	g	f	e	d	c	b	a
0	OFF	ON	ON	ON	ON	ON	ON
1	OFF	OFF	OFF	OFF	ON	ON	OFF
2	ON	OFF	ON	ON	OFF	ON	ON
3	ON	OFF	OFF	ON	ON	ON	ON
4	ON	ON	OFF	OFF	ON	ON	OFF
5	ON	ON	OFF	ON	ON	OFF	ON
6	ON	ON	ON	ON	ON	OFF	ON
7	OFF	OFF	OFF	OFF	ON	ON	ON
8	ON	ON	ON	ON	ON	ON	ON
9	ON	ON	OFF	ON	ON	ON	ON
A	ON	ON	ON	OFF	ON	ON	ON
b	ON	ON	ON	ON	ON	OFF	OFF
C	OFF	ON	ON	ON	OFF	OFF	ON
d	ON	OFF	ON	ON	ON	ON	OFF
E	ON	ON	ON	ON	OFF	OFF	ON
F	ON	ON	ON	OFF	OFF	OFF	ON

[7-세그먼트 연습1] 16진수(0~F) 순차 표시하기

[그림 3-22]와 같이 7-세그먼트를 아두이노 보드 7, 8, 9, 10 11,12,13 핀에 저항 330Ω을 통해 연결한다. 그리고 16진수 0~F를 1초 간격으로 순차적으로 표시하는 프로그램을 작성해보자.

사용 부품	수량
330Ω	7개
커먼 캐소드 7-세그먼트	1개
10kΩ	1개
스위치	1개

아두이노 연결핀	7-세그먼트 핀명(번호)
7	g(10)
8	f(9)
9	e(1)
10	d(2)
11	c(4)
12	b(6)
13	a(7)
3	Switch

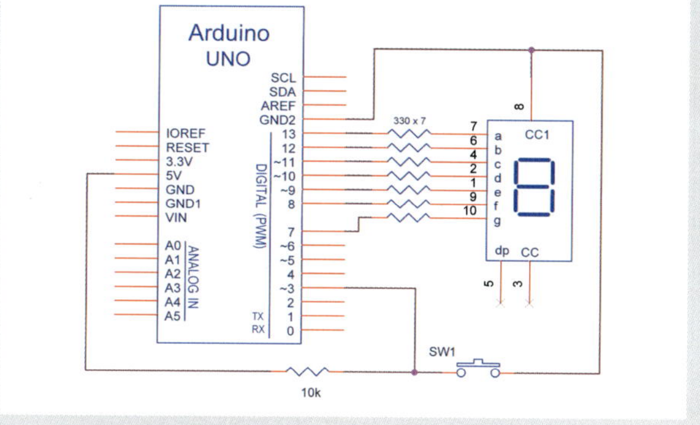

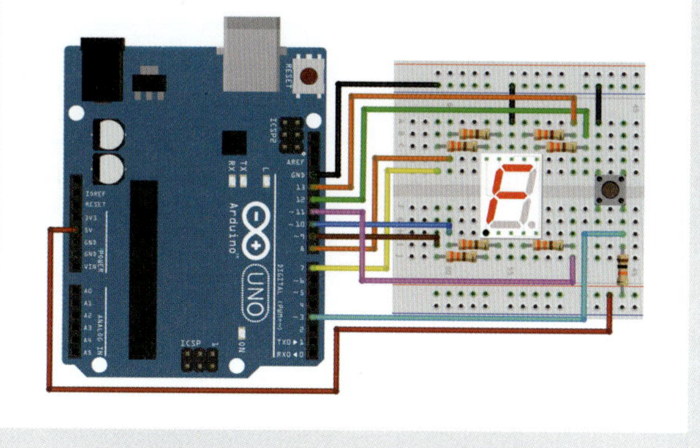

[그림 3-22] 7-세그먼트 회로 및 배선도

[프로그램 3-16] 16진수(0~F) 순차 표시하기

```
// segment1
// 7-세그먼트 16진수(0~F) 순차 표시하기
const int segment_pin[7] ={13, 12, 11, 10, 9, 8, 7};    // A,B,C,D,E,F,G 연결 핀

// 0~F 표시 패턴 {a, b, c, d, e, f, g}
const byte segment_pat[16][7] = {
      {1, 1, 1, 1, 1, 1, 0},   // 0
      {0, 1, 1, 0, 0, 0, 0},   // 1
      {1, 1, 0, 1, 1, 0, 1},   // 2
      {1, 1, 1, 1, 0, 0, 1},   // 3
      {0, 1, 1, 0, 0, 1, 1},   // 4
      {1, 0, 1, 1, 0, 1, 1},   // 5
      {1, 0, 1, 1, 1, 1, 1},   // 6
      {1, 1, 1, 0, 0, 0, 0},   // 7
      {1, 1, 1, 1, 1, 1, 1},   // 8
      {1, 1, 1, 0, 0, 1, 1},   // 9
      {1, 1, 1, 0, 1, 1, 1},   // A
      {0, 0, 1, 1, 1, 1, 1},   // b
      {1, 0, 0, 1, 1, 1, 0},   // C
      {0, 1, 1, 1, 1, 0, 1},   // D
      {1, 0, 0, 1, 1, 1, 1},   // E
      {1, 0, 0, 0, 1, 1, 1}};  // F

int   dsp_no = 0;                                   // 표시 번호
void  segment_dsp(void);                            // 7-세그먼트 표시

void setup()
{
      int  n;

      for(n = 0;n < 7;n++)
            pinMode(segment_pin[n], OUTPUT);        // Segment 연결 핀 출력 설정
}

void loop()
{
      segment_dsp();

      dsp_no++;                                     // 표시 패턴 번호 갱신
      if(dsp_no == 16) dsp_no = 0;                  // 16진 'F' 다음 처음부터
                                                    // 다시 표시
      delay(1000);
}

// dsp_no의 패턴 표시
void segment_dsp()
{
      int n;

      for(n = 0;n < 7;n++) digitalWrite(segment_pin[n], segment_pat[dsp_no][n]);
}
```

[7-세그먼트 연습2] 스위치 눌려질 때마다 0~9 차례대로 반복 표시하기(폴링 방식)

[그림 3-22]에서 스위치가 눌려질 때마다(눌려지는 순간) 7-세그먼트에 표시되는 값이 1씩 증가 표시되도록(0~9 반복) 프로그램을 작성해보자.

[프로그램 3-17] 스위치 눌려질 때마다 7-세그먼트 0~9까지 표시하기(폴링 방식)

```
// segment2
// 스위치 눌려질때마다 7-세그먼트 0~9 까지 반복 표시(폴링 방식)

#define OFF  1
#define ON  0
const int sw_pin = 3;                                    // 스위치 연결핀
const int segment_pin[7] ={13, 12, 11, 10, 9, 8, 7};   // A,B,C,D,E,F,G
                                                         //연결 핀

// 0~F 표시 패턴 {a, b, c, d, e, f}
const byte segment_pat[10][7] = {
      {1, 1, 1, 1, 1, 1, 0},   // 0
      {0, 1, 1, 0, 0, 0, 0},   // 1
      {1, 1, 0, 1, 1, 0, 1},   // 2
      {1, 1, 1, 1, 0, 0, 1},   // 3
      {0, 1, 1, 0, 0, 1, 1},   // 4
      {1, 0, 1, 1, 0, 1, 1},   // 5
      {1, 0, 1, 1, 1, 1, 1},   // 6
      {1, 1, 1, 0, 0, 0, 0},   // 7
      {1, 1, 1, 1, 1, 1, 1},   // 8
      {1, 1, 1, 0, 0, 1, 1}};  // 9

int   dsp_no = 0;                                        // 표시 번호
void  segment_dsp(void);                                 // 7-세그먼트 표시

void setup()
{
      byte  n;

      pinMode(sw_pin, INPUT_PULLUP);                     // Switch 연결핀
                                                         // 입력 설정

      //  Segment 연결 핀 출력 설정
      for(n = 0;n < 7;n++)
            pinMode(segment_pin[n], OUTPUT);

      segment_dsp();                                     // 초기상태 '0' 표시
}
```

```
void loop()
{
      boolean o_sw, n_sw;

      o_sw = digitalRead(sw_pin);            // 스위치 첫 번째 상태 읽기
      delay(10);                             // 10ms
      n_sw = digitalRead(sw_pin);            // 스위치 두 번째 상태 읽기

      if(o_sw == OFF && n_sw == ON){         // 앞 상태 OFF and 뒤 상태 ON
            dsp_no++;                        // 다음 출력 번호 설정
            if(dsp_no == 10) dsp_no = 0;     // 마지막 다음은 처음 패턴으로
            segment_dsp();
      }
}

// dsp_no의 패턴 표시
void segment_dsp()
{
      byte n;

      // dsp_no 패턴 출력
      for(n = 0;n < 7;n++)
            digitalWrite(segment_pin[n], segment_pat[dsp_no][n]);
}
```

[프로그램 3-18] 스위치 눌려질 때마다 7-세그먼트 0~9까지 표시하기(외부인터럽트 이용)

```
// segment3
// 스위치(INT1) 외부인터럽트 이용
// 스위치 눌려질때마다 7-세그먼트 0~9 까지 반복 표시
// 채터링 방지 기능 포함

const int sw_pin = 3;                                    // 스위치 연결핀
const int segment_pin[7] ={13, 12, 11, 10, 9, 8, 7};     // A,B,C,D,E,F,G 연결 핀

// 0~F 표시 패턴 {a, b, c, d, e, f}
const byte segment_pat[10][7] = {
      {1, 1, 1, 1, 1, 1, 0},   // 0
      {0, 1, 1, 0, 0, 0, 0},   // 1
      {1, 1, 0, 1, 1, 0, 1},   // 2
      {1, 1, 1, 1, 0, 0, 1},   // 3
      {0, 1, 1, 0, 0, 1, 1},   // 4
      {1, 0, 1, 1, 0, 1, 1},   // 5
      {1, 0, 1, 1, 1, 1, 1},   // 6
      {1, 1, 1, 0, 0, 0, 0},   // 7
      {1, 1, 1, 1, 1, 1, 1},   // 8
      {1, 1, 1, 0, 0, 1, 1}};  // 9
```

```
int    dsp_no = 0;                              // 표시 번호
unsigned long t1, t2;
void  segment_dsp(void);                        // FND 표시

void setup()
{
      byte  n;

      // 외부 인터럽트 설정(하강 에지)
      attachInterrupt(digitalPinToInterrupt(sw_pin), value_up,
FALLING);

      //  Segment 연결 핀 출력 설정
      for(n = 0;n < 7;n++)
            pinMode(segment_pin[n], OUTPUT);

      segment_dsp();                            // 초기상태 '0' 표시

      t1 = millis();                            // 프로그램 시작 시간 저장
}

void loop()
{
      // 인터럽트 처리로 바꾸어 스위치 체크하던 부분이 없어져 따로 반복해서 할 작업이 없음
}

// 스위치 입력 처리(외부인터럽트1)
// 표시값 +1
void value_up()
{
     // 채터링 체크 : 200ms 이내에 스위치가 또 눌려진 상태이면 무시
      t2 = millis();                            // 현재 시간 저장

      // 인터럽트 시간 간격 체크
      if((t2 - t1) < 200) return;               // 200ms 보다 작으면 무시
      else t1 = t2;                             // 인터럽트 발생 시간 갱신

      dsp_no++;                                 // 다음 출력 번호 설정
      if(dsp_no == 10) dsp_no = 0;              // 마지막 다음은 처음 패턴으로
      segment_dsp();                            // 초기상태 '0' 표시
}

// dsp_no의 패턴 표시
void segment_dsp()
{
      byte n;

      // dsp_no 패턴 출력
      for(n = 0;n < 7;n++)
            digitalWrite(segment_pin[n], segment_pat[dsp_no][n]);
}
```

3.6 4자리 7-세그먼트

4자리 7-세그먼트는 [그림 3-23]과 같이 7-세그먼트 4개를 하나의 모듈로 만들어 12개의 핀으로 4자리를 표현할 수 있도록 만든 디바이스며, 4개의 자리 선택 핀(DIG1~DIG4)과 8개의 세그먼트 제어 핀(A~G, DP)을 갖는다. 4개의 자리 선택 핀은 어느 자리에 출력할 지를 선택할 때 사용하며, 세그먼트 제어 핀은 4개의 7-세그먼트 핀들에 모두 연결되어 있어 4자리 모두 같은 숫자만 표시될 수 있으므로 이를 해결하기 위해 동적 구동법을 이용한다. 즉 원하는 숫자를 원하는 자리에 하나씩만 출력되도록 빠르게 제어하여 우리들의 눈에는 4자리의 표시 값이 동시에 출력되는 것처럼 제어하는 것이다.

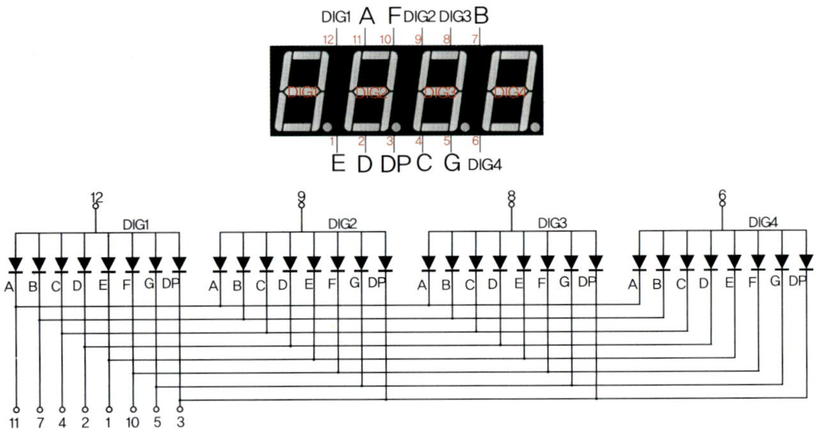

[그림 3-23] Common Anode 형 4자리 7-세그먼트

4자리 7-세그먼트 표시를 위한 동적 구동법(Dynamic Programming)

인간의 착시 현상을 이용하여 7-세그먼트를 한 개씩 구동하면서 마치 4개를 동시에 표시하는 것처럼 구동하는 것을 말하며, 동적 구동법은 일반적으로 마이크로프로세서로 7-세그먼트와 도트 매트릭스와 같은 출력 디바이스를 제어할 때 연결핀 수를 줄이기 위해 주로 사용한다. 구동 방법은 한 자리씩 전원이 ON(Common Anode의 경우에는 +전원, Common Cathode의 경우에는 GND 전원)이 되게끔 한 후 표시할 출력 값을 일정 시간동안 출력하는 것이다. 출력 주기는 모든 자리(줄)가 표시되는 것을 한 주기로 하여 대략 25ms(실험을 통한 저자 경험치)이내에서 이루어지도록 제어하면 깜빡거림 없이 한 번에 출력한 것처럼 동작시킬 수 있다.

[4자리 7-세그먼트 연습1] 4자리 7-세그먼트 구동하기

[그림 3-24]와 같이 4자리 7-세그먼트를 아두이노 보드와 연결하고, '1234'를 표시하는 프로그램을 작성해보자. 여기서 동적 구동법으로 구동하면서 잔상 효과를 확인하기 위해 4자리를 3가지 주기로 각각 10초씩 표시하도록 한다. (100ms 주기, 40ms 주기, 20ms 주기)

사용 부품	수량
330Ω	8개
4자리 커먼 애노드형 7-세그먼트	1개
택 스위치	2개
10kΩ	2개

아두이노 연결핀	7-세그먼트 및 스위치	
A4(SDA)	4자리 7-세그먼트 Common Anode형 전원핀	6(1자리)
13		8(10자리)
12		9(100자리)
11		12(1000자리)
10	저항 통해 연결	11(a)
9		7(b)
8		4(c)
7		2(d)
6		1(e)
5		10(f)
4		5(g)
A5(SCL)		dp(3)
	스위치	
3		스위치1
2		스위치2

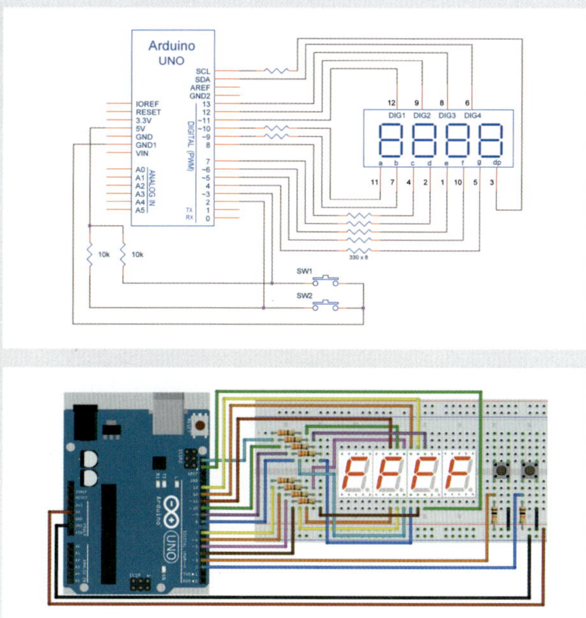

[그림 3-24] 4자리 7-세그먼트 회로 및 배선도

[프로그램 3-19] 4자리 7-세그먼트 '1234' 표시하기

```
// fnd4_1
// 4자리 7-세그먼트 '1234' 표시하기
// 0123 표시: 100ms, 10ms, 5ms 간격으로 DIG1(1000자리), DIG2, DIG3, DIG4 표시
const int dig_sel_pin[4] = {A4, 13, 12, 11}; // 1, 10, 100, 1000자리 전원핀
const int fnd_pin[7] ={10, 9, 8, 7, 6, 5, 4}; // A,B,C,D,E,F,G
const int fnd_pat[10][7] = {
      {0, 0, 0, 0, 0, 0, 1},    // 0
      {1, 0, 0, 1, 1, 1, 1},    // 1
      {0, 0, 1, 0, 0, 1, 0},    // 2
      {0, 0, 0, 0, 1, 1, 0},    // 3
      {1, 0, 0, 1, 1, 0, 0},    // 4
      {0, 1, 0, 0, 1, 0, 0},    // 5
      {0, 1, 0, 0, 0, 0, 0},    // 6
      {0, 0, 0, 1, 1, 1, 1},    // 7
      {0, 0, 0, 0, 0, 0, 0},    // 8
      {0, 0, 0, 1, 1, 0, 0}};    // 9

const int disp_val[4] = {4, 3, 2, 1};      // 표시값 1234
void  fnd_dsp100(void);                     // 7-세그먼트 4자리 표시(100ms 간격)
void  fnd_dsp40(void);                      // 7-세그먼트 4자리 표시(40ms 간격)
void  fnd_dsp20(void);                      // 7-세그먼트 4자리 표시(20ms 간격)

void setup()
{
      byte  n;

      // fnd_pin[n] 핀 출력 설정
      for(n = 0;n < 8;n++) pinMode(fnd_pin[n], OUTPUT);

      // Dight(자리) 선택핀 출력 설정
      for(n = 0;n < 4;n++) pinMode(dig_sel_pin[n], OUTPUT);
}

void loop()
{     fnd_dsp100();                 // 4개 표시 주기 100ms로 5초 동안 표시하기
      delay(1000);                  // 1초 대기

      fnd_dsp40();                  // 4개 표시 주기 40ms로 5초 동안 표시하기
      del ay(1000);                 // 1초 대기

      fnd_dsp20();                  // 4개 표시 주기 20ms로 5초 동안 표시하기
      delay(1000);                  // 1초 대기
}

void fnd_dsp100()
```

```
{
        byte    cnt, dig, n, tmp;

        // 5초(50 x 100ms) 동안 표시하기
        for(cnt = 0;cnt < 50;cnt++){
                // 4개 100ms(4 x 25ms) 주기로 표시
                for(dig = 0;dig < 4;dig++){
                        // 모든 자리 OFF 한 후 dig(표시위치) 자리만 ON
                        for(n = 0;n < 4;n++) digitalWrite(dig_sel_pin[n], LOW);
                        digitalWrite(dig_sel_pin[dig], HIGH); // dig 위치만 ON

                        // dig값에 해당하는 패턴 출력
                        tmp = disp_val[dig];                    // dig 위치에 표시할 값
                        for(n = 0;n < 7;n++) digitalWrite(fnd_pin[n], fnd_pat[tmp][n]);
                        delay(25);                              // 자리 출력 간격 25ms
                }
        }
}

void fnd_dsp40()
{
        byte    cnt, dig, n, tmp;

        // 5초(125 x 40ms)  동안 표시하기
        for(cnt = 0;cnt < 125;cnt++){
                // 4개 40ms(4 x 10ms) 주기로 표시
                for(dig = 0;dig < 4;dig++){
                        // 모든 자리 OFF 한 후 dig(표시위치) 자리만 ON
                        for(n = 0;n < 4;n++) digitalWrite(dig_sel_pin[n], LOW);
                        digitalWrite(dig_sel_pin[dig], HIGH);   // dig 위치만 ON

                        // dig값에 해당하는 패턴 출력
                        tmp = disp_val[dig];                    // dig 위치에 표시할 값
                        for(n = 0;n < 7;n++) digitalWrite(fnd_pin[n], fnd_pat[tmp][n]);
                        delay(10);                              // 자리 출력 간격 10ms
                }
        }
}

void fnd_dsp20()
{
        byte    cnt, dig, n, tmp;

         // 5초(250 x 20ms) 동안 표시하기
         for(cnt = 0;cnt < 250;cnt++){
                // 4개 20ms(4 x 5ms) 주기로 표시
                for(dig = 0;dig < 4;dig++){
```

```
        for(dig = 0;dig < 4;dig++){
            // 모든 자리 OFF 한 후 dig(표시위치) 자리만 ON
            for(n = 0;n < 4;n++) digitalWrite(dig_sel_pin[n], LOW);
            digitalWrite(dig_sel_pin[dig], HIGH);    // dig 위치만 ON

            // dig값에 해당하는 패턴 출력
            tmp = disp_val[dig];                    // dig 위치에 표시할 값
            for(n = 0;n < 7;n++) digitalWrite(fnd_pin[n], fnd_pat[tmp][n]);
            delay(5);                               // 자리 출력 간격 5ms
        }
    }
}
```

[4자리 7-세그먼트 연습2] 0000~9999 표시하기

0000~9999까지 100ms 간격으로 표시하는 프로그램을 작성해보자.

[프로그램 3-20] 0000~9999 표시하기

```
// fnd4_2
// 0000~9999표시(DIG1, DIG2, DIG3, DIG4)
const int dig_sel_pin[4] = {A4, 13, 12, 11};   // 1, 10, 100, 1000자리 전원핀
const int fnd_pin[7] ={10, 9, 8, 7, 6, 5, 4};   // A,B,C,D,E,F,G
const int fnd_pat[10][7] = {
    {0, 0, 0, 0, 0, 0, 1},   // 0
    {1, 0, 0, 1, 1, 1, 1},   // 1
    {0, 0, 1, 0, 0, 1, 0},   // 2
    {0, 0, 0, 0, 1, 1, 0},   // 3
    {1, 0, 0, 1, 1, 0, 0},   // 4
    {0, 1, 0, 0, 1, 0, 0},   // 5
    {0, 1, 0, 0, 0, 0, 0},   // 6
    {0, 0, 0, 1, 1, 1, 1},   // 7
    {0, 0, 0, 0, 0, 0, 0},   // 8
    {0, 0, 0, 1, 1, 0, 0}};  // 9

int   dsp_no = 0;                               // 표시 값
void  segment_dsp4();                           // 4자리 7-세그먼트 표시 함수

void setup()
{
    byte  n;
```

```
        // fnd_pin[n] 핀 출력 설정
        for(n = 0;n < 8;n++) pinMode(fnd_pin[n], OUTPUT);

        // Dight(자리) 선택핀 출력 설정
        for(n = 0;n < 4;n++) pinMode(dig_sel_pin[n], OUTPUT);
}

void loop()
{
        segment_dsp4();
        dsp_no++;
        if(dsp_no == 10000) dsp_no = 0;
}

void segment_dsp4()
{
        byte  dig, n, dig_val[4], cnt;
        int   tmp;

        // 1, 10, 100, 100자리 추출
        tmp = dsp_no;
        for(n = 0;n < 4;n++){
              // dig_val[0] : 1자리,    dig_val[1] : 10자리
              // dig_val[2] : 100자리,  dig_val[3] : 1000자리
              dig_val[n] = tmp % 10;
              tmp = tmp / 10;
        }

        for(cnt = 0;cnt < 3;cnt++){          // 20ms x 3 = 60m간 표시
              for(dig = 0;dig < 4;dig++){
                     // 모든 자리 OFF 한 후 dig(표시위치) 자리만 ON
                     for(n = 0;n < 4;n++) digitalWrite(dig_sel_pin[n], LOW);
                     digitalWrite(dig_sel_pin[dig], HIGH);  // dig 위치만 ON

                     tmp = dig_val[dig];                  // dig 위치 표시할 값
                     for(n = 0;n < 7;n++) digitalWrite(fnd_pin[n], fnd_pat[tmp][n]);
                     delay(5);
              }
        }
}
```

[4자리 7-세그먼트 연습3] 2개의 스위치를 이용한 폴링 방식에 의한 네 자리 입력

2개의 스위치 SW1과 SW2를 이용하여 4자리 7-세그먼트 값을 입력하는 프로그램을 작성해보자. 여기서 SW2는 입력할 자리(위치)를 선택하고, SW1은 선택된 자리의 값을 +1 하도록 한다. SW2가 눌려지면 1자리 → 10자리 → 100자리 → 1000자리 → 1자리 → … 의 자리 이동을 반복하도록 하며, 각 자리의 값은 0→1→2… →9→0 … 이 되도록 한다. 그리고 선택된 자리를 알아보기 위해 선택된 자리의 DP LED를 ON 시키도록 하자.

[프로그램 3-21] 2개의 스위치를 이용한 폴링 방식에 의한 네 자리 입력

```
// fnd4_3
// 폴링 방식에 의한 네 자리 입력 실험
#define  ON     LOW
#define  OFF    HIGH

const int dig_sel_pin[4] = {A4, 13, 12, 11};        // 1, 10, 100, 1000자리 전원핀
const int fnd_pin[7] ={10, 9, 8, 7, 6, 5, 4};       // A,B,C,D,E,F,G
const int fnd_pat[10][7] = {
      {0, 0, 0, 0, 0, 0, 1},   // 0
      {1, 0, 0, 1, 1, 1, 1},   // 1
      {0, 0, 1, 0, 0, 1, 0},   // 2
      {0, 0, 0, 0, 1, 1, 0},   // 3
      {1, 0, 0, 1, 1, 0, 0},   // 4
      {0, 1, 0, 0, 1, 0, 0},   // 5
      {0, 1, 0, 0, 0, 0, 0},   // 6
      {0, 0, 0, 1, 1, 1, 1},   // 7
      {0, 0, 0, 0, 0, 0, 0},   // 8
      {0, 0, 0, 1, 1, 0, 0}};  // 9

const int  dp_pin = A5;          // 7-세그먼트 DP 연결핀(SCL핀)
const int  sw1_pin = 3;          // 선택된 자리값 +1
const int  sw2_pin = 2;          // 자리 선택(1자리 -> 10자리 -> 100자리 -> 1000자리)

byte    pos = 0;                 // 0:1자리, 1:10자리, 2:100자리, 3:1000자리
byte    num[4] ={0, 0, 0, 0};    // 4자리 저장 변수

void    sw1_on(void);            // SW1 눌려지는 순간(선택된 자리 값 +1)
void    sw2_on(void);            // SW2 눌려지는 순간(선택 자리 이동)
void    segment_dsp4(void);      // 4자리 7-세그먼트 표시 함수

void setup()
{
      int   n;
```

```
    // fnd_pin[n] 핀 출력 설정
    for(n = 0;n < 7;n++) pinMode(fnd_pin[n], OUTPUT);
    pinMode(dp_pin, OUTPUT);                // DP 핀 출력 설정

    // Dight(자리) 선택핀 출력 설정
    for(n = 0;n < 4;n++) pinMode(dig_sel_pin[n], OUTPUT);

    pinMode(sw1_pin, INPUT);                // SW1 연결핀 입력 설정
    pinMode(sw2_pin, INPUT);                // SW2 연결핀 입력 설정
}

void loop()
{
    boolean  o_sw1, o_sw2, n_sw1, n_sw2;

    // SW1, SW2 첫 번째 상태 읽기
    o_sw1 = digitalRead(sw1_pin);
    o_sw2 = digitalRead(sw2_pin);

    segment_dsp4();

    // SW1, SW2 두 번째 상태 읽기
    n_sw1 = digitalRead(sw1_pin);
    n_sw2 = digitalRead(sw2_pin);

    //  스위치 눌려지는 순간 체크
    if(o_sw1 == OFF && n_sw1 == ON)  sw1_on();      // SW1 눌려질 때
    else if(o_sw2 == OFF && n_sw2 == ON) sw2_on();  // SW2 눌려질 때
}

// 4자리 7-세그먼트 표시
void segment_dsp4()
{
    byte  dig, n, tmp;

    for(dig = 0;dig < 4;dig++){
        // 모든 자리 OFF 한 후 dig(표시위치) 자리만 ON
        for(n = 0;n < 4;n++) digitalWrite(dig_sel_pin[n], LOW);
        digitalWrite(dig_sel_pin[dig], HIGH);  // 표시 세그먼트만 ON

        tmp = num[dig];                        // 표시값
        for(n = 0;n < 7;n++) digitalWrite(fnd_pin[n], fnd_pat[tmp][n]);

        // 선택 자리 DP LED ON
        if(pos == dig) digitalWrite(dp_pin, LOW);
        else digitalWrite(dp_pin, HIGH);
        delay(5);
```

```
    }
}

// SW1 눌려지는 순간(선택된 자리값 +1)
void sw1_on()
{
    num[pos] = (num[pos] + 1) % 10;      // pos 자리값 +1(0~9)
}

// SW2 눌려지는 순간(입력 자리 이동)
void sw2_on()
{
    pos = (pos + 1) % 4;                 // 0->1->2->3->0->1...
}
```

[4자리 7-세그먼트 연습4] 외부 인터럽트 방식에 의한 네 자리 입력 실험

스위치 입력에 대해 외부 인터럽트를 이용하여 4자리 7-세그먼트 값을 입력하는 프로그램을 작성해보자. 여기서 SW2(INT0)는 입력할 자리(위치)를 선택하고, SW1(INT1)은 선택된 자리의 값을 +1 하도록 한다. SW2가 눌려지면 1자리 → 10자리 → 100자리 → 1000자리 → 1자리 → … 의 자리 이동을 반복하도록 하며, 각 자리의 값은 0→1→2…→9→0…이 되도록 한다.

[프로그램 3-22] 외부 인터럽트 방식에 의한 네 자리 입력

```
// fnd4_4
// 외부 인터럽트 방식에 의한 네 자리 입력 실험
// 채터링 방지 기능
const int dig_sel_pin[4] = {A4, 13, 12, 11};       // 1, 10, 100,
                                                   // 1000자리 전원핀
const int fnd_pin[7] ={10, 9, 8, 7, 6, 5, 4};      // A,B,C,D,E,F,G
const int fnd_pat[10][7] = {
    {0, 0, 0, 0, 0, 0, 1},   // 0
    {1, 0, 0, 1, 1, 1, 1},   // 1
    {0, 0, 1, 0, 0, 1, 0},   // 2
    {0, 0, 0, 0, 1, 1, 0},   // 3
    {1, 0, 0, 1, 1, 0, 0},   // 4
    {0, 1, 0, 0, 1, 0, 0},   // 5
    {0, 1, 0, 0, 0, 0, 0},   // 6
```

```
        {0, 0, 0, 1, 1, 1, 1},   // 7
        {0, 0, 0, 0, 0, 0, 0},   // 8
        {0, 0, 0, 1, 1, 0, 0}};  // 9

const int  dp_pin = A5;           // 7-세그먼트 DP 연결핀(SCL핀)
const int  sw1_pin = 3;           // 선택된 자리값 +1
const int  sw2_pin = 2;           // 자리 선택(1자리 -> 10자리 -> 100자리
                                  // -> 1000자리)

volatile byte  pos = 0;                      // 0:1자리, 1:10자리, 2:100자
                                             // 리, 3:1000자리
volatile byte  num[4] ={0, 0, 0, 0};         // 4자리 저장 변수
volatile unsigned long  t1, t2;

void    segment_dsp4(void);                  // 4자리 7-세그먼트 표시 함수

void setup()
{
        int    n;

        // fnd_pin[n]번핀 출력 설정
        for(n = 0;n < 7;n++) pinMode(fnd_pin[n], OUTPUT);
        pinMode(dp_pin, OUTPUT);    // DP 핀 출력 설정


        // Dight(자리) 선택핀 출력 설정
        for(n = 0;n < 4;n++) pinMode(dig_sel_pin[n], OUTPUT);

        pinMode(sw1_pin, INPUT);                  // SW1 연결핀 입력 설정
        pinMode(sw2_pin, INPUT);                  // SW2 연결핀 입력 설정

        // 외부 인터럽트 설정
        attachInterrupt(digitalPinToInterrupt(sw1_pin), sw1_on,
FALLING);                                         // INT1
        attachInterrupt(digitalPinToInterrupt(sw2_pin), sw2_on,
FALLING);                                         // INT0

        t1 = millis();                            // 프로그램 시작 시간 저장
}

void loop()
{
        segment_dsp4();
}

// 4자리 7-세그먼트 표시
```

```
void segment_dsp4()
{
      byte  dig, n, tmp;

      for(dig = 0;dig < 4;dig++){
            // 모든 자리 OFF 한 후 dig(표시위치) 자리만 ON
            for(n = 0;n < 4;n++) digitalWrite(dig_sel_pin[n], LOW);
            digitalWrite(dig_sel_pin[dig], HIGH);  // 표시 세그먼트만 ON

            tmp = num[dig];                        // 표시값
            for(n = 0;n < 7;n++) digitalWrite(fnd_pin[n], fnd_pat[tmp][n]);

            // 선택 자리 dp LED on
            if(pos == dig) digitalWrite(dp_pin, LOW);
            else digitalWrite(dp_pin, HIGH);
            delay(5);
      }
}

// SW1 눌려지는 순간(선택된 자리값 +1) : INT1
void sw1_on()
{
      // 채터링 체크 : 200ms 이내에 스위치가 또 눌려진 상태이면 무시
      t2 = millis();                              // 현재 시간 저장

      // 인터럽트 시간 간격 체크
      if((t2 - t1) < 200) return;                 // 200ms 보다 작으면 무시
      else t1 = t2;                               // 인터럽트 발생 시간 갱신

      num[pos] = (num[pos] + 1) % 10;             // pos 자리값 +1(0~9)
}

// SW2 눌려지는 순간(입력 자리 이동) : INT0
void sw2_on()
{
      // 채터링 체크 : 200ms 이내에 스위치가 또 눌려진 상태이면 무시
      t2 = millis();                              // 현재 시간 저장

      // 인터럽트 시간 간격 체크
      if((t2 - t1) < 200) return;                 // 200ms 보다 작으면 무시
      else t1 = t2;                               // 인터럽트 발생 시간 갱신

      pos = (pos + 1) % 4;                        // 0->1->2->3->0->1...
}
```

[4자리 7-세그먼트 연습5] 스톱워치 만들기(10ms 단위 동작)

스위치 2개와 4자리 7-세그먼트를 이용하여 10ms 단위로 동작하는 스톱워치를 만들어 보자. 3번 핀에 연결된 SW1은 스톱워치를 ON/OFF(토글) 시키고, 2번 핀에 연결된 SW2는 스톱워치의 시간을 리셋(클리어)시키는 동작을 하도록 한다. 스위치는 눌려지는 순간(하강 에지)에서 동작하도록 하며, 폴링방식으로 구현하도록 한다. 스톱워치 시간은 초 2자리와 10ms 단위 값 2자리를 표시하도록 한다.

10ms 측정

7-세그먼트 4개를 표시하는데 10ms 걸리는 함수를 작성하고, 이 함수를 실행할 때마다 스톱워치가 동작 중인 경우에만 스톱워치의 10ms 단위의 시간값을 1씩 증가시킨다.

[프로그램 3-23] 스톱워치(폴링 방식)

```
// stopwatch1
// 스톱워치(폴링 방식)
#define  ON    LOW
#define  OFF   HIGH

const int dig_sel_pin[4] = {A4, 13, 12, 11};        // 1, 10, 100,
                                                     // 1000자리 전원핀
const int fnd_pin[7] ={10, 9, 8, 7, 6, 5, 4};       // A,B,C,D,E,F,G
const int fnd_pat[10][7] = {
      {0, 0, 0, 0, 0, 0, 1},   // 0
      {1, 0, 0, 1, 1, 1, 1},   // 1
      {0, 0, 1, 0, 0, 1, 0},   // 2
      {0, 0, 0, 0, 1, 1, 0},   // 3
      {1, 0, 0, 1, 1, 0, 0},   // 4
      {0, 1, 0, 0, 1, 0, 0},   // 5
      {0, 1, 0, 0, 0, 0, 0},   // 6
      {0, 0, 0, 1, 1, 1, 1},   // 7
      {0, 0, 0, 0, 0, 0, 0},   // 8
      {0, 0, 0, 1, 1, 0, 0}};  // 9

const int  dp_pin = A5;           // 7-세그먼트 DP 연결핀(SCL핀)
const int  sw1_pin = 3;           // 선택된 자리값 +1
const int  sw2_pin = 2;           // 자리 선택(1자리 -> 10자리 -> 100자리
                                  // -> 1000자리)
```

```
byte      ssec = 0, ms10 = 0;       // 시간 변수
boolean   rrun = 0;                 // 동작(1)/정지(0)

void     fnd_dsp4(void);            // 4자리 7-세그먼트 표시
void     sw1_on(void);              // 스톱워치 동작/정지
void     sw2_on(void);              // 스톱워치 리셋

void setup()
{
    byte   n;

    // fnd_pin[n] 핀 출력 설정
    for(n = 0;n < 7;n++) pinMode(fnd_pin[n], OUTPUT);
    pinMode(dp_pin, OUTPUT);                  // DP 핀 출력 설정

    // Dight(자리) 선택핀 출력 설정
    for(n = 0;n < 4;n++) pinMode(dig_sel_pin[n], OUTPUT);

    pinMode(sw1_pin, INPUT);                  // SW1 연결핀 입력 설정
    pinMode(sw2_pin, INPUT);                  // SW2 연결핀 입력 설정
}

void loop()
{
    boolean  o_sw1, n_sw1, o_sw2, n_sw2;

    while(1){
        if(rrun == 1){                        // 동작중이면 시간 증가
                                              // (10ms단위 +1)
            ms10++;
            if(ms10 == 100){                  // 100 x 10ms = 1sec
                ms10 = 0;
                ssec++;                       // sec +1
                if(ssec == 60) ssec = 0;      // 60초면 0초부터 다시 시작
            }
        }

        // SW1, SW2 첫 번째 상태 읽기
        o_sw1 = digitalRead(sw1_pin);
        o_sw2 = digitalRead(sw2_pin);
        fnd_dsp4();                                  // 10ms 대기

        // SW1, SW2 두 번째 상태 읽기
        n_sw1 = digitalRead(sw1_pin);
        n_sw2 = digitalRead(sw2_pin);
```

```
            // 스위치 눌려지는 순간 체크
            if(o_sw1 == OFF && n_sw1 == ON) sw1_on();       // SW1
            else if(o_sw2 == OFF && n_sw2 == ON) sw2_on();  // SW2
        }
}

// 스톱워치 시간 표시(약 10ms 소요 : 2500us x 4)
void fnd_dsp4()
{
        int  dig, n, dig_val[4], tmp;

        // 스톱워치 시간 각 자리값 추출
        dig_val[0] = ms10 % 10;                  // ms10 1자리
        dig_val[1] = ms10 / 10;                  // ms10 10자리
        dig_val[2] = ssec % 10;                  // sec 1자리
        dig_val[3] = ssec / 10;                  // sec 10자리

        for(dig = 0;dig < 4;dig++){              // 4자리 2.5ms 간격으로 순차 표시
            // 7-세그먼트 전원 모두 OFF
            for(n = 0;n < 4;n++) digitalWrite(dig_sel_pin[n], LOW);

            // dig 위치값 표시
            digitalWrite(dig_sel_pin[dig], HIGH); // dig 자리 7-세그먼트만 ON
            tmp = dig_val[dig];
            for(n = 0;n < 8;n++) digitalWrite(fnd_pin[n], fnd_pat[tmp][n]);

            // DP LED ON(100자리)
            if(dig == 2) digitalWrite(dp_pin, LOW);
            else digitalWrite(dp_pin, HIGH);

            delayMicroseconds(2500);
        }
}

// 스위치1 눌려지는 순간(동작/정지 토글)
void sw1_on()
{
        rrun = !rrun;                    // 동작/정지 토글
}

// 스위치2 눌려지는 순간(스톱워치 리셋)
void sw2_on()
{
        ms10 = 0;                        // 시간값 리셋
        ssec = 0;
}
```

[4자리 7-세그먼트 연습6] 외부 인터럽트 이용 스톱워치 만들기(10ms 단위 동작)

[4자리 7-세그먼트 연습5]에서 2개의 스위치에 대해 외부 인터럽트를 이용하여 프로그램을 작성해보자.

[프로그램 3-24] 스톱워치(외부 인터럽트 방식)

```
// stopwatch2
// 스톱워치(외부 인터럽트 방식)
// 채터링 방지 기능
const int dig_sel_pin[4] = {A4, 13, 12, 11};          // 1, 10, 100, 1000자리 전원핀
const int fnd_pin[7] ={10, 9, 8, 7, 6, 5, 4};          // A,B,C,D,E,F,G
const int fnd_pat[10][7] = {
    {0, 0, 0, 0, 0, 0, 1},  // 0
    {1, 0, 0, 1, 1, 1, 1},  // 1
    {0, 0, 1, 0, 0, 1, 0},  // 2
    {0, 0, 0, 0, 1, 1, 0},  // 3
    {1, 0, 0, 1, 1, 0, 0},  // 4
    {0, 1, 0, 0, 1, 0, 0},  // 5
    {0, 1, 0, 0, 0, 0, 0},  // 6
    {0, 0, 0, 1, 1, 1, 1},  // 7
    {0, 0, 0, 0, 0, 0, 0},  // 8
    {0, 0, 0, 1, 1, 0, 0}}; // 9

const int dp_pin = A5;          // 7-세그먼트 DP 연결핀(SCL핀)
const int sw1_pin = 3;          // 선택된 자리값 +1
const int sw2_pin = 2;          // 자리 선택(1자리 -> 10자리 -> 100자리 -> 1000자리)

volatile byte          ssec = 0, ms10 = 0;          // 시간 변수
volatile boolean       rrun = 0;                    // 동작(1)/정지(0)
volatile unsigned long t1, t2;

void    fnd_dsp4(void);                             // 4자리 7-세그먼트 표시

void setup()
{
    byte  n;

    // fnd_pin[n]번핀 출력 설정
    for(n = 0;n < 7;n++) pinMode(fnd_pin[n], OUTPUT);
    pinMode(dp_pin, OUTPUT);                        // DP 핀 출력 설정

    // Dight(자리) 선택핀 출력 설정
    for(n = 0;n < 4;n++) pinMode(dig_sel_pin[n], OUTPUT);
```

```
    // 외부 인터럽트 설정
    attachInterrupt(digitalPinToInterrupt(sw1_pin), sw1_on, FALLING);  // INT1
    attachInterrupt(digitalPinToInterrupt(sw2_pin), sw2_on, FALLING);  // INT0

    t1 = millis();                                    // 프로그램 시작 시간 저장
}

void loop()
{
   boolean  o_sw1, n_sw1, o_sw2, n_sw2;

    while(1){
        if(rrun == 1){                                // 동작중이면 시간 증가(10ms단위 +1)
            ms10++;
            if(ms10 == 100){                          // 100 x 10ms = 1sec
                ms10 = 0;
                ssec++;                               // sec +1
                if(ssec == 60) ssec = 0;              // 60초면 0초부터 다시 시작
            }
        }
        fnd_dsp4();                                   // 10ms 대기
    }
}

// 스톱워치 시간 표시(약 10ms 소요 : 2500us x 4)
void fnd_dsp4()
{
    int  dig, n, dig_val[4], tmp;

    // 스톱워치 시간 각 자리값 추출
    dig_val[0] = ms10 % 10;                           // ms10 1자리
    dig_val[1] = ms10 / 10;                           // ms10 10자리
    dig_val[2] = ssec % 10;                           // sec 1자리
    dig_val[3] = ssec / 10;                           // sec 10자리

    for(dig = 0;dig < 4;dig++){                       // 4자리 2.5ms 간격으로 순차 표시
        // 7-세그먼트 전원 모두 OFF
        for(n = 0;n < 4;n++) digitalWrite(dig_sel_pin[n], LOW);


        // dig 위치값 표시
        digitalWrite(dig_sel_pin[dig], HIGH);         // dig 자리 7-세그먼트만 ON
        tmp = dig_val[dig];
        for(n = 0;n < 8;n++) digitalWrite(fnd_pin[n], fnd_pat[tmp][n]);

        // DP LED ON(100자리)
```

```
        if(dig == 2) digitalWrite(dp_pin, LOW);
        else digitalWrite(dp_pin, HIGH);

        delayMicroseconds(2500);
    }
}

// 외부인터럽트1(INT1) 처리 함수
// 스위치1 눌려지는 순간(동작/정지 토글)
void sw1_on()
{
    // 채터링 체크 : 200ms 이내에 스위치가 또 눌려진 상태이면 무시
    t2 = millis();                                  // 현재 시간 저장

    // 인터럽트 시간 간격 체크
    if((t2 - t1) < 200) return;                     // 200ms 보다 작으면 무시
    else t1 = t2;                                   // 인터럽트 발생 시간 갱신
    rrun = !rrun;                                   // 동작/정지 토글
}

// 외부인터럽트0(INT0) 처리함수
// 스위치2 눌려지는 순간(스톱워치 리셋)
void sw2_on()
{
    // 채터링 체크 : 200ms 이내에 스위치가 또 눌려진 상태이면 무시
    t2 = millis();                                  // 현재 시간 저장

    // 인터럽트 시간 간격 체크
    if((t2 - t1) < 200) return;                     // 200ms 보다 작으면 무시
    else t1 = t2;                                   // 인터럽트 발생 시간 갱신

    ms10 = 0;                                       // 시간값 리셋
    ssec = 0;
}
```

3.7 타이머/카운터

타이머/카운터는 MCU의 주요 4대 기능(I/O 포트, 외부 인터럽트, 타이머/카운터, 시리얼 포트) 중 하나이며, 우노보드에 탑재된 MCU ATmega328은 3개의 타이머 Timer0(8비트), Timer1(16비트), Timer2(8비트)를 가지고 있다. 여기서, 타이머는 [표 3-5]에 나타내듯이 MCU 내부 클럭을 카운팅하면서 시계처럼 동작하는 것을 의미하며, 카운터는 외부에서 입력되는 클럭을 계수기처럼 카운팅하며 동작하는 것을 의미한다. ATmega328은 타이머와 카운터 기능 이외에 PWM(Pulse Width Modulation) 파형을 출력하는 기능을 가지고 있으며, [표 3-6]에서 알 수 있듯이 3개의 타이머/카운터가 각각 2개씩의 PWM 파형 출력핀을 가지고 있음을 알 수 있다. 이 기능에 대해서는 다음 장 아날로그 출력에서 자세히 설명하기로 하고, 이 장에서는 타이머 기능에 대해서만 설명하도록 한다.

[표 3-5] 타이머/카운터 기능

타이머	카운터	PWM 신호 출력

- 시계 기능 - 내부 클럭 사용 - 일정 시간 반복처리 시 많이 사용(인터럽트)	- 계수기 기능 - 외부 클럭 사용 - 모터 회전수 카운트 시 사용(인터럽트)	- PWM 파형 자동 출력 - DC 모터 제어에 많이 사용

[표 3-6] 우노보드에서 타이머/카운터 관련 핀(PWM 출력 핀)

아두이노 보드					ATmega328P MCU 핀 번호 및 포트명	관련 타이머/카운터
	아두이노 핀 명	디지털 입출력 핀	PWM 출력 핀	PWM 파형 주파수		
오른쪽	13	13			19. PB5/SS	
	12	12			18. PB4/MISO	
	~11	11	~11	490Hz	17. PB3/MOSI/OC2A	Timer2
	~10	10	~10	490Hz	16. PB2/SS/OC1B	Timer1
	~9	9	~9	490Hz	15. PB1/OC1A	Timer1
	8	8			14. PB0	
	7	7			13. PD7	
	~6	6	~6	980Hz	12. PD6/OC0A	Timer0
	~5	5	~5	980Hz	11. PD5/OC0B	Timer0
	4	4			6. PD4	
	~3	3	~3	490Hz	5. PD3/INT1/OC2B	Timer2

타이머/카운터에서 타이머를 사용하는 경우는 [표 3-7]과 같은 사항을 고려하여 사용할 때 주의하여야 한다.

[표 3-7] 타이머 사용상 주의점

– Timer0
8비트 타이머로 delay(), millis(), micros()와 같은 시간 관련 함수에 사용되고 있으므로 Timer0를 사용하는 경우에는 주의가 필요하다.

– Timer1
16비트 타이머이며, 우노보드의 경우 서보모터 라이브러리(Servo) 함수에서 사용한다. 따라서 Timer1 인터럽트 사용 시에는 서보 모터 관련 함수를 사용할 수 없으며, D9핀과 D10핀의 PWM 출력 기능도 사용할 수 없다.

– Timer2
8비트 타이머로 tone() 함수 등에 사용된다. 따라서 Timer2 인터럽트 사용 시에는 tone() 함수를 사용할 수 없으며, D3핀과 D11 핀의 PWM 출력 기능도 사용할 수 없다.

타이머/카운터 기능 중에서 제일 많이 사용하는 기능은 지정된 함수를 주기적으로 실행시키는 인터럽트 기능이다. 지정된 함수에서는 주기적으로 7-세그먼트 또는 도트매트릭스의 표시를 제어한다거나 센서의 값을 읽어오는 등의 작업을 수행할 수 있다. 타이머/카운터 인터럽트는 타이머1과 타이머2의 인터럽트 라이브러리를 다운받아 설치하여 간단히 수행할 수있다.

● 타이머2 인터럽트

타이머2 인터럽트에 대한 라이브러리 설치는 다음과 같이 수행하면 된다.

① http://playground.arduino.cc/Main/MsTimer2에서 MsTimer2.zip 파일을 다운받는다.

② 다운받은 파일의 압축을 해제한 다음 만들어진 폴더를 아두이노가 설치된 폴더 내의 Arduino\libraries에 복사해 주면 설치가 끝난다.

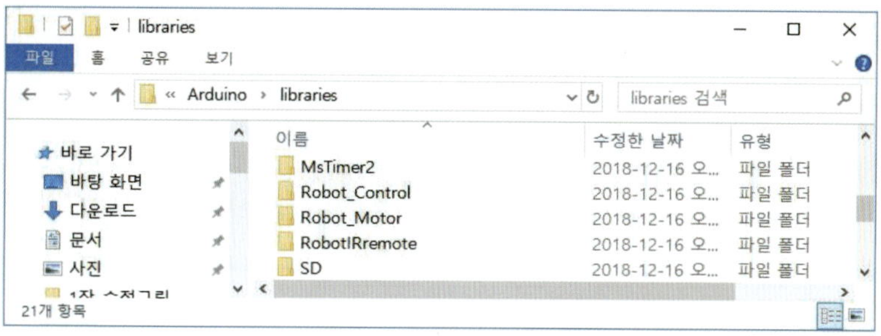

[그림 3-25] MsTimer2 폴더

③ 소스파일을 작성할 때 #include 〈MsTimer2.h〉 를 넣어주고, MsTimer2 라이브러리에 들어있는 함수들을 이용하여 프로그램을 작성하면 된다.

MsTimer2 라이브러리에는 다음과 같은 3개의 함수가 포함되어 있다.

MsTimer2::set(unsigned long ms, void (*f)())		
기능	타이머2의 인터럽트 주기를 ms 단위로 설정하며, 설정된 시간이 경과되면 함수 f가 실행된다. 따라서, 설정된 시간마다 계속 함수 f가 실행된다.	
매개변수	ms	ms 단위의 주기 값(unsigned long)
	f	호출되는 인터럽트 함수
리턴 값	없음	

MsTimer2::start()	
기능	타이머2 인터럽트 동작 시작
매개변수	없음
리턴 값	없음

MsTimer2::stop()	
기능	타이머2 인터럽트 동작 금지
매개변수	없음
리턴 값	없음

[타이머 연습1] 13번 핀 연결 LED 500ms 마다 반전 출력하기

아두이노 보드에 테스트용으로 탑재된 LED(13번 핀 연결)를 500ms 마다 반전 출력하는 프로그램을 다음과 같이 2가지 방식으로 작성해 보자.

[프로그램 3-25] LED 점멸(delay(500) 라이브러리 함수 이용)

```
// timer1
// pin 13(LED_BUILTIN) LED  1초마다 토글
// delay()함수 이용

boolean led_val = HIGH;

void setup()
{
    pinMode(LED_BUILTIN, OUTPUT);                // 13번핀 출력 설정
    digitalWrite(LED_BUILTIN, led_val);          // LED 초기상태(OFF) 출력
}

void loop()
{
    delay(500);                                  // 500ms 지연
    led_val = !led_val;                          // LED 출력 변수 반전
    digitalWrite(LED_BUILTIN, led_val);          // 반전된 상태값 LED 출력
}
```

[프로그램 3-26] LED 점멸(타이머2 인터럽트 이용)

```
// timer2
// pin 13(LED_BUILTIN) LED  1초마다 토글
// 타이머2 인터럽트 이용
#include <MsTimer2.h>

volatile boolean led_val = HIGH;

void setup()
{
    pinMode(LED_BUILTIN, OUTPUT);            // 13번핀 출력 설정
    digitalWrite(LED_BUILTIN, led_val);      // LED 초기상태(OFF) 출력

    // 타이머2 인터럽트 설정 및 동작 시작
    MsTimer2::set(500, flash);               // 500ms 인터럽트 주기 설정, flash() 함수 실행
    MsTimer2::start();                       // 타이머2 동작 시작
}

void loop()
{
    // LED 점멸은 500ms마다 flash() 함수를 실행하도록 타이머2에 맡겼기 때문에
    // 이 부분에서는 따로 할 일이 없음
}

// 타이머2 인터럽트 함수 : 500ms 마다 자동 실행
void flash()
{
    led_val = !led_val;                      // LED 출력 변수 반전
    digitalWrite(LED_BUILTIN, led_val);      // 반전된 상태값 LED 출력
}
```

● 타이머1 인터럽트

타이머1에 대한 인터럽트 라이브러리 설치는 다음과 같이 수행하면 된다.

(1) https://github.com/PaulStoffregen/TimerOne에서 TimerOne-master.zip 파일을 다운받는다.

(2) 다운받은 파일의 압축을 해제한 다음 만들어진 폴더를 아두이노가 설치된 폴더 내의 Arduino\libraries에 복사해 주면 설치가 끝난다.

(3) 소스파일을 작성할 때 #include 〈TimerOne.h〉 를 넣어주고, TimerOne-master 라이브러리에 들어있는 함수들을 이용하여 프로그램을 작성하면

된다.

MsTimer1 라이브러리에는 다음과 같은 함수들이 들어있다.

void Timer1.initialize(unsigned long period)		
기능	타이머1을 초기화하며, 타이머1 라이브러리에서 제공하는 함수들을 사용하기 위해서는 이 함수를 우선 실행하여야 한다. us 단위로 타이머의 인터럽트 주기를 지정할 수 있다. (PWM 출력핀 ~9, ~10의 PWM 출력기능은 사용할 수 없다)	
매개변수	period	us 단위의 주기 값(unsigned long)
리턴 값	없음	

void Timer1.start(void)	
기능	타이머1 동작 시작
매개변수	없음
리턴 값	없음

void Timer1.stop(void)	
기능	타이머1 동작 정지
매개변수	없음
리턴 값	없음

void Timer1.restart(void)	
기능	타이머1 다시 시작(타이머 값은 리셋)
매개변수	없음
리턴 값	없음

void Timer1.resume(void)	
기능	타이머1 정지된 동작 다시 시작(타이머 값은 그대로)
매개변수	없음
리턴 값	없음

unsigned long Timer1.read(void)	
기능	us 단위 시간 타이머1 값 읽기
매개변수	없음
리턴 값	us 단위의 시간 값

void Timer1.setPeriod(long period)		
기능	us 단위의 새로운 인터럽트 주기 설정(1us~8.3s)	
매개변수	period	us 단위의 주기 값(unsigned long)
리턴 값	없음	

void Timer1.attachInterrupt(void(*ISR)()) void Timer1.attachInterrupt(void(*ISR)(), unsigned long period)		
기능	us 단위로 지정된 시간마다 인터럽트 함수(ISR) 호출	
매개변수	ISR	호출되는 인터럽트 함수
	period	us 단위의 주기 값(unsigned long)
리턴 값	없음	

void Timer1.deattachInterrupt()	
기능	Timer1 인터럽트 해제
매개변수	없음
리턴 값	없음

[타이머 연습2] 타이머1 인터럽트 이용하여 LED 500ms 마다 반전 출력하기

타이머1 인터럽트를 이용하여 아두이노 보드에 테스트용으로 탑재된 LED(13번핀 연결)를 500ms 마다 반전 출력하는 프로그램을 작성해 보자.

[프로그램 3-27] 타이머1 인터럽트 기능을 이용한 LED 점멸

```
// timer3
// pin 13(LED_BUILTIN) LED  1초마다 토글
// 타이머1 인터럽트 이용
#include <TimerOne.h>

volatile boolean led_val = HIGH;

void setup()
{
    pinMode(LED_BUILTIN, OUTPUT);                // 13번핀 출력 설정
    digitalWrite(LED_BUILTIN, led_val);          // LED 초기상태(OFF) 출력

    // 타이머1 인터럽트 설정 및 동작 시작
    Timer1.initialize(500000);                   // 500ms  주기 설정
    Timer1.attachInterrupt(flash);               // 타이머1 인터럽트 함수 지정
}

void loop()
{
    // LED 점멸은 500ms마다 flash() 함수를 실행하도록 타이머1에 맡겼기 때문에
    // 이 부분에서는 따로 할 일이 없음
}

// 타이머1에 의해 500ms 마다 자동 실행
void flash()
{
    led_val = !led_val;                          // LED 출력 변수 반전
    digitalWrite(LED_BUILTIN, led_val);          // 반전된 상태값 LED 출력
}
```

[타이머 연습3] 타이머2 인터럽트 이용하여 4자리 7-세그먼트 0~9999 표시하기

[그림 3-24] 회로에 대해 타이머2의 인터럽트 기능을 이용하여 4자리 7-세그먼트의 표시 값을 5ms 마다 한 자리씩 순차적으로 표시하는 프로그램을 작성해보자. 표시 값은 0~9999이며, 100ms 마다 증가하도록 한다.

[프로그램 3-28] 타이머2 인터럽트 기능 이용 7-세그먼트 0~9999 표시

```
// timer4
// 0000~9999표시(DIG1, DIG2, DIG3, DIG4
// 타이머2 인터럽트 이용, 5ms 마다 한 자리씩 출력 표시
#include <MsTimer2.h>

const int dig_sel_pin[4] = {A4, 13, 12, 11};          // 1, 10, 100, 1000자리 전원핀
const int fnd_pin[7] ={10, 9, 8, 7, 6, 5, 4};         // A,B,C,D,E,F,G
const int dp_pin = A5;                                // 7-세그먼트 DP 연결핀(SCL핀)
const int fnd_pat[10][7] = {
    {0, 0, 0, 0, 0, 0, 1},  // 0
    {1, 0, 0, 1, 1, 1, 1},  // 1
    {0, 0, 1, 0, 0, 1, 0},  // 2
    {0, 0, 0, 0, 1, 1, 0},  // 3
    {1, 0, 0, 1, 1, 0, 0},  // 4
    {0, 1, 0, 0, 1, 0, 0},  // 5
    {0, 1, 0, 0, 0, 0, 0},  // 6
    {0, 0, 0, 1, 1, 1, 1},  // 7
    {0, 0, 0, 0, 0, 0, 0},  // 8
    {0, 0, 0, 1, 1, 0, 0}}; // 9

int      dsp_no = 0;                  // 표시 값
volatile int    dsp_pos = 0;          // 표시 자리(0:1자리, 1:10자리, 2:100자리, 3:1000자리

void setup()
{
   byte   n;

   // fnd_pin[n] 핀 출력 설정
   for(n = 0;n < 7;n++) pinMode(fnd_pin[n], OUTPUT);
   pinMode(dp_pin, OUTPUT);                           // DP 핀 출력 설정

   // Dight(자리) 선택핀 출력 설정
   for(n = 0;n < 4;n++) pinMode(dig_sel_pin[n], OUTPUT);

   // 타이머2 인터럽트 설정 및 동작 시작
   // 5ms 인터럽트 주기 설정, segment_dsp4() 함수 실행
   MsTimer2::set(5, segment_dsp4);
   MsTimer2::start();
}

void loop()
{
   dsp_no++;                                          // 표시값 + 1
   if(dsp_no == 10000) dsp_no = 0;                    // 10000에서 리셋
   delay(100);
}
```

```
void segment_dsp4()
{
    int    n, tmp;

    if(dsp_pos == 0) tmp = dsp_no % 10;                       // 1자리
    else if(dsp_pos == 1) tmp = (dsp_no / 10) % 10;           // 10자리
    else if(dsp_pos == 2) tmp = (dsp_no / 100) % 10;          // 100자리
    else tmp = dsp_no / 1000;                                 // 1000자리

    // 모든 자리 off 한 후 dig(표시위치) 자리만 on
    for(n = 0;n < 4;n++) digitalWrite(dig_sel_pin[n], LOW);   // 모든 자리 OFF
    digitalWrite(dig_sel_pin[dsp_pos], HIGH);                 // dsp_pos 자리만 ON

    for(n = 0;n < 8;n++) digitalWrite(fnd_pin[n], fnd_pat[tmp][n]);

    dsp_pos = (dsp_pos + 1) % 4;                              // 표시 자리 이동
}
```

[타이머 연습4] 타이머2 인터럽트, 외부 인터럽트 이용하여 4자리 7-세그먼트 4자리 입력

[그림 3-24] 회로에 대해 타이머2의 인터럽트 기능을 이용하여 4자리 7-세그먼트를 표시하고, SW1과 SW2를 이용하여 4자리 값을 입력하는 프로그램을 작성해 보자. SW1(INT1)은 입력할 자리를 선택하고, SW2(INT0)는 선택된 자리값을 +1 하는 기능을 갖도록 한다.

[프로그램 3-29] 타이머2 인터럽트와 외부 인터럽트를 이용한 4자리 입력

```
// timer5
// 외부 인터럽트 방식에 의한 네 자리 입력
// 타이머2 인터럽트 이용, 5ms 마다 한 자리씩 출력 표시
#include <MsTimer2.h>

const int dig_sel_pin[4] = {A4, 13, 12, 11};        // 1, 10, 100, 1000자리 전원핀
const int fnd_pin[7] ={10, 9, 8, 7, 6, 5, 4};       // A,B,C,D,E,F,G
const int dp_pin = A5;                              // 7-세그먼트 DP 연결핀(SCL핀)
const int fnd_pat[10][7] = {
    {0, 0, 0, 0, 0, 0, 1},  // 0
    {1, 0, 0, 1, 1, 1, 1},  // 1
    {0, 0, 1, 0, 0, 1, 0},  // 2
    {0, 0, 0, 0, 1, 1, 0},  // 3
    {1, 0, 0, 1, 1, 0, 0},  // 4
```

```
    {0, 1, 0, 0, 1, 0, 0},  // 5
    {0, 1, 0, 0, 0, 0, 0},  // 6
    {0, 0, 0, 1, 1, 1, 1},  // 7
    {0, 0, 0, 0, 0, 0, 0},  // 8
    {0, 0, 0, 1, 1, 0, 0}}; // 9

const int  sw1_pin = 3;                         // 자리 선택(INT1)
const int  sw2_pin = 2;                         // 선택 자리값 + 1(INT0)

volatile byte  pos = 0;                         // 선택자리, 0:1자리, 1:10자리, 2:100
자리, 3:1000자리
volatile byte  num[4] ={0, 0, 0, 0};            // 4자리 저장 변수
volatile byte  dsp_pos = 0;                     // 표시위치, 0:1자리, 1:10자리, 2:100
자리, 3:1000자리
volatile unsigned long  t1, t2;                 // 채터링 방지를 위한 변수

void setup()
{
    byte  n;

    // fnd_pin[n]번핀 출력 설정
    for(n = 0;n < 7;n++) pinMode(fnd_pin[n], OUTPUT);
    pinMode(dp_pin, OUTPUT);                    // DP 핀 출력 설정

    // Dight(자리) 선택핀 출력 설정
    for(n = 0;n < 4;n++) pinMode(dig_sel_pin[n], OUTPUT);

    // 외부 인터럽트 설정
    attachInterrupt(digitalPinToInterrupt(sw1_pin), sw1_on, FALLING);  // INT1
    attachInterrupt(digitalPinToInterrupt(sw2_pin), sw2_on, FALLING);  // INT0

    // 타이머2 인터럽트 설정 및 동작 시작
    // 5ms 인터럽트 주기 설정, segment_dsp4() 함수 실행
    MsTimer2::set(5, segment_dsp4);
    MsTimer2::start();

    t1 = millis();                              // 프로그램 시작 시간 저장
}

void loop()
{
    // 스위치 처리는 외부 인터럽트, 7-세그먼트 표시는 타이머2에 맡겨
    // 메인 프로그램에서 따로 할 작업이 없음
}

// 4자리 7-세그먼트 표시
void segment_dsp4()
{
```

```
    byte  n, tmp;

    // 모든 자리 off 한 후 dig(표시위치) 자리만 on
    for(n = 0;n < 4;n++) digitalWrite(dig_sel_pin[n], LOW);
    digitalWrite(dig_sel_pin[dsp_pos], HIGH);  // dsp_pos 자리만 ON

    // dsp_pos 위치값 표시
    tmp = num[dsp_pos];
    for(n = 0;n < 8;n++) digitalWrite(fnd_pin[n], fnd_pat[tmp][n]);

    // 선택 자리 dp LED on
    if(pos == dsp_pos) digitalWrite(dp_pin, LOW);
    else digitalWrite(dp_pin, HIGH);

    dsp_pos = (dsp_pos + 1) % 4;  // 표시자리 이동(1자리->10자리->100자리->1000자리..)
}

// 외부인터럽트1(INT1)
// SW1 눌려지는 순간(선택된 자리값 +1)
void sw1_on()
{
    // 채터링 체크 : 200ms 이내에 스위치가 또 눌려진 상태이면 무시
    t2 = millis();                              // 현재 시간 저장

    // 인터럽트 시간 간격 체크
    if((t2 - t1) < 200) return;                 // 200ms 보다 작으면 무시
    else t1 = t2;                               // 인터럽트 발생 시간 갱신

    num[pos] = (num[pos] + 1) % 10;             // pos 자리값 +1(0~9)
}

// 외부인터럽트0(INT0)
// SW2 눌려지는 순간(입력 자리 이동)
void sw2_on()
{
    // 채터링 체크 : 200ms 이내에 스위치가 또 눌려진 상태이면 무시
    t2 = millis();                              // 현재 시간 저장

    // 인터럽트 시간 간격 체크
    if((t2 - t1) < 200) return;                 // 200ms 보다 작으면 무시
    else t1 = t2;                               // 인터럽트 발생 시간 갱신

    pos = (pos + 1) % 4;                        // 0->1->2->3->0->1...
}
```

[타이머 연습5] 타이머1과 2 인터럽트, 외부 인터럽트를 이용한 스톱워치

[그림 3-24] 회로에 대해 스톱워치가 동작 중일 때만 타이머1의 인터럽트를 이용하여 10ms 단위로 시간을 증가시키고, 타이머2의 인터럽트를 이용하여 5ms 마다 4자리 7-세그먼트를 한 자리씩 표시하도록 하자. 그리고, 외부 인터럽트 0(2번핀, SW2)을 이용하여 스톱워치의 시간을 리셋하고, 외부 인터럽트 1(3번핀, SW1)을 이용하여 스톱워치의 동작/정지를 제어하는 프로그램을 작성해보자.

[프로그램 3-30] 타이머2 인터럽트와 외부 인터럽트를 이용한 스톱 워치

```
// stopwatch3
// 스톱워치(외부인터럽트 방식)
// 타이머1 인터럽트 이용, 스톱워치 동작시 10ms 측정
// 타이머2 인터럽트 이용, 5ms 마다 한 자리씩 출력 표시
#include <TimerOne.h>
#include <MsTimer2.h>

const int dig_sel_pin[4] = {A4, 13, 12, 11};          // 1, 10, 100, 1000자리 전원핀
const int fnd_pin[7] ={10, 9, 8, 7, 6, 5, 4};         // A,B,C,D,E,F,G
const int dp_pin = A5;                                // 7-세그먼트 DP 연결핀(SCL핀)
const int fnd_pat[10][7] = {
    {0, 0, 0, 0, 0, 0, 1},  // 0
    {1, 0, 0, 1, 1, 1, 1},  // 1
    {0, 0, 1, 0, 0, 1, 0},  // 2
    {0, 0, 0, 0, 1, 1, 0},  // 3
    {1, 0, 0, 1, 1, 0, 0},  // 4
    {0, 1, 0, 0, 1, 0, 0},  // 5
    {0, 1, 0, 0, 0, 0, 0},  // 6
    {0, 0, 0, 1, 1, 1, 1},  // 7
    {0, 0, 0, 0, 0, 0, 0},  // 8
    {0, 0, 0, 1, 1, 0, 0}}; // 9

const int  sw1_pin = 3;                   // 동작/정지 스위치
const int  sw2_pin = 2;                   // 리셋 스위치


volatile int  dsp_pos = 0;                // 표시 자리(0:1자리, 1:10자리, 2:100자리,
3:1000자리)
volatile int  ssec = 0, ms10 = 0;         // 시간 변수
volatile boolean  rrun = 0;               // 동작(1)/정지(0)
volatile unsigned long  t1, t2;

void setup()
```

```
{
    byte  n;

    // fnd_pin[n]번핀 출력 설정
    for(n = 0;n < 7;n++) pinMode(fnd_pin[n], OUTPUT);
    pinMode(dp_pin, OUTPUT);          // DP 핀 출력 설정

    // Dight(자리) 선택핀 출력 설정
    for(n = 0;n < 4;n++) pinMode(dig_sel_pin[n], OUTPUT);

    // 외부 인터럽트 설정
    attachInterrupt(digitalPinToInterrupt(sw1_pin), sw1_on, FALLING);  // INT1
    attachInterrupt(digitalPinToInterrupt(sw2_pin), sw2_on, FALLING);  // INT0

    // 타이머2 인터럽트 설정 및 동작 시작
    // 5ms 인터럽트 주기 설정, segment_dsp4() 함수 실행
    MsTimer2::set(5, stop_dsp4);
    MsTimer2::start();

    // 타이머1 인터럽트 설정 및 동작 시작
    Timer1.initialize(10000);                    // 10ms  주기 설정
    Timer1.attachInterrupt(ten_ms);              // 타이머1 인터럽트 함수 지정
    Timer1.stop();                               // 타이머1 정지상태에서 시작

    // 스톱워치값 리셋
    ssec = 0;
    ms10 = 0;

    t1 = millis();                               // 프로그램 시작 시간 저장
}

void loop()
{
    while(1);                                    // 무한 대기
}

// 타이머1 인터럽트(10ms주기)
// 스톱워치가 동작할때 10ms단위로 시간값 증가
void ten_ms()
{
    ms10++;
    if(ms10 == 100){                             // 100 x 10ms = 1sec
        ms10 = 0;
        ssec++;                                  // sec +1
        if(ssec == 60) ssec = 0;                 // 60초면 0초부터 다시 시잔
    }
```

```
}

// 타이머2 인터럽트(5ms주기)
// 스톱워치 시간 표시(5ms 간격으로 한 자리씩 표시)
void stop_dsp4()
{
    byte  n, tmp;

    // 스톱워치 시간 각 자리값 추출
    if(dsp_pos == 0) tmp = ms10 % 10;            // ms10 1자리
    else if(dsp_pos == 1) tmp = ms10 / 10;       // ms10 10자리
    else if(dsp_pos == 2) tmp = ssec  % 10;      // sec 1자리
    else tmp = ssec / 10;                        // sec 10자리

    // 모든 자리 off 한 후 dig(표시위치) 자리만 on
    for(n = 0;n < 4;n++) digitalWrite(dig_sel_pin[n], LOW);
    digitalWrite(dig_sel_pin[dsp_pos], HIGH);    // dsp_pos 자리만 ON

    // dsp_pos 값 표시
    for(n = 0;n < 7;n++) digitalWrite(fnd_pin[n], fnd_pat[tmp][n]);

    // DP LED ON
    if(dsp_pos == 2) digitalWrite(dp_pin, LOW);
    else digitalWrite(dp_pin, HIGH);

    dsp_pos = (dsp_pos + 1) % 4;                 // 표시 자리 이동
}

// 외부인터럽트1(INT1) 처리 함수
// 스위치1 눌려지는 순간(동작/정지 토글)
void sw1_on()
{
    // 채터링 체크 : 200ms 이내에 스위치가 또 눌려진 상태이면 무시
    t2 = millis();                               // 현재 시간 저장

    // 인터럽트 시간 간격 체크
    if((t2 - t1) < 200) return;                  // 200ms 보다 작으면 무시
    else t1 = t2;                                // 인터럽트 발생 시간 갱신

    rrun = !rrun;                                // 동작/정지 토글
    if(rrun == 0) Timer1.stop();                 // 타이머1 정지
    else Timer1.restart();                       // 타이머1 다시 시작
}

// 외부인터럽트0(INT0) 처리함수
// 스위치2 눌려지는 순간(스톱워치 리셋)
void sw2_on()
```

```
{
    // 채터링 체크 : 200ms 이내에 스위치가 또 눌려진 상태이면 무시
    t2 = millis();                              // 현재 시간 저장

    // 인터럽트 시간 간격 체크
    if((t2 - t1) < 200) return;                 // 200ms 보다 작으면 무시
    else t1 = t2;                               // 인터럽트 발생 시간 갱신

    ms10 = 0;                                   // 시간값 리셋
    ssec = 0;
}
```

3.8 시리얼 포트

시리얼 포트는 MCU의 주요 4대 기능 중 하나이며, 주로 기기간의 통신에 이용하여 과거에는 PC통신에 이용되었다. 그러나 인터넷이 보급되면서 PC 통신은 사라졌으며, 현재는 기기간의 통신 또는 무선 통신 제어에 주로 사용하고 있다. 기기간의 통신에서는 보드와 PC와의 통신을 통해 MCU의 상태를 PC 모니터 창에 표시하거나 PC로부터의 입력된 데이터를 전송할 수 있다. 시리얼 포트를 위한 함수는 다음과 같다.

void Serial.begin(speed)		
기능	시리얼 통신의 데이터 전송 속도 설정 및 통신 시작	
매개변수	speed	통신 속도(bps : bits/sec) - long 300, 600, 1200, 2400, 4800, 9600, 14400, 19200, 28800, 38400, 57600, 115200
리턴 값	없음	

void Serial.end(void)	
기능	시리얼 통신 종료(Tx, Rx 핀은 일반 I/O 핀으로 사용)
매개변수	없음
리턴 값	없음

int Serial.available()	
기능	시리얼 포트의 수신 버퍼(64바이트 저장 가능)에 저장된 데이터의 개수를 바이트로 반환
매개변수	없음
리턴 값	수신 버퍼에 저장된 데이터의 개수(int)

int Serial.read()	
기능	수신 버퍼에 저장된 데이터 중 첫 번째 바이트의 데이터를 읽어오는 함수이며, 읽혀진 데이터는 수신 버퍼에서 삭제됨.
매개변수	없음
리턴 값	수신 버퍼에 저장된 첫 번째 바이트 또는 –1(수신 버퍼에 데이터가 없는 경우)

int Serial.flush()	
기능	수신 버퍼의 데이터를 삭제하고 비움
매개변수	없음
리턴 값	없음

int serialEvent(void)	
기능	시리얼 통신으로 데이터가 수신될 경우에 자동으로 호출되는 콜백 함수
매개변수	없음
리턴 값	전송 바이트 수

int Serial.write(val) int Serial.write(str) int Serial.write(buf, len)			
기능	데이터를 바이너리(Binary) 형태로 시리얼 포트에 전송		
매개변수	val	val	단일 바이트로 전송
		str	문자열
		buf	배열
		len	버퍼 길이
리턴 값	전송 바이트 수		

<table>
<tr><th colspan="3">long Serial.print(val)
long Serial.print(val, format)</th></tr>
<tr><td>기능</td><td colspan="2">데이터를 ASCII 형태로 시리얼 포트에 전송</td></tr>
<tr><td rowspan="2">매개변수</td><td>val</td><td>전송할 데이터 값
정수 : 각 자리 ASCII 문자로 변환
실수 : 소수 두 자리까지 각 자리 ASCII 문자로
문자 또는 문자열 : 그대로 전송
(예)
– Serial.print(78) => "78"
– Serial.print(1.234) => "1.23"
– Serial.print('N') => "N"
– Serial.print("Hello") => "Hello"</td></tr>
<tr><td>format</td><td>전송할 값이 문자열이 아닌 경우 전송 형식 지정
– 2진수 형태(BIN), 10진수 형태(DEC), 16진수 형태(HEX)
(예)
– Serial.print(78, BIN) => "1001110"
– Serial.print(78, DEC) => "78"
– Serial.print(78, HEX) => "4E"
– Serial.print(1.23456, 4) => "1.2346"</td></tr>
<tr><td>리턴 값</td><td colspan="2">전송 바이트 수</td></tr>
</table>

long Serial.println(val) long Serial.println(val, format)	
기능	데이터를 ASCII 형태로 시리얼 포트에 전송하며, 데이터의 마지막에 '\r'(Carriage Return)과 '\n'(New Line)을 붙여서 출력한다. 따라서 출력 후 자동으로 다음 줄 맨 앞으로 이동한다.
매개변수 리턴 값	long Serial.println(val) long Serial.println(val, format) 와 동일

boolean Serial.find(target)		
기능	문자열을 발견할 때까지 시리얼 버퍼에서 문자열을 읽음. 문자열을 찾으면 시리얼 버퍼의 문자열 다음으로 위치.	
매개변수	target	찾고자하는 문자열
리턴 값	문자열을 발견하면 true, 그렇지 않으면 false 반환	

[시리얼 포트 연습1] 시리얼 모니터 창에 "Hello Arduino!" 표시하기

아두이노 시리얼 모니터 창에 "Hello Arduino!"를 1초 간격으로 전송하여 표시하는 프로그램을 작성해보자.

[프로그램 3-31] 시리얼 모니터 창에 "Hello Arduino!" 표시(1초 간격)

```
// serial1
// 시리얼 모니터 창에 "Hello Arduino!" 1초 간격으로 계속 보내기

void setup()
{
    Serial.begin(9600);                     // 시리얼 포트 9600bps 통신 시작

    // Serial은 연결되면 true가 되며, 연결이 되지 않은 상태에서는 false 가 되고
    // !Serial이 true가 되어 계속 대기 상태가 된다.
    while(!Serial);                         // 시리얼 포트가 연결될 때까지 기다린다.
}

void loop()
{
    Serial.println("Hello Arduino!");
    delay(1000);                            // 1초 대기
}
```

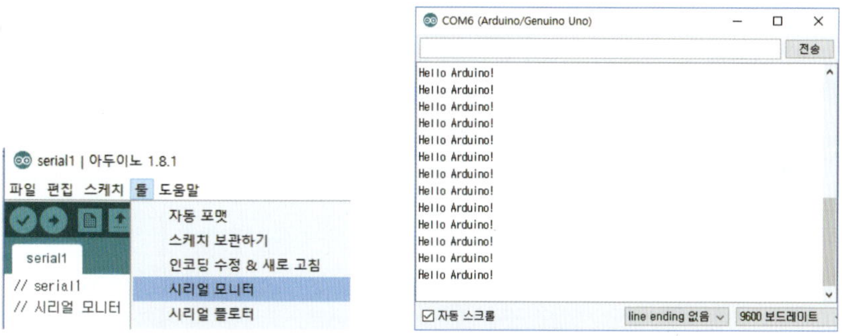

[그림 3-26] 시리얼 모니터 창 열기 및 실행 결과

[시리얼 포트 연습2] 시리얼 모니터 창에 LED의 ON/OFF 상태 표시하기

아두이노 시리얼 모니터 창에 아두이노 테스트 LED(13번 핀 연결)의 ON/OFF 상태를 전송하여 표시하는 프로그램을 작성해보자. LED는 1초 간격으로 ON/OFF 상태를 반전시키도록 한다.

[프로그램 3-32] 시리얼 모니터 창에 LED의 ON/OFF 상태 전송 표시

```
// serial2
// 테스트용 LED 1초 간격으로 ON/OFF 하면서
// 시리얼 모니터 창에 LED ON/OFF 표시하기

boolean  led_state = HIGH;

void setup()
{
    pinMode(LED_BUILTIN, OUTPUT);

    Serial.begin(9600);                    // 시리얼 포트 9600bps 통신 시작

    // Serial은 연결되면 true가 되며, 연결이 되지 않은 상태에서는 false 가 되고
    // !Serial이 true가 되어 계속 대기 상태가 된다.
    while(!Serial);                        // 시리얼 포트가 연결될 때까지 기다린다.
}

void loop()
{
    digitalWrite(LED_BUILTIN, led_state);

    if(led_state == HIGH) Serial.println("LED ON!");
    else Serial.println("LED OFF!");

    led_state = !led_state;                // 다음 출력할 LED 상태 업데이트
    delay(1000);                           // 1초 대기
}
```

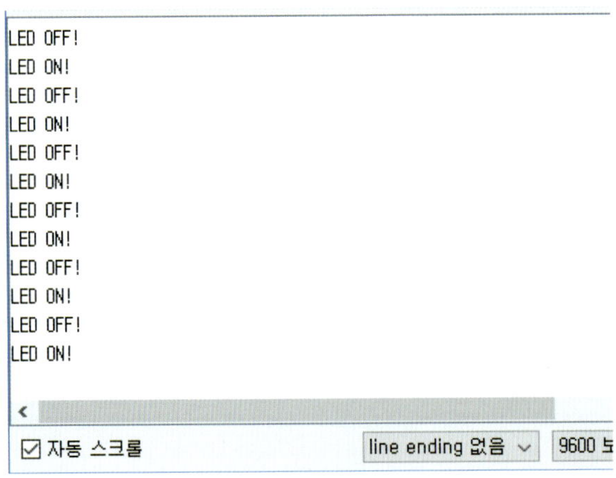

[그림 3-27] 출력 화면

[시리얼 포트 연습3] 키 입력된 문자 반송하기

아두이노 시리얼 모니터 창에서 키 입력된 문자를 반송하는 프로그램을 작성해 보자. 시리얼 모니터 창 상단에는 키 입력한 문자를 전송하는 부분이 있어 이 부분에서 키 입력하고 "전송" 버튼을 클릭하면 아두이노 보드에 문자가 전송된다.

[프로그램 3-33] 시리얼 모니터 창에 키 입력된 문자 반송하기

```
// serial3
// 시리얼 모니터 창에서 키 입력된 문자를 다시 보내기
int  rec_byte;

void setup()
{
    Serial.begin(9600);                          // 시리얼 포트 9600bps 통신 시작

    // Serial은 연결되면 true가 되며, 연결이 되지 않은 상태에서는 false 가 되고
    // !Serial이 true가 되어 계속 대기 상태가 된다.
    while(!Serial);                              // 시리얼 포트가 연결될 때까지 기다린다.
}

void loop()
{
    if(Serial.available() > 0){                   // 수신된 데이터 개수 확인
        rec_byte = Serial.read();                 //  수신 데이터 1개 읽기
        Serial.write(rec_byte);
    }
}
```

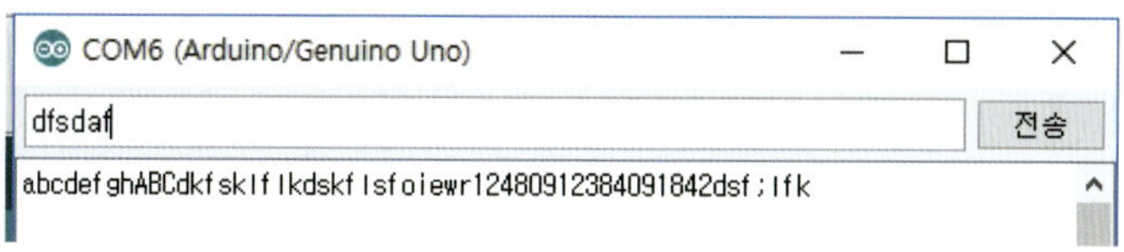

[그림 3-28] 출력 화면

[시리얼 포트 연습4] 키 입력된 알파벳 대/소 문자를 소/대 문자로 변환하여 반송하기

시리얼 인터럽트를 이용하여 알파벳 소문자가 입력되면 대문자로, 대문자가 입력되면 소문자로 변환하여 전송하는 프로그램을 작성해보자. 시리얼 모니터 창 상단에는 키 입력한 문자를 전송하는 부분이 있어 이 부분에서 키 입력하고 "전송" 버튼을 클릭하면 아두이노 보드에 문자가 전송된다.

[프로그램 3-34] 키 입력된 알파벳 대/소 문자를 소/대 문자로 변환하여 반송하기

```
// serial4
// 시리얼 모니터 창에서 키 입력된 16진수를 다시 보내기(인터럽트 이용)
int  rec_byte;

void setup()
{
    Serial.begin(9600);                     // 시리얼 포트 9600bps 통신 시작

    // Serial은 연결되면 true가 되며, 연결이 되지 않은 상태에서는 false 가 되고
    // !Serial이 true가 되어 계속 대기 상태가 된다.
    while(!Serial);                         // 시리얼 포트가 연결될 때까지 기다린다.
}

void loop()
{
    // 수신 데이터가 있어 SerialEvent() 함수가 호출될 때까지 대기
}

// 시리얼 인터럽트 함수(데이터 수신 시 발생)
void serialEvent()
{
    rec_byte = Serial.read();               // 수신 데이터 1개 읽기

    // 소문자 -> 대문자, 대문자 -> 소문자 변환, 그 이외는 그대로
    if(rec_byte >= 'a' && rec_byte <= 'z') rec_byte = rec_byte - 'a' + 'A';
    else if(rec_byte >= 'A' && rec_byte <= 'Z') rec_byte = rec_byte - 'A' + 'a';

    Serial.write(rec_byte);                 // 전송
}
```

(a) 전송 전 (b) 전송 후

[그림 3-29] 실행 전후 화면

[시리얼 포트 연습5] PC 키보드 눌려진 16진값 7-세그먼트 표시하기

PC 키보드에서 눌려진 16진키('0'~'9', 'a'~'f', 'A'~'F')의 값을 7-세그먼트에 표시하는 프로그램을 작성해보자. 회로 배선은 [그림 3-30]과 같다.

사용 부품	수량
330Ω	7개
커먼 캐소드 7-세그먼트	1개
10kΩ	1개
스위치	1개

아두이노 연결핀	7-세그먼트 및 스위치	
13	저항 통해 연결	7(a)
12		6(b)
11		4(c)
10		2(d)
9		1(e)
8		9(f)
7		10(g)
3	스위치	

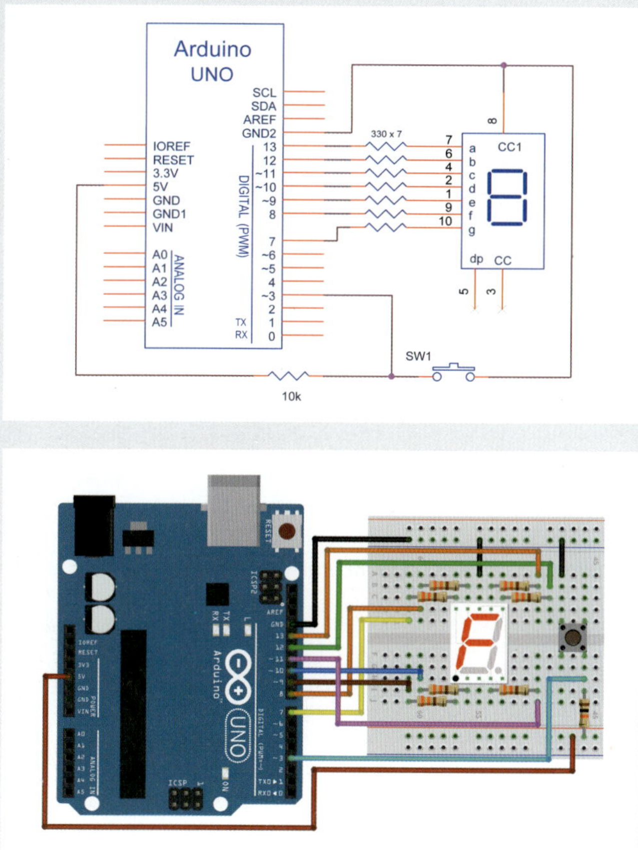

[그림 3-30] 7-세그먼트 시리얼 포트 구동 회로 및 배선도

[프로그램 3-35] 시리얼 모니터 창 키 입력 16진수('0'~'9', 'a'~'f', 'A'~'F') 7-세그먼트 표시

```
// serial5
// PC 키 입력된 16진수('0'~'9', 'a'~'f', 'A'~'F')를 아두이노에서 7-세그먼트에 표시

// 7-세그먼트 16진수(0~F) 순차 표시하기
const int segment_pin[7] ={13, 12, 11, 10, 9, 8, 7};  // A,B,C,D,E,F,G 연결 핀

// 0~F 표시 패턴 {a, b, c, d, e, f, g}
const byte segment_pat[16][7] = {
    {1, 1, 1, 1, 1, 1, 0},  // 0
    {0, 1, 1, 0, 0, 0, 0},  // 1
    {1, 1, 0, 1, 1, 0, 1},  // 2
    {1, 1, 1, 1, 0, 0, 1},  // 3
    {0, 1, 1, 0, 0, 1, 1},  // 4
    {1, 0, 1, 1, 0, 1, 1},  // 5
    {1, 0, 1, 1, 1, 1, 1},  // 6
    {1, 1, 1, 0, 0, 0, 0},  // 7
    {1, 1, 1, 1, 1, 1, 1},  // 8
    {1, 1, 1, 0, 0, 1, 1},  // 9
    {1, 1, 1, 0, 1, 1, 1},  // A
    {0, 0, 1, 1, 1, 1, 1},  // b
    {1, 0, 0, 1, 1, 1, 0},  // C
    {0, 1, 1, 1, 1, 0, 1},  // D
    {1, 0, 0, 1, 1, 1, 1},  // E
    {1, 0, 0, 0, 1, 1, 1}}; // F

void   fnd_dsp(int);                                   // 7-세그먼트 표시

void setup()
{
    int n;

    // Segment 연결 핀 출력 설정
    for(n = 0;n < 7;n++) pinMode(segment_pin[n], OUTPUT);

    Serial.begin(9600);                          // 시리얼 포트 9600bps 통신 시작

    // Serial은 연결되면 true가 되며, 연결이 되지 않은 상태에서는 false 가 되고
    // !Serial이 true가 되어 계속 대기 상태가 된다.
    while(!Serial);                              // 시리얼 포트가 연결될 때까지 기다린다.

    fnd_dsp(0);                                  // 초기상태 '0' 표시
}

void loop()
{
```

```
    int rec, dsp;

    if(Serial.available() > 0){                          // 수신된 데이터 개수 확인
        rec = Serial.read();                             // 수신 데이터 1개 읽기

        Serial.write(rec);                               // 수신 문자 모니터 창 표시

        if(rec >= '0' && rec <= '9') dsp = rec - '0';              // '0'~'9' 입력
        else if(rec >= 'a' && rec <= 'f') dsp = rec - 'a' + 10;    // 'a'~'f' 입력
        else if(rec >= 'A' && rec <= 'F') dsp = rec - 'A' + 10;    // 'A'~'F' 입력
        else return;

        fnd_dsp(dsp);
    }
}

void fnd_dsp(int val)
{
    int n;

    for(n = 0;n < 7;n++) digitalWrite(segment_pin[n], segment_pat[val][n]);
}
```

16진 ASCII 문자 -> 10진 변환

- 숫자 '0' ~ '9' → 변환할 문자 – '0' → 0 ~ 9
- 알파벳 'a' ~ 'f' → 변환할 문자 – 'a' + 10 → 10 ~ 15
- 알파벳 'A' ~ 'F' → 변환할 문자 – 'A' + 10 → 10 ~ 15

3.9 아날로그 입출력 실험

MCU는 디지털 IC이므로 0과 1로 이루어지는 디지털 값만 다룰 수 있으며, 연속적인 값을 갖는 아날로그 값은 처리할 수 없다. 따라서 아날로그 값을 처리하기 위해서는 우선 아날로그 값을 디지털 값으로 변환해야 하는데 이를 A/D 변환이라고 한다. 우노보드에는 아날로그 전압을 디지털 값으로 변환하는 단자가 6개 마련되어 있으며, 단자는 우노보드 왼쪽 편에 A0~A5로 표시되어 있

다. 입력되는 아날로그 전압은 디지털 값 10비트(0~1023)로 변환되며, 단자에 입력할 수 있는 최대 전압은 보드 전원(디폴트)이나 내부발생 전압 또는 보드 외부 단자 AREF에 연결된 전압 중에서 선택할 수가 있다.

한편 아날로그 입력에 반대되는 기능으로 아날로그 출력이 있는데 타이머/카운터의 PWM 출력 신호를 이용하고 있다. 그러나 PWM 신호는 [그림 3-31]과 같이 완전히 아날로그의 전압이 아니라 0과 1의 값을 갖는 구형파 펄스이다. PWM(Pulse Width Modulation)은 펄스폭 변조라는 의미이며, 출력하는 전압의 크기를 펄스 폭으로 제어하는 방식이라 할 수 있다. 즉 출력되는 전압 값을 일정한 비율(duty) 동안은 High를 유지하고, 나머지는 Low를 출력하여 [그림 3-31]과 같은 파형을 출력하는 것이다. 이때 파형의 주기와 진폭은 동일하며, 제어 상태에 따라 단지 펄스폭만 다르게 출력하는 것이다. 따라서, High 구간이 길면 평균 전압이 커지고, High 구간이 짧아지면 평균 전압이 작아진다. 과거에는 DC 모터를 제어할 때 D/A(Digital to Analog) 변환기를 이용하여 디지털 값을 아날로그 값으로 변환해서 제어하였지만, 최근에는 PWM 신호를 많이 사용하고 있다.

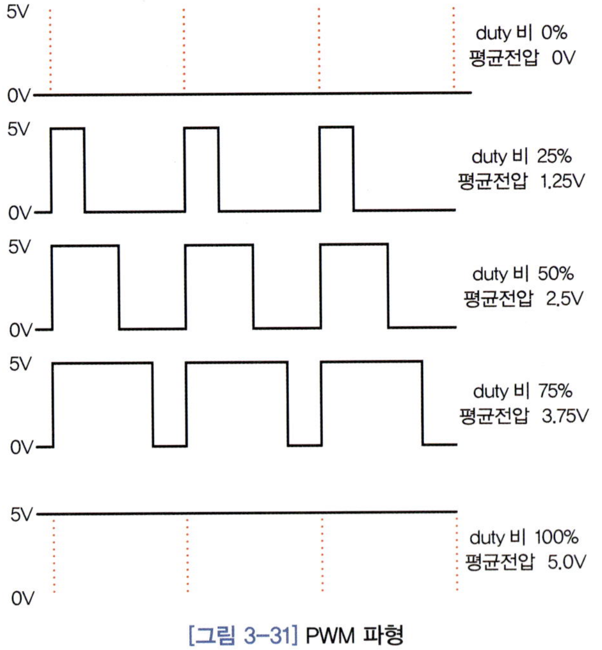

[그림 3-31] PWM 파형

아두이노 통합 환경에서 지원하는 아날로그 입력 함수와 출력 함수 그리고 관련된 함수들을 정리하면 다음과 같다.

● 아날로그 입력 함수

void analogReference(type)			
기능	아날로그 핀에 입력되는 최대 전압 설정		
매개변수	type	DEFAULT	아두이노 보드 동작 전압(5V 또는 3.3V)
		INTERNAL	내부 기준전압 1.1V
		EXTERNAL	AREF 핀에 인가된 0~5V 전압
리턴 값	없음(void)		

int analogRead(pin_no)		
기능	지정된 아날로그 핀에 입력되는 아날로그 전압을 디지털로 변환하여 읽기	
매개변수	pin_no	아날로그 입력 핀 번호(0~5)
리턴 값	0~1023(10비트) 디지털 값	

long map(value, f1_val, f2_val, t1_val, t2_val)		
기능	값의 범위(최소, 최대)를 바꾸어주는 함수 (f1_val은 t1_val로, f2_val은 t2_val로 각각 변환되고, f1_val과 f2_val 상이의 값은 t1_val과 t2_val 상이의 값으로 변환된다.)	
매개변수	value	매핑 변환할 값
	f1_val	매핑 변환할 값의 최소값
	f2_val	매핑 변환할 값의 최대값
	t1_val	매핑 변환될 값의 최소값
	t2_val	매핑 변환될 값의 최대값
리턴 값	매핑 변환된 값	

● 아날로그 출력 함수(PWM 출력 함수)

void analogWrite(pin_no, value)		
기능	지정된 PWM 출력 핀에 0~255값 출력	
매개변수	pin_no	출력 핀 번호(3, 5, 6, 9, 10, 11) 3, 11(Timer2), 9, 10(Timer1) : 주기 약 490Hz 5, 6핀(Timer0) : 약 980Hz
	value	0~255 값(듀티 비 : value / 255 * 100%) (0이면 항상 off, 255이면 항상 on)
리턴 값	없음(void)	

[아날로그 연습1] 가변저항 중간 단자 전압값 시리얼 모니터 창 표시하기

[그림 3-32]와 같이 아날로그 입력핀 A5에 가변저항을 연결하여 가변저항 중간 단자로부터 입력되는 전압(0~5V)의 전압 값과 디지털 값을 구해 시리얼 모니터 창에 표시해 보자. 디지털값 1023이 5V값에 해당한다고 하면 입력전압값은

$$\text{입력 전압값} = \frac{\text{디지털 값}}{1023} \times 5[V]$$

와 같이 구할 수 있다.

사용 부품	수량
330Ω	1개
가변저항(10kΩ)	1개
LED	1개

아두이노 연결핀	연결핀
A5	가변저항 중간단자
9	LED

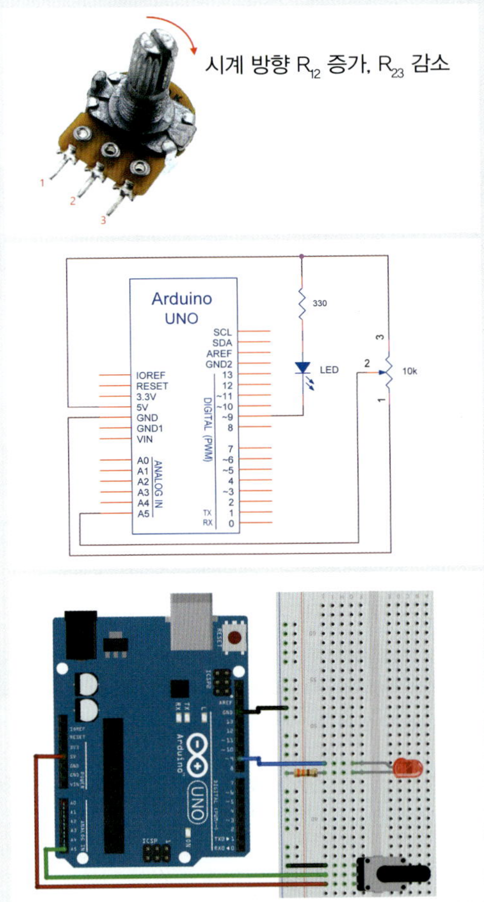

[그림 3-32] 가변저항 연결 회로 및 배선도

[프로그램 3-36] 가변저항 중간 단자 전압값 시리얼 모니터 창 표시

```
// analog1
// A/D 변환 결과 시리얼 모니터 창 표시
// 디지털 값과 전압값
const int var_pin = A5;                     // 가변저항 연결핀
int     analog_val;                         // 아날로그 값 저장 변수

void setup()
{
    Serial.begin(9600);
}

void loop()
{
    int digital_val;
    float ff;

    digital_val = analogRead(var_pin);      // 아날로그 값 디지털 변환

    ff = (float)digital_val / 1023. * 5.0;  // 전압값 계산

    Serial.print("Input Voltage(0~5V) = ");
    Serial.println(ff);                     // 입력 전압값 출력(0~5V)

    Serial.print("Digital Value(0~1023) = ");
    Serial.println(digital_val);            // 변환된 디지털 값 출력(0~1023)
    Serial.println("------------------------------------------------");

    delay(2000);
}
```

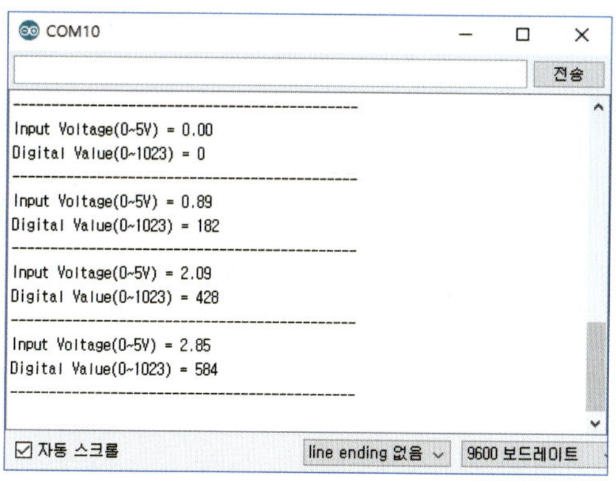

[그림 3-33] A/D 변환된 디지털 값과 전압 값

[아날로그 연습2] LED에 PWM 신호 출력하기

9번 핀에 연결된 LED에 analogWrite() 함수를 이용하여 0~255의 PWM 신호를 5 간격으로 100ms씩 출력하는 프로그램을 작성해보자.

[프로그램 3-37] LED에 PWM 신호 출력하기

```
// analog2
// LED에 PWM 신호 출력하기

const int led_pin = 9;                          // LED연결핀(PWM 출력핀)

void setup()
{
    pinMode(led_pin, OUTPUT);                   // PWM 출력 핀 출력 방향 설정
    digitalWrite(led_pin, 1);                   // LED OFF
}

void loop()
{
     int pwm_val;

     for(pwm_val = 0;pwm_val < 256;pwm_val += 5){
        analogWrite(led_pin, pwm_val);          // PWM 신호 출력
        delay(100);
     }

     digitalWrite(led_pin, 1);                  // LED OFF
     delay(2000);                               // 2초 대기
}
```

동작 확인

LED가 풀업으로 연결되어 있어 PWM 신호의 HIGH 간격이 0부터 255까지 5씩 증가하므로 0일 때 제일 밝은 상태가 되고 255일 때 제일 어두운 상태가 된다. 따라서 제일 밝은 상태에서 시작하여 서서히 어두워지는 것을 확인할 수 있을 것이다.

[아날로그 연습3] 가변저항의 전압값에 비례한 LED PWM 제어하기

[그림 3-32]에서 가변저항에 연결된 A5핀에 입력되는 전압의 디지털 값(0~1023)을 map() 함수를 이용하여 255~0의 값으로 변환한 후 9번핀에 연결된 LED에 PWM 값으로 출력하는 프로그램을 작성해보자. 9번 핀은 Timer1에 의해 제어되는 핀이며, 이 핀을 통해 출력되는 PWM 파형은 약 490Hz의 주기를 갖는다.

[프로그램 3-38] 가변저항 A/D 변환 결과 LED PWM 출력

```
// analog3
// A/D 변환 결과 LED PWM 출력
const int var_pin = A5;                          // 가변저항 연결핀
const int led_pin = 9;                           // LED연결핀(PWM 출력핀)

void setup()
{
    pinMode(led_pin, OUTPUT);                    // PWM 출력 핀 출력 방향 설정
}

void loop()
{
    int analog_val, pwm_val;

    analog_val = analogRead(var_pin);            // 가변저항 전압값 읽기
    pwm_val = map(analog_val, 0, 1023, 255, 0);  // 0~1023 -> 255~0으로 변환

    analogWrite(led_pin, pwm_val);               // PWM 신호 출력
}
```

chapter

04

아두이노 응용실험 Ⅰ

MCU에 연결되는 표시장치는 문자나 그림을 보여주는 출력기기이며, 모터는 전기 신호를 운동에너지로 바꾸어주는 기능을 갖는다.

CHAPTER

04

아두이노 응용실험 I

이 장에서는 아두이노 보드에 연결하여 사용할 수 있는 표시용 부품(모듈)과 모터 등에 대해 학습해 보기로 한다.

4.1 RGB LED 모듈

RGB LED 모듈은 하나의 LED에 3개의 색(적색, 녹색, 청색)을 내는 LED가 들어있으며, 3개의 색을 각각 제어하여 여러 가지의 색을 표현할 수 있다. 단자는 [그림 4-1]과 같이 애노드 또는 캐소드 단자를 공통으로 뽑아 4단자로 구성되어 있다.

[그림 4-1] RGB LED 모듈

RGB LED 모듈 실험을 위한 회로 및 배선도는 [그림 4-2]와 같다.

사용 부품	수량
RGB 모듈	1개

아두이노 연결핀	연결핀
~6	RGB 모듈 적색 애노드
~5	RGB 모듈 녹색 애노드
~3	RGB 모듈 청색 애노드
GND	RGB 모듈 GND(공통 단자)

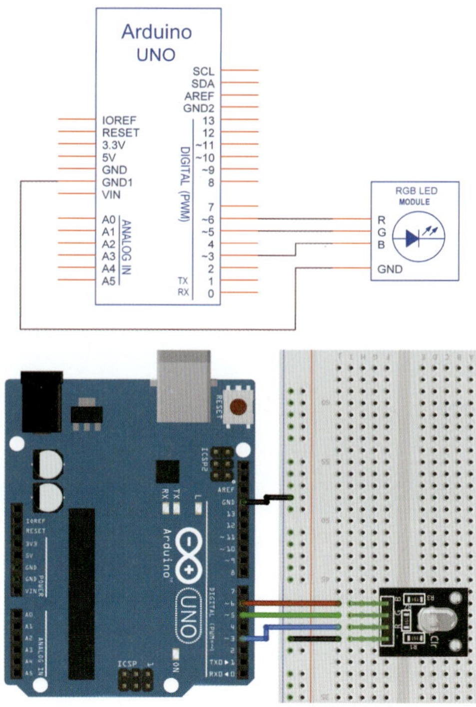

[그림 4-2] RGB LED 회로 및 배선도

[RGB 연습1] RGB LED 디지털 출력 테스트

RGB LED를 1개씩 ON, 2개씩 ON, 3개 ON 시키면서 시리얼 모니터 창에 상태를 전송하는 프로그램을 작성해보자.

[프로그램 4-1] RGB LED 디지털 출력 테스트

```
// rgb1
// RGB LED 디지털 출력 테스트
const byte R_led = 6;                    // RGB 모듈 적색 LED 연결핀
const byte G_led = 5;                    // RGB 모듈 녹색 LED 연결핀
const byte B_led = 3;                    // RGB 모듈 청색 LED 연결핀

void one_color(void);                    // LED 1개씩 ON
void two_color(void);                    // LED 2개씩 ON
void three_color(void);                  // LED 3개 ON
void led_off();                          // 3개의 LED 모두 OFF

void setup()
{
    pinMode(R_led, OUTPUT);              // R_led 핀 출력 설정
    pinMode(G_led, OUTPUT);              // G_led 핀 출력 설정
    pinMode(B_led, OUTPUT);              // B_led 핀 출력 설정

    Serial.begin(9600);
}

void loop()
{
    // 디지털 출력
    one_color();                         // LED 1개씩 ON
    two_color();                         // LED 2개씩 ON
    three_color();                       // LED 3개 ON
}

// LED 1개씩(R, G, B) ON
void one_color()
{
    Serial.println("R ON");
    digitalWrite(R_led, HIGH);           // 적색 LED ON
    delay(2000);
    led_off();                           // LED off
    Serial.println("————————————————————————————————————");

    Serial.println("G ON");
    digitalWrite(G_led, HIGH);           // 녹색 LED ON
    delay(2000);
    led_off();                           // LED off
    Serial.println("————————————————————————————————————");
```

```
    Serial.println("B ON");
    digitalWrite(B_led, HIGH);                    // 청색 LED ON
    delay(2000);
    led_off();                                    // LED off
    Serial.println("-----------------------------------------");
}

// LED 2개씩(RG, GB, BR) ON
void two_color()
{
    Serial.println("R and G ON");
    digitalWrite(R_led, HIGH);                    // 적색 LED ON
    digitalWrite(G_led, HIGH);                    // 녹색 LED ON
    delay(2000);
    digitalWrite(R_led, LOW);                     // 적색 LED OFF
    digitalWrite(G_led, LOW);                     // 녹색 LED OFF
    Serial.println("-----------------------------------------");

    Serial.println("G and B ON");
    digitalWrite(G_led, HIGH);                    // 녹색 LED ON
    digitalWrite(B_led, HIGH);                    // 청색 LED ON
    delay(2000);
    led_off();                                    // LED off
    Serial.println("-----------------------------------------");

    Serial.println("B and R ON");
    digitalWrite(B_led, HIGH);                    // 청색 LED ON
    digitalWrite(R_led, HIGH);                    // 적색 LED ON
    delay(2000);
    led_off();                                    // LED off
    Serial.println("-----------------------------------------");
}

// LED 3개(RGB) ON
void three_color()
{
    Serial.println("R and G and B ON");
    digitalWrite(R_led, HIGH);                    // 적색 LED ON
    digitalWrite(G_led, HIGH);                    // 녹색 LED ON
    digitalWrite(B_led, HIGH);                    // 청색 LED ON
    delay(2000);
    led_off();                                    // LED off
    Serial.println("-----------------------------------------");
}

// 3개의 LED 모두 OFF
void led_off()
{
    digitalWrite(R_led, LOW);                     // 적색 LED OFF
    digitalWrite(G_led, LOW);                     // 녹색 LED OFF
    digitalWrite(B_led, LOW);                     // 청색 LED OFF
}
```

[RGB 연습2] RGB LED 아날로그 출력 테스트

아날로그 출력함수를 이용하여 RGB LED에 PWM 신호를 출력하는 프로그램을 작성해보자. PWM 신호는 RGB LED를 1개씩 이용하는 경우, 2개를 이용하는 경우, 3개를 이용하는 경우에 대해 출력하도록 작성해서 LED 색의 변화를 살펴보자. PWM 출력은 0~255의 값을 50 간격으로 출력하도록 한다.

[프로그램 4-2] RGB LED 아날로그 출력 테스트

```
// rgb2
// RGB LED 아날로그 출력 테스트
const byte R_led = 6;                          // RGB 모듈 적색 LED 연결핀
const byte G_led = 5;                          // RGB 모듈 녹색 LED 연결핀
const byte B_led = 3;                          // RGB 모듈 청색 LED 연결핀

void pwm_one_color(void);                      // LED 1개씩 PWM 출력
void pwm_two_color(void);                      // LED 2개씩 PWM 출력
void pwm_three_color(void);                    // LED 3개 PWM 출력
void led_off();                                // 3개의 LED 모두 OFF

void setup()
{
    pinMode(R_led, OUTPUT);                    // R_led 핀 출력 설정
    pinMode(G_led, OUTPUT);                    // G_led 핀 출력 설정
    pinMode(B_led, OUTPUT);                    // B_led 핀 출력 설정

    Serial.begin(9600);
}

void loop()
{
    // 아날로그(PWM) 출력
    pwm_one_color();                           // LED 1개씩 PWM 출력
    pwm_two_color();                           // LED 2개씩 PWM 출력
    pwm_three_color();                         // LED 3개 PWM 출력
}

// LED 1개씩(R, G, B) 50간격으로 PWM 출력
void pwm_one_color()
{
    int  r, g, b;

    // 적색 LED 50 간격으로 PWM 출력
```

```
    Serial.println("R PWM OUTPUT");
    for(r = 0;r < 255;r += 50) {
        analogWrite(R_led, r);
        delay(500);
    }
    delay(1000);
    led_off();            // LED off
    Serial.println("------------------------------------------");

    // 녹색 LED 50 간격으로 PWM 출력
    Serial.println("G PWM OUTPUT");
    for(g = 0;g < 255;g += 50) {
        analogWrite(G_led, g);
        delay(500);
    }
    delay(1000);
    led_off();            // LED off
    Serial.println("------------------------------------------");

    // 청색 LED 50 간격으로 PWM 출력
    Serial.println("B PWM OUTPUT");
    for(b = 0;b < 255;b += 50) {
        analogWrite(B_led, b);
        delay(500);
    }
    delay(1000);
    led_off();            // LED off
    Serial.println("------------------------------------------");
}

// LED 2개씩(RG, GB, BR) 50간격으로 PWM 출력
void pwm_two_color()
{
    int  r, g, b;

    // 적색 LED와 녹색 LED 50 간격으로 PWM 출력
    Serial.println("R and G PWM OUTPUT");
    for(r = 0;r < 255;r += 50) {
        analogWrite(R_led, r);
        for(g = 0;g < 255;g += 50) {
            analogWrite(G_led, g);
            delay(500);
        }
    }
    delay(1000);
    led_off();            // LED off
```

```
    Serial.println("————————————————————————");

    // 녹색 LED와 청색 LED 50 간격으로 PWM 출력
    Serial.println("G and B PWM OUTPUT");
    for(g = 0;g < 255;g += 50) {
        analogWrite(G_led, g);
        for(b = 0;b < 255;b += 50) {
            analogWrite(B_led, b);
            delay(500);
        }
    }
    delay(1000);
    led_off();              // LED off
    Serial.println("————————————————————————");

    // 청색 LED와 적색 LED 50 간격으로 PWM 출력
    Serial.println("B and R PWM OUTPUT");
    for(b = 0;b < 255;b += 50) {
        analogWrite(B_led, b);
        for(r = 0;r < 255;r += 50) {
            analogWrite(R_led, r);
            delay(500);
        }
    }
    delay(1000);
    led_off();              // LED off
    Serial.println("————————————————————————");
}

// LED 3개(RGB) 50간격으로 PWM 출력
void pwm_three_color()
{
    int  r, g, b;

    // 적색 LED와 녹색 LED 50 간격으로 PWM 출력
    Serial.println("R and G and B PWM OUTPUT");
    for(r = 0;r < 255;r += 50) {
        analogWrite(R_led, r);
        for(g = 0;g < 255;g += 50) {
            analogWrite(G_led, g);
            for(b = 0;b < 255;b += 50) {
                analogWrite(B_led, b);
                delay(300);
            }
        }
    }
```

```
        delay(1000);
        led_off();                  // LED off
        Serial.println("——————————————————————————");
    }

    // 3개의 LED 모두 OFF
    void led_off()
    {
        digitalWrite(R_led, LOW);    // 적색 LED OFF
        digitalWrite(G_led, LOW);    // 녹색 LED OFF
        digitalWrite(B_led, LOW);    // 청색 LED OFF
    }
```

4.2 도트 매트릭스

도트 매트릭스는 LED를 2차원적으로 배열하여 문자나 패턴을 표시할 수 있는 출력장치이며, 일반적으로 4x4, 5x8, 8x8, 16x16 등 다양한 사이즈의 제품이 판매되고 있다. [그림 4-3]은 8x8 도트 매트릭스 1588BS(Red, 38x38mm)를 보여주며, 16핀으로 구성되어 있다. 핀 및 내부의 LED 구성은 [그림 4-3c]와 같으며, 뒷면에서 볼록하게 튀어나온 부분이(또는 부품명이 씌어져 있는 부분) 아래쪽이 된다.

도트 매트릭스의 제어는 우선 [그림 4-3c]에서 애노드 단자가 연결되어 있는 행(ROW) 중에 하나만 1을 출력하여 한 행에만 핀의 출력전압 5V가 걸리게 한다. 그 다음 그 행에서 LED를 ON 시키고 싶은 LED의 COL 단자에는 0을 출력하고, OFF 시키고 싶은 LED의 COL 단자에는 1을 출력한다. 한 행씩 표시하는 과정을 LED의 깜빡거림이 없도록 8행에 대해 계속 표시해주면 되며, 8라인 모두 표시하는데 대략 25ms 이내의 시간이 걸리게끔 해주면 된다.

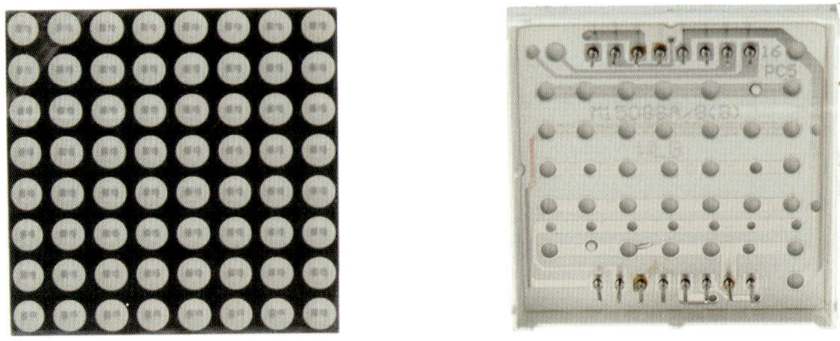

(a) 외관

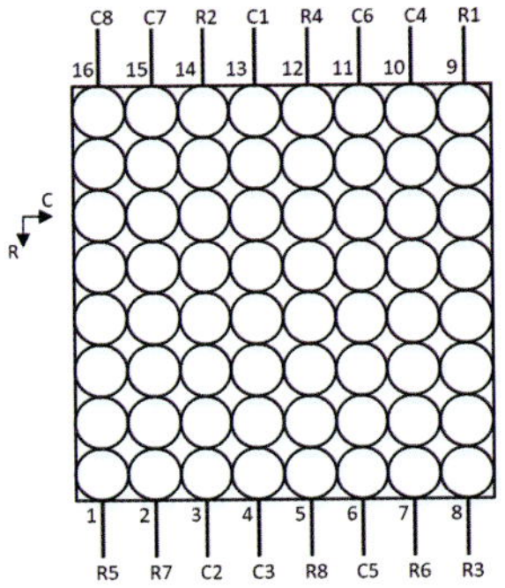

(b) 핀 구성

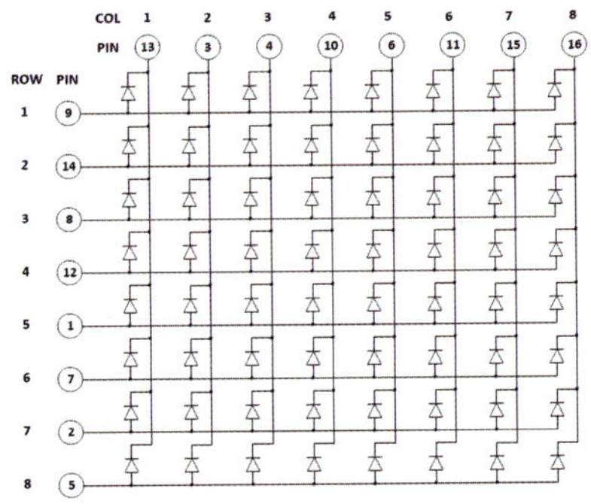

(c) 핀과 LED 연결 내부 구조

[그림 4-3] 8x8 도트 매트릭스(1588BS)

도트 매트릭스 실험을 위한 회로 및 배선도는 [그림 4-4]와 같다.

아두이노 연결핀	도트매트릭스 핀(핀명)	아두이노 연결핀	도트매트릭스 핀(핀명)
5	1(R5)	13	9(R1)
4	2(R7)	12	10(C4)
3	3(C2)	11	11(C6)
2	4(C3)	10	12(R4)
1	5(R8)	9	13(C1)
0	6(C5)	8	14(R2)
A5	7(R6)	7	15(C7)
A4	8(R3)	6	16(C8)

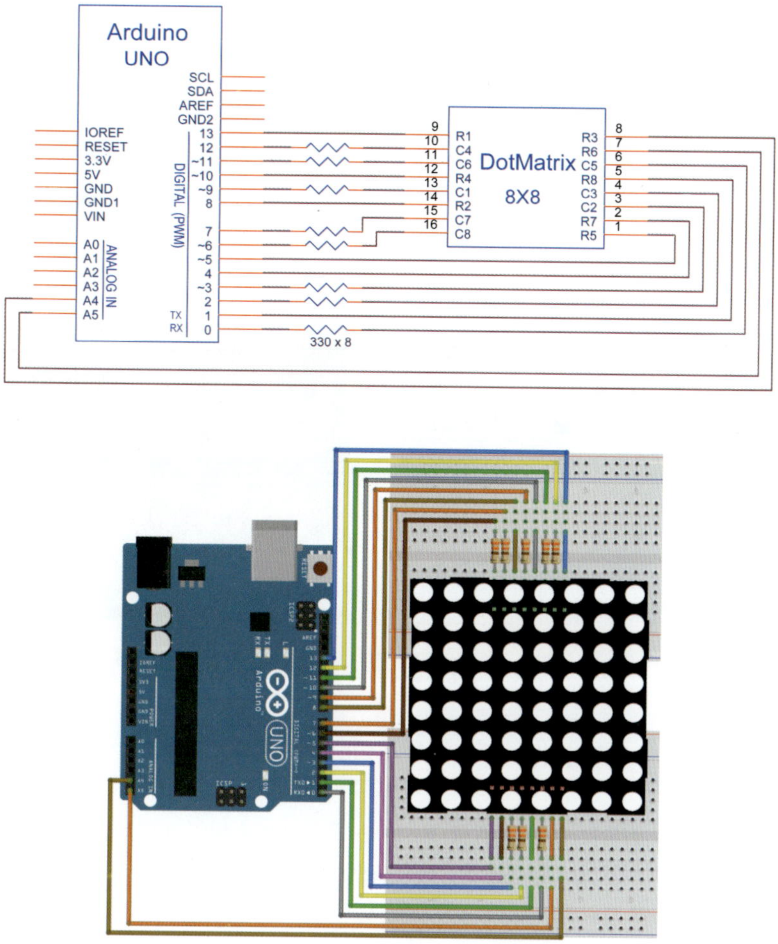

[그림 4-4] 도트 매트릭스 회로 및 배선도

(1) 알파벳 'A' 표시하기

도트 매트릭스에 패턴을 표시할 때는 한 번에 8행 전부를 표시할 수 없으며, 한 행씩 나누어 순차적으로 표시해 주어야 한다. 이렇게 한 행씩 표시해주는 방법에는 타이머 인터럽트를 사용하지 않는 방법과 사용하는 방법으로 구현할 수 있다. 각각의 경우에 대해 프로그램으로 작성해보고 어떠한 차이점이 있는지 확인해보자.

								0x00
			■	■	■			0x1c
		■				■		0x22
		■				■		0x22
		■				■		0x22
		■	■	■	■	■		0x3e
		■				■		0x22
		■				■		0x22

[그림 4-5] 'A' 패턴

[도트 매트릭스 연습1] 알파벳 'A' 표시하기(인터럽트 사용 없이)

> [그림 4-5]의 알파벳 대문자 'A'를 표시하는 프로그램을 타이머 인터럽트 사용 없이 작성해보자. 따라서 함수 loop()에서 도트 매트릭스에 표시되는 'A' 패턴을 계속해서 한 행씩 출력하면 되며, 8행 모두 표시하는데 대략 25ms 이내로 출력되도록 프로그램을 작성해보자.

[프로그램 4-3] 알파벳 'A' 표시(타이머 인터럽트 사용없이)

```
// matrix1
// 'A' 표시하기(타이머 인터럽트 사용 없이)
const byte A_pat[8] = {0x00, 0x1c, 0x22, 0x22, 0x22, 0x3e, 0x22, 0x22};
const byte row_pin[8] = {13, 8, A4, 10, 5, A5, 4, 1};    // 도트 매트릭스 행 연결핀(R1~R8)
const byte col_pin[8] = {6, 7, 11, 0, 12, 2, 3, 9};      // 도트 매트릭스 열 연결(C8~C1)

void setup()
{
    int     m;

    for(m = 0;m < 8;m++){
        pinMode(row_pin[m], OUTPUT);                      // ROW 연결핀 출력 설정
        pinMode(col_pin[m], OUTPUT);                      // COL 연결핀 출력 설정

        // 도트 매트릭스 LED 모두 off
        digitalWrite(row_pin[m], LOW);                    // 모든 행 연결핀 0 출력
        digitalWrite(col_pin[m], HIGH);                   // 모든 열 연결핀 1출력
    }
}

void loop()
{
    int     m, n;
    byte    pat1;
    boolean bit1;

    for(m = 0;m < 8;m++){                                 // 한 행씩 8행 출력
        digitalWrite(row_pin[m], HIGH);                   // 이번 표시할 행 HIGH(ON)
        pat1 = A_pat[m];                                  // 표시할 패턴
        for(n  = 0;n < 8;n++){                            // 오른쪽에서 왼쪽으로 한개씩 출력
            bit1 = pat1 & 0x01;                           // n열 표시 비트값
            digitalWrite(col_pin[n], !bit1);              // n열 표시값 출력(1일때 0출력 LED ON)
            pat1 = pat1 >> 1;
        }
        delay(3);                                         // 3ms 딜레이
        digitalWrite(row_pin[m], LOW);                    // 이번 표시한 행 LOW(OFF)
    }
}
```

동작 확인

- 프로그램 업로딩이 잘 안될 때는 아두이노 0번(Rx) 단자의 연결을 끊고 업로드가 끝난 후 연결하여 실행 동작을 확인하도록 한다.
- 함수 loop()에서 도트 매트릭스에 표시되는 문자가 꺼지지 않도록 하기 위해 계속 표시하고 있다. 따라서 프로그램에서는 도트 매트릭스 표시 때문에 다른 작업을 할 여유가 없음을 알 수 있다. 이러한 경우에는 타이머 인터럽트를 이용하여 일정 주기 간격으로 표시 작업을 수행할 수 있도록 하면 해결할 수 있다.

[도트 매트릭스 연습2] 타이머2 인터럽트를 이용하여 'A' 표시

타이머2의 인터럽트 주기를 3ms로 설정하여 인터럽트가 발생할 때마다 도트 매트릭스를 한 행씩 순차적으로 표시하는 프로그램을 작성해보자.

[프로그램 4-4] 타이머2 인터럽트를 이용하여 'A' 표시

```
// matrix2
// A' 표시하기(타이머2 인터럽트 사용)
#include <MsTimer2.h>

const byte A_pat[8] = {0x00, 0x1c, 0x22, 0x22, 0x22, 0x3e, 0x22, 0x22};
const byte row_pin[8] = {13, 8, A4, 10, 5, A5, 4, 1};  // 도트 매트릭스 행 연결핀(R1~R8)
const byte col_pin[8] = {6, 7, 11, 0, 12, 2, 3, 9};    // 도트 매트릭스 열 연결(C8~C1)

int  dsp_lno = 0;                                      // 타이머 인터럽트 함수에서 표시할 행 번호
int  bef_lno = 7;                                      // 이전 표시 행 번호

void setup()
{
    int m;

    for(m = 0;m < 8;m++){
        pinMode(row_pin[m], OUTPUT);                   // 행 연결 핀 출력 설정
        pinMode(col_pin[m], OUTPUT);                   // 열 연결 핀 출력 설정

        // 도트 매트릭스 LED 모두 off
        digitalWrite(row_pin[m], LOW);                 // 모든 행 연결핀 0 출력
        digitalWrite(col_pin[m], HIGH);                // 모든 열 연결핀 1출력
    }

    MsTimer2::set(3, dot_disp);                        // 3ms마다 dot_disp() 함수 실행 설정
    MsTimer2::start();
}

void loop()
{
    // 도트매트릭스 표시하는 것을 타이머2에 맡겨 메인에서 따로 할 작업이 없음
}

// 3ms 마다 자동 실행되는 타이머2 인터럽트 함수
// 3ms마다 한 라인씩 표시 => 3ms x 8라인  = 24ms
void dot_disp()
```

```
{
    byte n, tmp;
    boolean tmp1;

    digitalWrite(row_pin[bef_lno], LOW);          // 이전 표시 행 LOW출력(LED off)
    digitalWrite(row_pin[dsp_lno], HIGH);         // 이번 표시할 행 HIGH

    tmp = A_pat[dsp_lno];                         // dsp_lno 행에 표시할 패턴값
    for(n  = 0;n < 8;m++){                        // 열 번호(맨오른쪽 0, 맨왼쪽 7)
        tmp1 = tmp & 0x01;                        // 오른쪽에서 왼쪽으로 한 개씩 표시
        digitalWrite(col_pin[n], !tmp1);          // tmp1이 1일때 LED ON 되도록 반전 출력
        tmp = tmp >> 1;                           // 행에 출력할 값 1비트씩 shift
    }
    bef_lno = dsp_lno;                            // 이번에 표시한 행 번호
    dsp_lno = (dsp_lno + 1) % 8;                  // 다음에 표시할 행 번호
}
```

동작 확인

도트 매트릭스 표시를 타이머2에 맡겨 메인 함수에서는 다른 일(스위치 또는 센서 입력처리 등)을 수행할 수 있게 된 것을 알 수 있다.

[도트 매트릭스 연습3] 타이머1 인터럽트 이용하여 'A' 표시

타이머1의 인터럽트 주기를 3ms로 설정하여 인터럽트가 발생할 때마다 도트 매트릭스를 한 행씩 순차적으로 표시하는 프로그램을 작성해보자.

[프로그램 4-5] 타이머1 인터럽트 이용하여 'A' 표시

```
// matrix3
// A' 표시하기(타이머1 인터럽트 사용)
#include <TimerOne.h>

const byte A_pat[8] = {0x00, 0x1c, 0x22, 0x22, 0x22, 0x3e, 0x22, 0x22};
const byte row_pin[8] = {13, 8, A4, 10, 5, A5, 4, 1};  // 도트 매트릭스 행 연결핀(R1~R8)
const byte col_pin[8] = {6, 7, 11, 0, 12, 2, 3, 9};    // 도트 매트릭스 열 연결(C8~C1)

int  dsp_lno = 0;                           // 타이머 인터럽트 함수에서 표시할 행 번호
int  bef_lno = 7;                           // 이전 표시 행 번호

void setup()
{
    int m;

    for(m = 0;m < 8;m++){
        pinMode(row_pin[m], OUTPUT);        // 행 연결 핀 출력 설정
        pinMode(col_pin[m], OUTPUT);        // 열 연결 핀 출력 설정

        // 도트 매트릭스 LED 모두 off
        digitalWrite(row_pin[m], LOW);      // 모든 행 연결핀 0 출력
        digitalWrite(col_pin[m], HIGH);     // 모든 열 연결핀 1출력
    }

    Timer1.initialize(3000);                // 3ms 인터럽트 설정
    Timer1.attachInterrupt(dot_disp);       // 인터럽트 함수
}

void loop()
{
    // 도트매트릭스 표시하는 것을 타이머1에 맡겨 메인에서 따로 할 작업이 없음
}

// 3ms 마다 자동 실행되는 타이머2 인터럽트 함수
// 3ms마다 한 라인씩 표시 => 3ms x 8라인  = 24ms
void dot_disp(void)
{
    byte n, tmp, tmp1;

    digitalWrite(row_pin[bef_lno], LOW);    // 이전 표시 행 LOW출력(LED off)
    digitalWrite(row_pin[dsp_lno], HIGH);   // 이번 표시할 행 HIGH

    tmp = A_pat[dsp_lno];                   // dsp_lno 행에 표시할 패턴값
    for(n  = 0;n < 8;n++){                  // 열 번호(맨오른쪽 0, 맨왼쪽 7)
        tmp1 = tmp & 0x01;                  // 오른쪽에서 왼쪽으로 한 개씩 표시
        digitalWrite(col_pin[n], !tmp1);    // tmp1이 1일때 LED ON 되도록 반전 출력
        tmp = tmp >> 1;                     // 행에 출력할 값 1비트씩 shift
    }
    bef_lno = dsp_lno;                      // 이번에 표시한 행 번호
    dsp_lno = (dsp_lno + 1) % 8;            // 다음에 표시할 행 번호
}
```

[도트 매트릭스 연습4] 8x8 ASCII 문자 표시

일반적으로 많이 사용되는 8x8 크기(반각) ASCII 문자의 패턴을 정의하고, 표시할 ASCII 문자의 코드를 부여하면 이를 도트 매트릭스에 출력하는 프로그램을 작성해 보자. 도트 매트릭스 표시는 타이머2 인터럽트를 이용하여 표시하는 것으로 하고, 각 문자 표시시간은 2초씩 하는 것으로 한다. 우선 ASCII 문자 중에서 기호, 숫자, 대문자, 소문자 각각에 대해 2개씩 선택하여 패턴을 만들어 보면 [그림 4-6]과 같다.

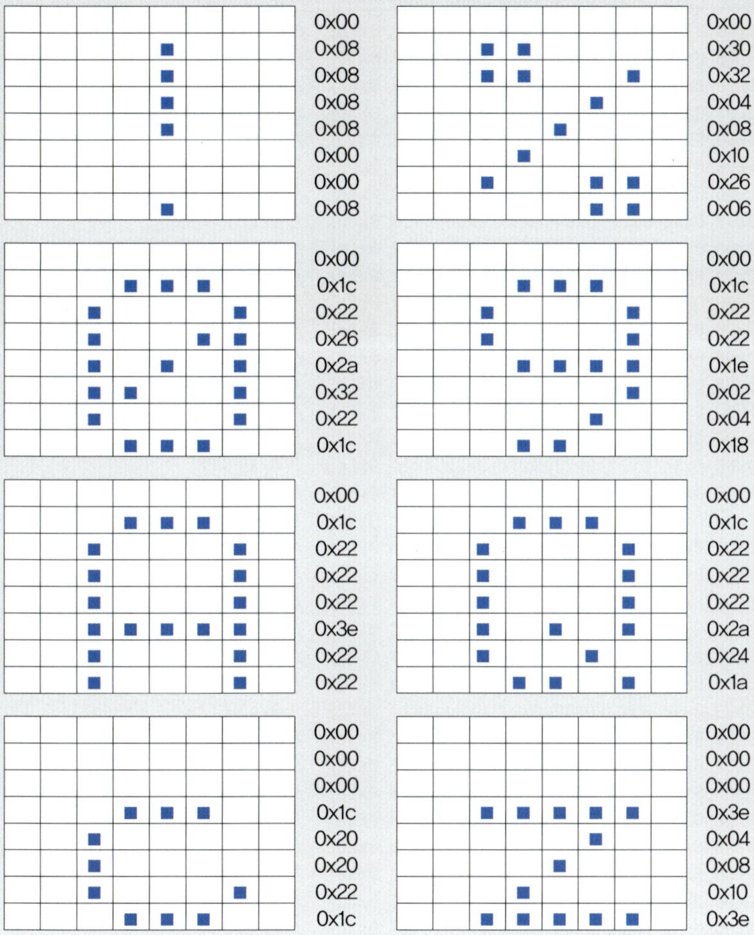

[그림 4-6] '!', '%', '0', '9', 'A ', 'Q', 'c', 'z' 에 대한 8x8 패턴

[프로그램 4-6] 8x8 아스키 문자 패턴

```
// ascii_pat.h
// 8 x 8 ASCII 문자 패턴
char flash ascii_pat[96][8] = {
    {0x00, 0x00, 0x00, 0x00, 0x00, 0x00, 0x00, 0x00},  /* 0x20 space */
    {0x00, 0x08, 0x08, 0x08, 0x08, 0x00, 0x00, 0x08},  /* 0x21 ! */
    {0x00, 0x14, 0x14, 0x14, 0x00, 0x00, 0x00, 0x00},  /* 0x22 " */
    {0x00, 0x14, 0x14, 0x3e, 0x14, 0x3e, 0x14, 0x14},  /* 0x23 # */
    {0x00, 0x08, 0x1e, 0x28, 0x1c, 0x0a, 0x3c, 0x08},  /* 0x24 $ */
    {0x00, 0x30, 0x32, 0x04, 0x08, 0x10, 0x26, 0x06},  /* 0x25 % */
    {0x00, 0x18, 0x24, 0x28, 0x10, 0x2a, 0x24, 0x1a},  /* 0x26 & */
    {0x00, 0x18, 0x08, 0x10, 0x00, 0x00, 0x00, 0x00},  /* 0x27 ' */
    {0x00, 0x04, 0x08, 0x10, 0x10, 0x10, 0x08, 0x04},  /* 0x28 ( */
    {0x00, 0x10, 0x08, 0x04, 0x04, 0x04, 0x08, 0x10},  /* 0x29 ) */
    {0x00, 0x00, 0x08, 0x2a, 0x1c, 0x2a, 0x08, 0x00},  /* 0x2a * */
    {0x00, 0x00, 0x08, 0x08, 0x3e, 0x08, 0x08, 0x00},  /* 0x2b + */
    {0x00, 0x00, 0x00, 0x00, 0x00, 0x18, 0x08, 0x10},  /* 0x2c , */
    {0x00, 0x00, 0x00, 0x00, 0x3e, 0x00, 0x00, 0x00},  /* 0x2d - */
    {0x00, 0x00, 0x00, 0x00, 0x00, 0x00, 0x18, 0x18},  /* 0x2e . */
    {0x00, 0x00, 0x02, 0x04, 0x08, 0x10, 0x20, 0x00},  /* 0x2f / */
    {0x00, 0x1c, 0x22, 0x26, 0x2a, 0x32, 0x22, 0x1c},  /* 0x30 0 */
    {0x00, 0x08, 0x18, 0x08, 0x08, 0x08, 0x08, 0x1c},  /* 0x31 1 */
    {0x00, 0x1c, 0x22, 0x02, 0x04, 0x08, 0x10, 0x3e},  /* 0x32 2 */
    {0x00, 0x3e, 0x04, 0x08, 0x04, 0x02, 0x22, 0x1c},  /* 0x33 3 */
    {0x00, 0x04, 0x0c, 0x14, 0x24, 0x3e, 0x04, 0x04},  /* 0x34 4 */
    {0x00, 0x3e, 0x20, 0x3c, 0x02, 0x02, 0x22, 0x1c},  /* 0x35 5 */
    {0x00, 0x0c, 0x10, 0x20, 0x3c, 0x22, 0x22, 0x1c},  /* 0x36 6 */
    {0x00, 0x3e, 0x02, 0x04, 0x08, 0x10, 0x10, 0x10},  /* 0x37 7 */
    {0x00, 0x1c, 0x22, 0x22, 0x1c, 0x22, 0x22, 0x1c},  /* 0x38 8 */
    {0x00, 0x1c, 0x22, 0x22, 0x1e, 0x02, 0x04, 0x18},  /* 0x39 9 */
    {0x00, 0x00, 0x18, 0x18, 0x00, 0x18, 0x18, 0x00},  /* 0x3a : */
    {0x00, 0x00, 0x18, 0x18, 0x00, 0x18, 0x08, 0x10},  /* 0x3b ; */
    {0x00, 0x04, 0x08, 0x10, 0x20, 0x10, 0x08, 0x04},  /* 0x3c < */
    {0x00, 0x00, 0x00, 0x3e, 0x00, 0x3e, 0x00, 0x00},  /* 0x3d = */
    {0x00, 0x10, 0x08, 0x04, 0x02, 0x04, 0x08, 0x10},  /* 0x3e > */
    {0x00, 0x1c, 0x22, 0x02, 0x04, 0x08, 0x00, 0x08},  /* 0x3f ? */
    {0x00, 0x1c, 0x22, 0x02, 0x1a, 0x2a, 0x2a, 0x1c},  /* 0x40 @ */
    {0x00, 0x1c, 0x22, 0x22, 0x22, 0x3e, 0x22, 0x22},  /* 0x41 A */
    {0x00, 0x3c, 0x22, 0x22, 0x3c, 0x22, 0x22, 0x3c},  /* 0x42 B */
    {0x00, 0x1c, 0x22, 0x20, 0x20, 0x20, 0x22, 0x1c},  /* 0x43 C */
    {0x00, 0x38, 0x24, 0x22, 0x22, 0x22, 0x24, 0x38},  /* 0x44 D */
    {0x00, 0x3e, 0x20, 0x20, 0x3c, 0x20, 0x20, 0x3e},  /* 0x45 E */
    {0x00, 0x3e, 0x20, 0x20, 0x3c, 0x20, 0x20, 0x20},  /* 0x46 F */
    {0x00, 0x1c, 0x22, 0x20, 0x2e, 0x22, 0x22, 0x1e},  /* 0x47 G */
    {0x00, 0x22, 0x22, 0x22, 0x3e, 0x22, 0x22, 0x22},  /* 0x48 H */
    {0x00, 0x1c, 0x08, 0x08, 0x08, 0x08, 0x08, 0x1c},  /* 0x49 I */
    {0x00, 0x0e, 0x04, 0x04, 0x04, 0x04, 0x24, 0x18},  /* 0x4a J */
    {0x00, 0x22, 0x24, 0x28, 0x30, 0x28, 0x24, 0x22},  /* 0x4b K */
    {0x00, 0x20, 0x20, 0x20, 0x20, 0x20, 0x20, 0x3e},  /* 0x4c L */
    {0x00, 0x22, 0x36, 0x2a, 0x2a, 0x22, 0x22, 0x22},  /* 0x4d M */
```

```
{0x00, 0x22, 0x22, 0x32, 0x2a, 0x26, 0x22, 0x22},   /* 0x4e N */
{0x00, 0x1c, 0x22, 0x22, 0x22, 0x22, 0x22, 0x1c},   /* 0x4f O */
{0x00, 0x3c, 0x22, 0x22, 0x3c, 0x20, 0x20, 0x20},   /* 0x50 P */
{0x00, 0x1c, 0x22, 0x22, 0x22, 0x2a, 0x24, 0x1a},   /* 0x51 Q */
{0x00, 0x3c, 0x22, 0x22, 0x3c, 0x28, 0x24, 0x22},   /* 0x52 R */
{0x00, 0x1e, 0x20, 0x20, 0x1c, 0x02, 0x02, 0x3c},   /* 0x53 S */
{0x00, 0x3e, 0x08, 0x08, 0x08, 0x08, 0x08, 0x08},   /* 0x54 T */
{0x00, 0x22, 0x22, 0x22, 0x22, 0x22, 0x22, 0x1c},   /* 0x55 U */
{0x00, 0x22, 0x22, 0x22, 0x22, 0x22, 0x14, 0x08},   /* 0x56 V */
{0x00, 0x22, 0x22, 0x22, 0x2a, 0x2a, 0x2a, 0x14},   /* 0x57 W */
{0x00, 0x22, 0x22, 0x14, 0x08, 0x14, 0x22, 0x22},   /* 0x58 X */
{0x00, 0x22, 0x22, 0x22, 0x14, 0x08, 0x08, 0x08},   /* 0x59 Y */
{0x00, 0x3e, 0x02, 0x04, 0x08, 0x10, 0x20, 0x3e},   /* 0x5a Z */
{0x00, 0x1c, 0x10, 0x10, 0x10, 0x10, 0x10, 0x1c},   /* 0x5b [ */
{0x00, 0x22, 0x14, 0x3e, 0x08, 0x3e, 0x08, 0x08},   /* 0x5c ₩ */
{0x00, 0x1c, 0x04, 0x04, 0x04, 0x04, 0x04, 0x1c},   /* 0x5d ] */
{0x00, 0x08, 0x14, 0x22, 0x00, 0x00, 0x00, 0x00},   /* 0x5e ^ */
{0x00, 0x00, 0x00, 0x00, 0x00, 0x00, 0x00, 0x3e},   /* 0x5f _ */
{0x00, 0x10, 0x08, 0x04, 0x00, 0x00, 0x00, 0x00},   /* 0x60 ` */
{0x00, 0x00, 0x00, 0x1c, 0x02, 0x1e, 0x22, 0x1e},   /* 0x61 a */
{0x00, 0x20, 0x20, 0x2c, 0x32, 0x22, 0x22, 0x3c},   /* 0x62 b */
{0x00, 0x00, 0x00, 0x1c, 0x20, 0x20, 0x22, 0x1c},   /* 0x63 c */
{0x00, 0x02, 0x02, 0x1a, 0x26, 0x22, 0x22, 0x1e},   /* 0x64 d */
{0x00, 0x00, 0x00, 0x1c, 0x22, 0x3e, 0x20, 0x1c},   /* 0x65 e */
{0x00, 0x0c, 0x12, 0x10, 0x38, 0x10, 0x10, 0x10},   /* 0x66 f */
{0x00, 0x00, 0x1e, 0x22, 0x22, 0x1e, 0x02, 0x1c},   /* 0x67 g */
{0x00, 0x20, 0x20, 0x2c, 0x32, 0x22, 0x22, 0x22},   /* 0x68 h */
{0x00, 0x08, 0x00, 0x18, 0x08, 0x08, 0x08, 0x1c},   /* 0x69 i */
{0x00, 0x04, 0x00, 0x0c, 0x04, 0x04, 0x24, 0x18},   /* 0x6a j */
{0x00, 0x20, 0x20, 0x24, 0x28, 0x30, 0x28, 0x24},   /* 0x6b k */
{0x00, 0x18, 0x08, 0x08, 0x08, 0x08, 0x08, 0x1c},   /* 0x6c l */
{0x00, 0x00, 0x00, 0x34, 0x2a, 0x2a, 0x22, 0x22},   /* 0x6d m */
{0x00, 0x00, 0x00, 0x2c, 0x32, 0x22, 0x22, 0x22},   /* 0x6e n */
{0x00, 0x00, 0x00, 0x1c, 0x22, 0x22, 0x22, 0x1c},   /* 0x6f o */
{0x00, 0x00, 0x00, 0x3c, 0x22, 0x3c, 0x20, 0x20},   /* 0x70 p */
{0x00, 0x00, 0x00, 0x1a, 0x26, 0x1e, 0x02, 0x02},   /* 0x71 q */
{0x00, 0x00, 0x00, 0x2c, 0x32, 0x20, 0x20, 0x20},   /* 0x72 r */
{0x00, 0x00, 0x00, 0x1c, 0x20, 0x1c, 0x02, 0x3c},   /* 0x73 s */
{0x00, 0x10, 0x38, 0x10, 0x10, 0x10, 0x12, 0x0c},   /* 0x74 t */
{0x00, 0x00, 0x00, 0x22, 0x22, 0x22, 0x26, 0x1a},   /* 0x75 u */
{0x00, 0x00, 0x00, 0x22, 0x22, 0x22, 0x14, 0x08},   /* 0x76 v */
{0x00, 0x00, 0x00, 0x22, 0x22, 0x2a, 0x2a, 0x14},   /* 0x77 w */
{0x00, 0x00, 0x00, 0x22, 0x14, 0x08, 0x14, 0x22},   /* 0x78 x */
{0x00, 0x00, 0x00, 0x22, 0x22, 0x1e, 0x02, 0x1c},   /* 0x79 y */
{0x00, 0x00, 0x00, 0x3e, 0x04, 0x08, 0x10, 0x3e},   /* 0x7a z */
{0x00, 0x04, 0x08, 0x08, 0x10, 0x08, 0x08, 0x04},   /* 0x7b { */
{0x00, 0x08, 0x08, 0x08, 0x08, 0x08, 0x08, 0x08},   /* 0x7c | */
{0x00, 0x10, 0x08, 0x08, 0x04, 0x08, 0x08, 0x10},   /* 0x7d } */
{0x00, 0x00, 0x08, 0x04, 0x3e, 0x04, 0x08, 0x00},   /* 0x7e -> */
{0x00, 0x00, 0x08, 0x10, 0x3e, 0x10, 0x08, 0x00}};  /* 0x7f <- */
```

[프로그램 4-7] ASCII 문자 한 개씩 표시

```
// matrix4
// 아스키 문자 한 개씩 표시하기(타이머2 인터럽트 사용)
#include <MsTimer2.h>
#include "ascii_pat.h"
// 8 x 8 ASCII 문자 패턴

const byte row_pin[8] = {13, 8, A4, 10, 5, A5, 4, 1};    // 도트 매트릭스 행 연결핀(R1~R8)
const byte col_pin[8] = {6, 7, 11, 0, 12, 2, 3, 9};      // 도트 매트릭스 열 연결(C8~C1)

byte  disp_pat[8], ascii_no = 0x20;          // 표시할 데이터 저장 배열, 표시할 아스키 코드 번호
int   dsp_lno = 0;                           // 타이머 인터럽트 함수에서 표시할 행 번호
int   bef_lno = 7;                           // 이전 표시 행 번호

void setup()
{
    int m;

    for(m = 0;m < 8;m++){
        pinMode(row_pin[m], OUTPUT);             // 행 연결 핀 출력 설정
        pinMode(col_pin[m], OUTPUT);             // 열 연결 핀 출력 설정

        // 도트 매트릭스 LED 모두 off
       digitalWrite(row_pin[m], LOW);            // 모든 행 연결핀 0 출력
       digitalWrite(col_pin[m], HIGH);           // 모든 열 연결핀 1출력
    }

    MsTimer2::set(3, dot_disp);                  // 3ms마다 dot_disp() 함수 실행
    MsTimer2::start();
}

void loop()
{
    byte dsp_no, m;

    // 표시할 패턴 8바이트 복사 후 1초간 표시
    dsp_no = ascii_no - 0x20;                    // 배열 번호 추출
    for(m = 0;m < 8;m++) disp_pat[m] = ascii_pat[dsp_no][m];
    delay(1000);                                 // 1초간 표시

    ascii_no++;                                  // 표시할 아스키 번호 +1
    if(ascii_no == 0x80) ascii_no = 0x20;        // 모두 표시했으면 처음부터 다시
}

// 3ms 마다 자동 실행되는 타이머2 인터럽트 함수
```

```
// 3ms마다 한 라인씩 표시 => 3ms x 8라인  = 24ms
void dot_disp(void)
{
    byte n, tmp;
    boolean tmp1;

    digitalWrite(row_pin[bef_lno], LOW);          // 이전 표시 행 LOW출력(LED off)
    digitalWrite(row_pin[dsp_lno], HIGH);         // 이번 표시할 행 HIGH

    tmp = disp_pat[dsp_lno];                      // dsp_lno 행에 표시할 패턴값
    for(n  = 0;n < 8;n++){                        // 열 번호(맨오른쪽 0, 맨왼쪽 7)
        tmp1 = tmp & 0x01;                        // 오른쪽에서 왼쪽으로 한 개씩 표시
        digitalWrite(col_pin[n], !tmp1);          // tmp1이 1일때 LED ON 되도록 반전 출력
        tmp = tmp >> 1;                           // 행에 출력할 값 1비트씩 shift
    }
    bef_lno = dsp_lno;                            // 이번에 표시한 행 번호
    dsp_lno = (dsp_lno + 1) % 8;                  // 다음에 표시할 행 번호
}
```

[도트 매트릭스 연습5] 움직이는 패턴 표시

[그림 4-7]과 같은 패턴 4개를 조금 빠르게 반복해서 표시하는 프로그램을 작성해보자. 패턴 표시 간격은 500ms로 하고, 패턴 표시에는 타이머2 인터럽트를 3ms로 설정하여 이용하기로 한다.

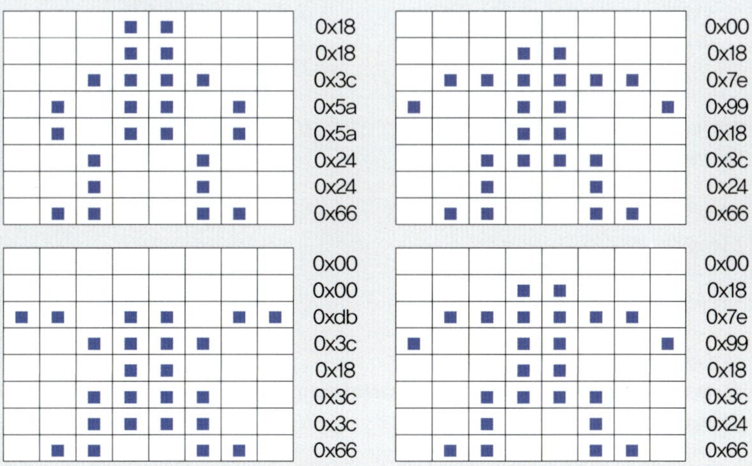

[그림 4-7] 4개의 bitman 패턴

[프로그램 4-8] 움직이는 패턴 표시

```
// matrix5
// 움직이는 패턴(비트맨) 표시하기
#include <MsTimer2.h>

const byte bitman[4][8] = {
    {0x18,0x18,0x3C,0x5A,0x5A,0x24,0x24,0x66},
    {0x00,0x18,0x7E,0x99,0x18,0x3C,0x24,0x66},
    {0x00,0x00,0xDB,0x3C,0x18,0x3C,0x3C,0x66},
    {0x00,0x18,0x7E,0x99,0x18,0x3C,0x24,0x66}};

const byte row_pin[8] = {13, 8, A4, 10, 5, A5, 4, 1}; // 도트 매트릭스 행 연결핀(R1~R8)
const byte col_pin[8] = {6, 7, 11, 0, 12, 2, 3, 9};    // 도트 매트릭스 열 연결(C8~C1)

byte  disp_pat[8];                                     // 표시할 데이터 저장 배열
byte  bitman_no = 0;                                   // 표시할 비트맨 패턴 번호
int   dsp_lno = 0;                                     // 타이머 인터럽트 함수에서 표시할 행 번호
int   bef_lno = 7;                                     // 이전 표시 행 번호

void setup()
{
    int  m;

    for(m = 0;m < 8;m++){
        pinMode(row_pin[m], OUTPUT);                   // 행 연결 핀 출력 설정
        pinMode(col_pin[m], OUTPUT);                   // 열 연결 핀 출력 설정

        // 도트 매트릭스 LED 모두 off
        digitalWrite(row_pin[m], LOW);                 // 모든 행 연결핀 0 출력
        digitalWrite(col_pin[m], HIGH);                // 모든 열 연결핀 1출력
    }

    MsTimer2::set(3, dot_disp);                        // 3ms마다 dot_disp() 함수 실행
    MsTimer2::start();
}

void loop()
{
    int m;

    // 표시할 패턴 복사 후 0.5초 표시
    for(m = 0;m < 8;m++) disp_pat[m] = bitman[bitman_no][m];
    delay(500);                                        // 현재 패턴 500ms간 표시

    bitman_no++;                                       // 표시 패턴 다음 패턴으로 갱신
    if(bitman_no == 4) bitman_no = 0;                  // 모두 표시했으면 처음으로
```

```
}

// 3ms 마다 자동 실행되는 타이머2 인터럽트 함수
// 3ms마다 한 라인씩 표시 => 3ms x 8라인  = 24ms
void dot_disp(void)
{
    byte n, tmp;
    boolean tmp1;

    digitalWrite(row_pin[bef_lno], LOW);        // 이전 표시 행 LOW출력(LED off)
    digitalWrite(row_pin[dsp_lno], HIGH);       // 이번 표시할 행 HIGH

    tmp = disp_pat[dsp_lno];                    // dsp_lno 행에 표시할 패턴값
    for(n  = 0;n < 8;n++){                      // 열 번호(맨오른쪽 0, 맨왼쪽 7)
        tmp1 = tmp & 0x01;                      // 오른쪽에서 왼쪽으로 한 개씩 표시
        digitalWrite(col_pin[n], !tmp1);        // tmp1이 1일때 LED ON 되도록 반전 출력
        tmp = tmp >> 1;                         // 행에 출력할 값 1비트씩 shift
    }
    bef_lno = dsp_lno;                          // 이번에 표시한 행 번호
    dsp_lno = (dsp_lno + 1) % 8;                // 다음에 표시할 행 번호
}
```

[도트 매트릭스 연습6] 문자열 오른쪽에서 왼쪽으로 이동시켜가며 표시하기

" Arduino!"를 오른쪽에서 왼쪽으로 이동해가며 반복적으로 표시하는 프로그램을 작성해 보자.

힌트

① 두 개의 연속 패턴을 [그림 4-8]과 같이 합성하여 16비트로 저장한다.
② 표시 시작 열을 1열부터 차례로 오른쪽으로 옮겨가면서 시작 열부터 8비트씩 끊어(열) 8바이트(행)를 표시 패턴으로 저장하고, 이 표시 패턴을 타이머 인터럽트 함수에서 표시하도록 한다. 이 과정을 8번 실행한다.
③ 오른쪽 패턴을 다음에 표시할 좌측 패턴으로 하여 과정 ①부터 다시 반복한다.

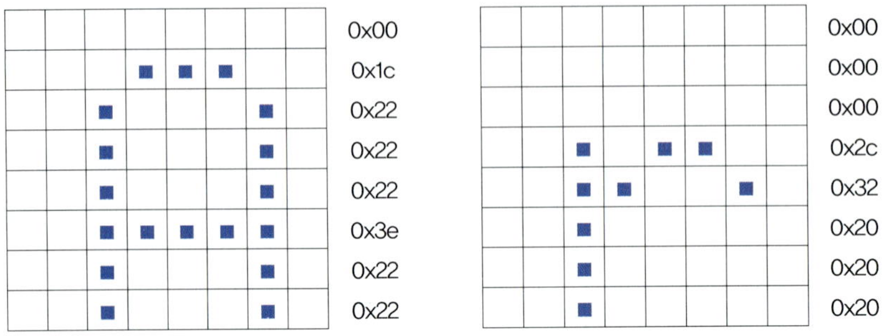

(a) 표시할 연속 두 패턴

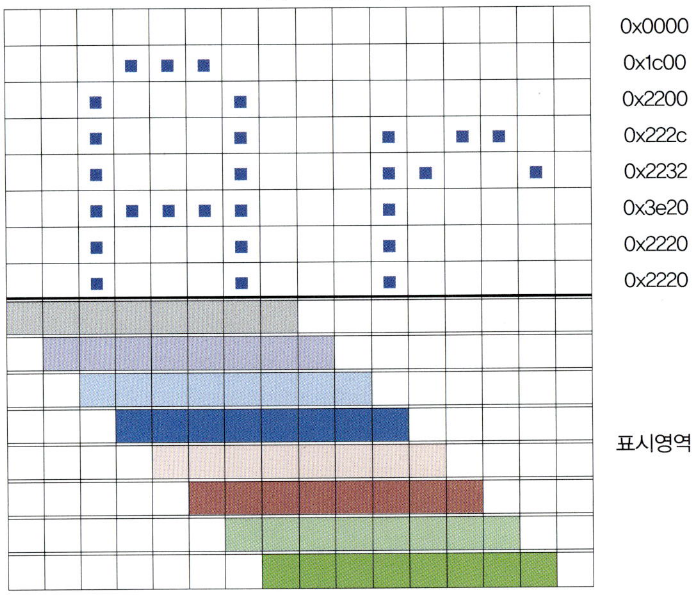

(b) 합성된 패턴

[그림 4-8] 4개의 bitman 패턴

[프로그램 4-9] 문자열 왼쪽으로 이동시키며 표시하기

```
// matrix6
// " Arduino!" 문자열을 우측에서 나타나서 왼쪽으로 이동하면서 표시
#include <MsTimer2.h>

const byte Arduino[9][8] = {                                    // 표시 문자열
    {0x00, 0x00, 0x00, 0x00, 0x00, 0x00, 0x00, 0x00},           /* 0x20 space */
    {0x00, 0x1c, 0x22, 0x22, 0x22, 0x3e, 0x22, 0x22},           /* 0x41 A */
    {0x00, 0x00, 0x00, 0x2c, 0x32, 0x20, 0x20, 0x20},           /* 0x72 r */
    {0x00, 0x02, 0x02, 0x1a, 0x26, 0x22, 0x22, 0x1e},           /* 0x64 d */
    {0x00, 0x00, 0x00, 0x22, 0x22, 0x22, 0x26, 0x1a},           /* 0x75 u */
    {0x00, 0x08, 0x00, 0x18, 0x08, 0x08, 0x08, 0x1c},           /* 0x69 i */
    {0x00, 0x00, 0x00, 0x2c, 0x32, 0x22, 0x22, 0x22},           /* 0x6e n */
    {0x00, 0x00, 0x00, 0x1c, 0x22, 0x22, 0x22, 0x1c},           /* 0x6f o */
    {0x00, 0x08, 0x08, 0x08, 0x08, 0x00, 0x00, 0x08}};          /* 0x21 ! */

const byte row_pin[8] = {13, 8, A4, 10, 5, A5, 4, 1};  // 도트 매트릭스 행 연결핀(R1~R8)
const byte col_pin[8] = {6, 7, 11, 0, 12, 2, 3, 9};    // 도트 매트릭스 열 연결(C8~C1)

unsigned int hapsung_pat[8];              // 연속적인 두 패턴 저장 배열
byte   disp_pat[8];                       // 표시할 데이터 저장 배열
byte   now_no = 0, nxt_no;                // 현재 표시하는 연속적인 두 패턴 번호
byte   shift_no = 0;                      // 왼쪽 쉬프트 수

byte   dsp_lno = 0;                       // 타이머 인터럽트 함수에서 표시할 행 번호
byte   bef_lno = 7;                       // 이전 표시 행 번호

void setup()
{
   int  m;

   for(m = 0;m < 8;m++){
      pinMode(row_pin[m], OUTPUT);        // 행 연결 핀 출력 설정
      pinMode(col_pin[m], OUTPUT);        // 열 연결 핀 출력 설정

      // 도트 매트릭스 LED 모두 off
      digitalWrite(row_pin[m], LOW);      // 모든 행 연결핀 0 출력
      digitalWrite(col_pin[m], HIGH);     // 모든 열 연결핀 1출력
   }

   MsTimer2::set(3, dot_disp);            // 3ms마다 dot_disp() 함수 실행
   MsTimer2::start();
}

void loop()
{
```

```
    int m;

    if(shift_no == 0){
        // 왼쪽에 놓일 패턴과 오른쪽에 놓일 패턴 합성 -> 16비트로 저장
        nxt_no = (now_no + 1) % 9;
        for(m = 0;m < 8;m++)
            hapsung_pat[m] = ((unsigned int)Arduino[now_no][m] << 8) +
                          Arduino[nxt_no][m];
    }

    // 합성 패턴을 (15 - shift_no) 비트부터 (7 - shift)비트까지 표시
    // shift_no = 0~7
    for(m = 0;m < 8;m++) disp_pat[m] = (byte)(hapsung_pat[m] >> (8 - shift_no));
    delay(300);                                    // 현재 패턴 300ms간 표시

    shift_no++;                                    // 표시 비트 왼쪽 1비트 이동
    if(shift_no == 8) {
        shift_no = 0;
        now_no = (now_no + 1) % 4;
    }
}

// 3ms 마다 자동 실행되는 타이머2 인터럽트 함수
// 3ms마다 한 라인씩 표시 => 3ms x 8라인  = 24ms
void dot_disp(void)
{
    byte n, tmp;
    boolean tmp1;

    digitalWrite(row_pin[bef_lno], LOW);           // 이전 표시 행 LOW출력(LED off)
    digitalWrite(row_pin[dsp_lno], HIGH);          // 이번 표시할 행 HIGH

    tmp = disp_pat[dsp_lno];                       // dsp_lno 행에 표시할 패턴값
    for(n  = 0;n < 8;n++){                         // 열 번호(맨오른쪽 0, 맨왼쪽 7)
        tmp1 = tmp & 0x01;                         // 오른쪽에서 왼쪽으로 한 개씩 표시
        digitalWrite(col_pin[n], !tmp1);           // tmp1이 1일때 LED ON 되도록 반전 출력
        tmp = tmp >> 1;                            // 행에 출력할 값 1비트씩 shift
    }
    bef_lno = dsp_lno;                             // 이번에 표시한 행 번호
    dsp_lno = (dsp_lno + 1) % 8;                   // 다음에 표시할 행 번호
}
```

4.3 LCD

텍스트 LCD는 ASCII 코드(0x0~0x7F)의 표시 패턴(폰트)을 내장하고 있고, 표시할 문자의 ASCII 코드를 표시 RAM에 써주면 LCD창에 문자들이 표시된다. [그림 4-9]는 I2C형 연결 단자를 갖고 있는 LCD이며, 아두이노 보드의 A4(SDA), A5(SCL) 핀에 연결하여 사용할 수 있다. I2C형 부품 및 모듈은 디바이스 어드레스를 갖고 있으며, 이 어드레스를 알고 있어야만 I2C형 부품 및 모듈을 연결하여 사용할 수 있다.

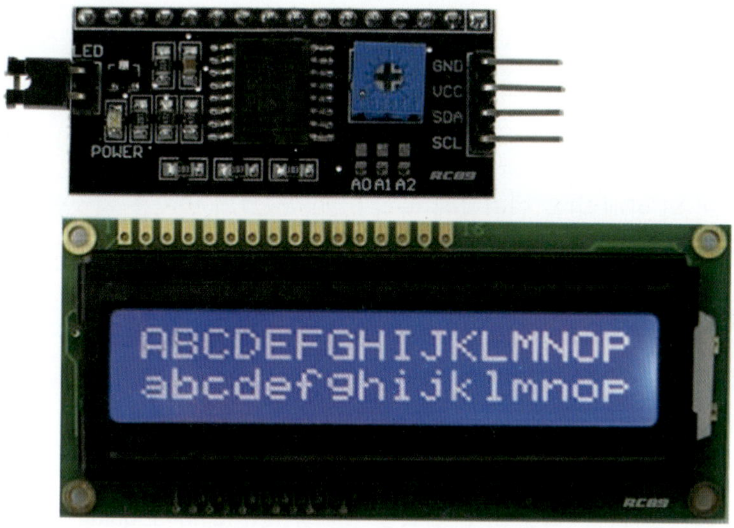

[그림 4-9] I2C LCD 앞뒤면

[표 4-2] I2C LCD 디바이스 어드레스 설정

상위 어드레스 핀(A7–A3) : 고정					A2, A1, A0핀 위/아래 연결관계			Address
A7	A6	A5	A4	A3	A2	A1	A0	
0	0	1	0	0	1(연결x)	1(연결x)	1(연결x)	0x27
0	0	1	0	0	1(연결x)	1(연결x)	0(연결)	0x26
0	0	1	0	0	1(연결x)	0(연결)	1(연결x)	0x25
0	0	1	0	0	1(연결x)	0(연결)	0(연결)	0x24
0	0	1	0	0	0(연결)	1(연결x)	1(연결x)	0x23
0	0	1	0	0	0(연결)	1(연결x)	0(연결)	0x22
0	0	1	0	0	0(연결)	0(연결)	1(연결x)	0x21
0	0	1	0	0	0(연결)	0(연결)	0(연결)	0x20

(A0~A2 핀을 납땜 연결 하면 0이 입력되고, 연결하지 않으면 1이 입력됨. 아무 배선 없이 사용하는 경우에는 0x27이 된다.)

LCD 디바이스 어드레스는 0x27번지이며 LCD 뒷면에 A2,A1,A0라고 쓰여 있는 단자의 위 아래 핀을 연결함에 따라 0x20~0x27의 번지를 지정할 수 있다. I2C LCD 주소는 생산 업체 또는 버전에 따라 0x27, 0x3F, 0x38의 번지를 가질 수도 있으니 어드레스를 테스트해서 확인하기 바란다.

I2C LCD를 사용하기 위해서는 사이트

https://github.com/fdebrabander/Arduino-LiquidCrystal-I2C-library

에서 라이브러리를 다운받아 압축을 푼 후 Arduino-LiquidCrystal-I2C-library-master를 Arduino 통합환경 프로그램이 설치된 위치 밑에 있는 Arduino\libraries 밑에 저장해 주어야 한다.

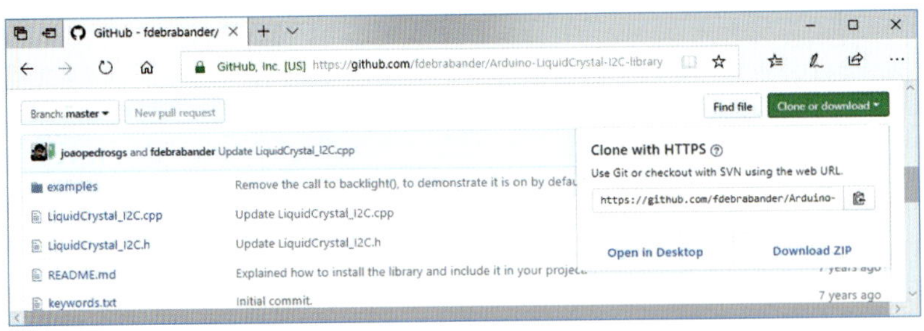

[그림 4-10] Arduino-LiquidCrystal-I2C-library 다운로드 사이트
(Clone or download 클릭 → Download ZIP 클릭)

I2C LCD 라이브러리 함수는 다음과 같이 요약할 수 있다.

클래스 명 및 멤버 함수	설명
LiquidCrystal_I2C 객체명 (uint8_t lcd_addr, uint8_t lcd_cols, uint8_t lcd_rows, uint8_t charsize)	객체 생성(선언) uint8_t lcd_addr; LCD 디바이스 번지 (0x27, 0x3F, 0x30의 제품 유통) uint8_t lcd_cols; 표시 열수 uint8_t_lcd_rows; 표시 행수 uint8_t charsize: (디폴트 0 : 5x8)
void begin()	LCD를 시작한다.
void clear();	표시 클리어하고, 커서를 홈 위치(0,0)로 이동
void home();	커서를 좌상(0, 0)으로 이동
int setCursor(uint8_t col, uint8_t row)	커서 (col, row)위치로 이동 uint8_t col; (0~39) uint8_t row; (0,1)
void display()	표시 on
void nodisplay()	표시 off
void cursor()	밑줄 커서 표시
void noCursor()	커서를 표시하지 않음
void blink()	커서 위치를 깜빡임
void noBlink()	커서 위치를 깜빡이지 않음
void scrollDisplayLeft()	표시된 내용을 좌측으로 1칸 이동
void scrollDisplayRight()	표시된 내용을 우측으로 1칸 이동
void leftToRight()	문자 표시를 좌측에서 우측으로 설정
void rightToLeft()	문자 표시를 우측에서 좌측으로 설정
void createChar(uint8_t loc, uint8_t charmap[])	생성 문자 패턴 저장 uint8_t loc : 0~7(아스키 코드 값) uint8_t charmap[0]~charmap[7]
void backlight()	백라이트 on
void noBacklight()	백라이트 off
void command(uint8_t val)	커맨드 전송 uint8_t val; 커맨드 값
int write(uint8_t val)	한문자 출력 : uint8_t val; 표시 문자(아스키 코드 값)
void print("문자열")	문자열 출력
void print('문자')	문자 출력
void print(변수/상수, type)	변수 또는 상수값을 지정된 type(형식)으로 출력 print(78, DEC) => "78" print(78, BIN) => "1001110" print(78, HEX) => "4E"

I2C LCD 실험을 위해 [그림 4-11]과 같이 회로를 배선하도록 한다.

아두이노 보드 연결핀	I2C LCD(핀명)
SCL(A5)	SCL
SDA(A4)	SDA

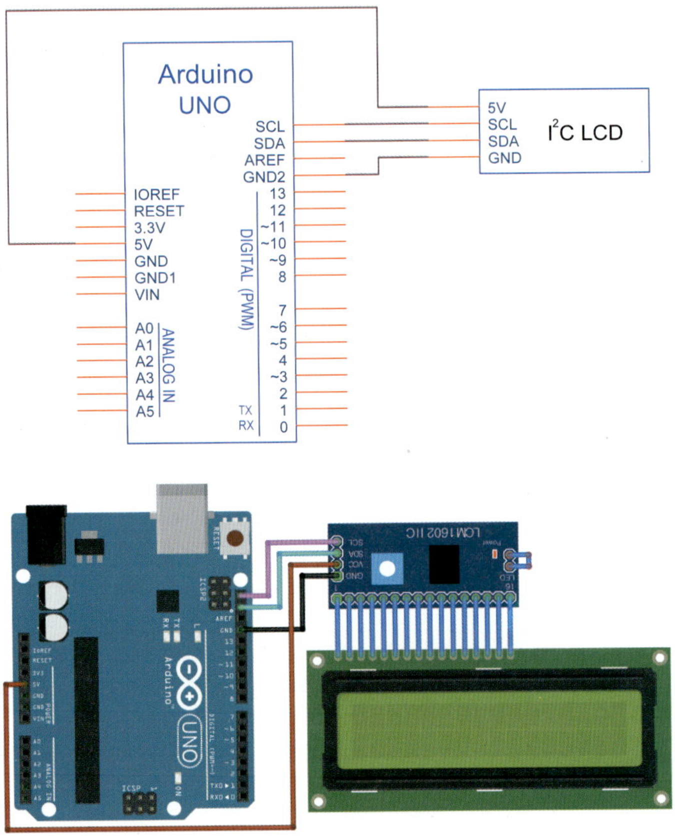

[그림 4-11] I2C 텍스트 LCD 연결 회로 및 배선도

[프로그램 4-10]은 I2C형 모듈의 디바이스 어드레스를 자동으로 감지해주는 프로그램이며, 프로그램 업로드 후 디바이스 어드레스 확인을 위해 시리얼 모니터 창을 열도록 한다.

[프로그램 4-10] I2C형 부품 Device Address 자동 검색 프로그램

```
// i2c_scanner
// Version 6, November 27, 2015.
//   Added waiting for the Leonardo serial communication.
// This sketch tests the standard 7-bit addresses
// Devices with higher bit address might not be seen properly.
// http://playground.arduino.cc/Main/I2cScanner
#include <Wire.h>

void setup()
{
  Wire.begin();
  Serial.begin(9600);
  while (!Serial);              // Leonardo: wait for serial monitor
  Serial.println("₩nI2C Scanner");
}

void loop()
{
  byte error, address;
  int nDevices;

  Serial.println("Scanning...");

  nDevices = 0;
  for(address = 1; address < 127; address++ ){
    // The i2c_scanner uses the return value of
    // the Write.endTransmisstion to see if
    // a device did acknowledge to the address.
    Wire.beginTransmission(address);
    error = Wire.endTransmission();

    if (error == 0){
      Serial.print("I2C device found at address 0x");
      if (address<16) Serial.print("0");
      Serial.print(address,HEX);
      Serial.println(" !");
      nDevices++;
    }
    else if (error==4){
      Serial.print("Unknown error at address 0x");
      if (address<16) Serial.print("0");
      Serial.println(address,HEX);
    }
  }
  if (nDevices == 0) Serial.println("No I2C devices found₩n");
  else Serial.println("done₩n");

  delay(5000);          // wait 5 seconds for next scan
}
```

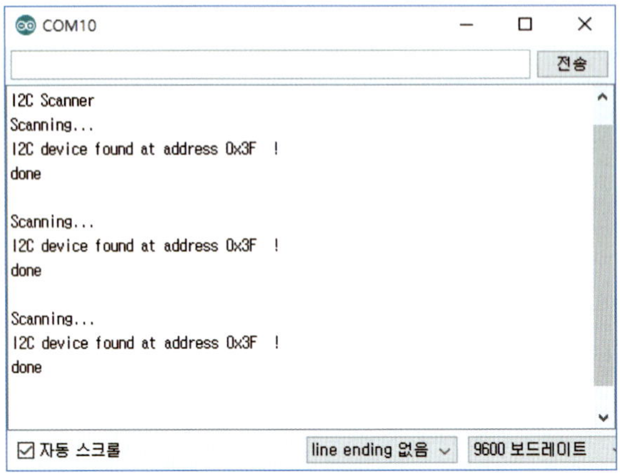

[그림 4-12] I2C_scanner 실행 결과 시리얼 모니터 창 화면

[LCD 연습1] 문자열 표시하기

LCD 첫 행에는 "I2C LCD Test", 둘째 행에는 "Hello, Arduino!"를 표시하는 프로그램을 작성해 보자.

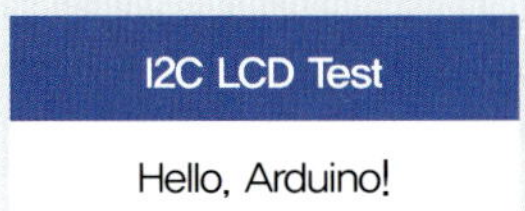

[프로그램 4-11] LCD 문자열 표시

```
// LCD1
#include <LiquidCrystal_I2C.h>

LiquidCrystal_I2C myLCD(0x3F, 16, 2)          // myLCD 객체 생성

void setup()
{
    // put your setup code here, to run once:
    myLCD.begin();                            // LCD 초기화

    myLCD.setCursor(0, 0);                    // 커서 홈(0,0)
    myLCD.print("I2C LCD Test!");             // 문자열 표시

    myLCD.setCursor(0, 1);                    // 커서 2행 1열(0, 1)
    myLCD.print("Hello, Arduino!");           // 문자열 표시
}

void loop()
{
    // 반복 실행 내용 없음
}
```

[LCD 연습2] LCD 저장 문자 쉬프트 하기

LCD 두 행에 40개 문자 "1++++++++23--------45********67########8"을 저장한 후 80번 왼쪽으로 쉬프트 하고 이어서 오른쪽으로 80번 쉬프트 하는 프로그램을 작성해보자.

2행 LCD 동작

2행 LCD에는 각 행에 각각 40문자까지 저장 가능하며, 그 중에서 위 아래 각각 16개 문자를 표시할 수 있다. 그러나, 각 행의 표시는 독립적으로 제어할 수 없으며, 각 행의 같은 위치(열)부터 16문자씩이 표시된다. 그리고, 각 행의 첫 번째 메모리와 마지막 메모리는 도너츠처럼 연결되어 있어 왼쪽 또는 오른쪽으로 쉬프트 하는 경우 위 아래 각 40개의 문자가 반복되어 표시된다. 왼쪽으로 이동하는 경우에는 맨 오른쪽 칸에서 맨 마지막 문자 '8'이 표시된 후 이어서 첫 번째 문자 '1'이 표시되는 것을 확인할 수 있으며, 오른쪽으로 이동하는 경우에는 맨 왼쪽 칸에서 첫 번째 문자 '1'이 표시된 후 마지막 문자 '8'이 이어서 표시되는 것을 확인할 수 있다. 즉 첫 번째 문자의 저장 메모리와 마지막 문자의 저장 메모리가 연결되어 있음을 확인할 수 있다.

[프로그램 4-12] LCD 문자 쉬프트

```
// LCD2
#include <LiquidCrystal_I2C.h>

LiquidCrystal_I2C myLCD(0x3F, 16, 2);

void setup()
{
    // put your setup code here, to run once:
    myLCD.begin();

    myLCD.setCursor(0, 0);   // 커서 홈(0,0)
    myLCD.print("1++++++++23--------45********67########8");  // 40문자 저장

    myLCD.setCursor(0, 1);   // 커서 2행 1열(0, 1)
    myLCD.print("1++++++++23--------45********67########8");  // 40문자 저장
}

void loop()
{
    // put your main code here, to run repeatedly:
    int  n;

    for(n = 0;n < 80;n++){
        myLCD.scrollDisplayLeft();                // 왼쪽으로 한 칸씩 이동
        delay(500);
    }
    delay(4000);                                  // 4초 대기

    for(n = 0;n < 80;n++){
        myLCD.scrollDisplayRight();               // 오른쪽으로 한 칸씩 이동
        delay(500);
    }
    delay(4000);                                  // 4초 대기
}
```

[LCD 연습3] 문자 만들어 표시하기

LCD에는 8문자까지 5x8(맨 아래 라인은 커서 라인) 크기로 만들어 메모리에 저장한 후 0~7의 코드값으로 표시할 수가 있다. 다음과 같이 본인의 이름을 만들어 표시하는 프로그램을 작성해보자.

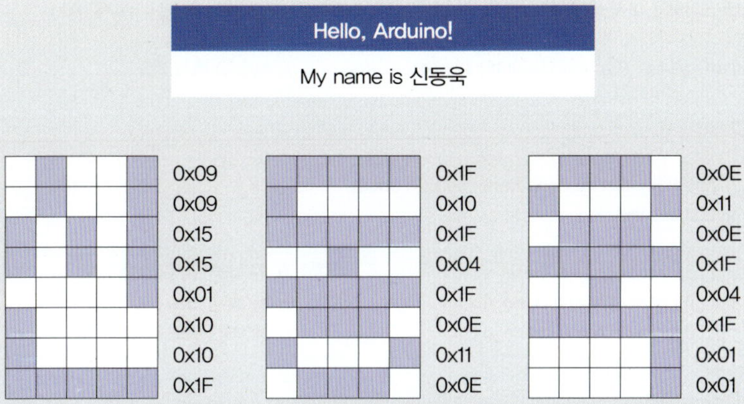

[그림 4-13] 등록 패턴

[프로그램 4-13] 문자 만들어 표시하기

```
// LCD3
#include <LiquidCrystal_I2C.h>

uint8_t name_s[8] = {0x09, 0x09, 0x15, 0x15, 0x01, 0x10, 0x10, 0x1F};   // '신' 패턴
uint8_t name_d[8] = {0x1F, 0x10, 0x1F, 0x04, 0x1F, 0x0E, 0x11, 0x0E};  // '동' 패턴
uint8_t name_u[8] = {0x0E, 0x11, 0x0E, 0x1F, 0x04, 0x1F, 0x01, 0x01};  // '욱' 패턴

LiquidCrystal_I2C myLCD(0x3F, 16, 2);                // myLCD 객체 생성

void setup()
{
    // put your setup code here, to run once:
    myLCD.begin();

    myLCD.createChar(0, name_s);                     // '신' 패턴 코드 0으로 저장
    myLCD.createChar(1, name_d);                     // '동' 패턴 코드 1으로 저장
    myLCD.createChar(2, name_u);                     // '욱' 패턴 코드 2으로 저장


    myLCD.setCursor(0, 0);                           // 커서 2행 1열(0, 1)
    myLCD.print("Hello, Arduino!");                  // 문자열 표시

    myLCD.setCursor(0, 1);                           // 커서 2행 1열(0, 1)
    myLCD.print("My name is ");                      // 문자열 표시

    myLCD.write(0);                                  // '신' 표시
    myLCD.write(1);                                  // '동' 표시
    myLCD.write(2);                                  // '욱' 표시
}

void loop()
{
    // put your main code here, to run repeatedly:
}
```

4.4 RC 서보 모터

RC(Remote Control) 서보 모터는 주어진 신호에 의해서 일정한 각을 유지하거나 일정한 위치를 유지하는 모터로서, 일반적으로 무선 모형 비행기나 자동차에 많이 사용되는 DC 모터이다. RC 서보 모터는 회전각에 제한이 있으

며, 보통 180도 정도의 회전각을 갖는다. RC 서보 모터는 PWM(Pulse Width Modulation) 신호에 의해 특정한 각도를 유지하며, 일반적으로 4~6V의 동작 전압을 갖는다.

RC 서보 모터의 외형은 [그림 4-14]와 같으며, 외부에서 공급해 주는 신호는 두 개의 전원선과 한 개의 제어선(PWM)을 갖는다. RC 서보 모터는 [그림 4-14b]에서와 같이 일정한 폭을 갖는 PWM 펄스에 의해 각도를 제어할 수 있다. 펄스폭은 모터의 종류에 따라 조금씩 차이가 있지만, SG90 서보 모터는 0.54ms이면 0도를, 1.4ms이면 90도를, 2.40ms이면 180도의 각을 유지한다. 서보 모터가 현재의 각을 유지하기 위해서는 일정한 주기로 신호를 반복해서 인가해야 하며, 10ms~20ms의 주기로 서보 모터에 PWM 신호를 인가한다.

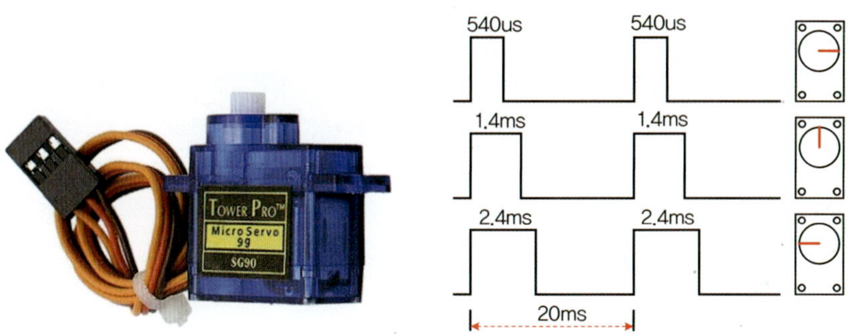

(a) 외관 (b) 펄스에 따른 회전각

[그림 4-14] PWM 펄스폭에 따른 RC 서보 모터 회전각
(밤색 : GND, 적색 : 5V, 주황 : 제어선)

SG90 마이크로 서보모터 특징

- 회전 각도 : 180도
- 무게 9g
- 크기 : 22.2 x 11.8 x 31mm
- 토크 : 1.8kgf · cm
- 동작 속도 : 0.3초/60도
- 동작전압 : 4.8~6V
- 신호 주기 : 10~20ms
- PWM 제어 펄스 : 0.5ms~2.4ms(제어각 : 0°~180°)

RC 서보모터 SG90을 [그림 4-15]와 같이 연결하여, 다음과 같이 2가지 방식으로 제어해보도록 하자.

(1) 직접 파형 만들어 제어

(2) 라이브러리 이용하여 제어

모터의 전원은 외부에서 5V 어댑터를 이용하여 공급하기로 한다.

사용 부품	수량
SG90 RC 서보모터	1개
가변저항(10kΩ)	1개

아두이노 연결핀	연결핀
A5	가변저항 중간단자
9	RC 서보모터 제어핀

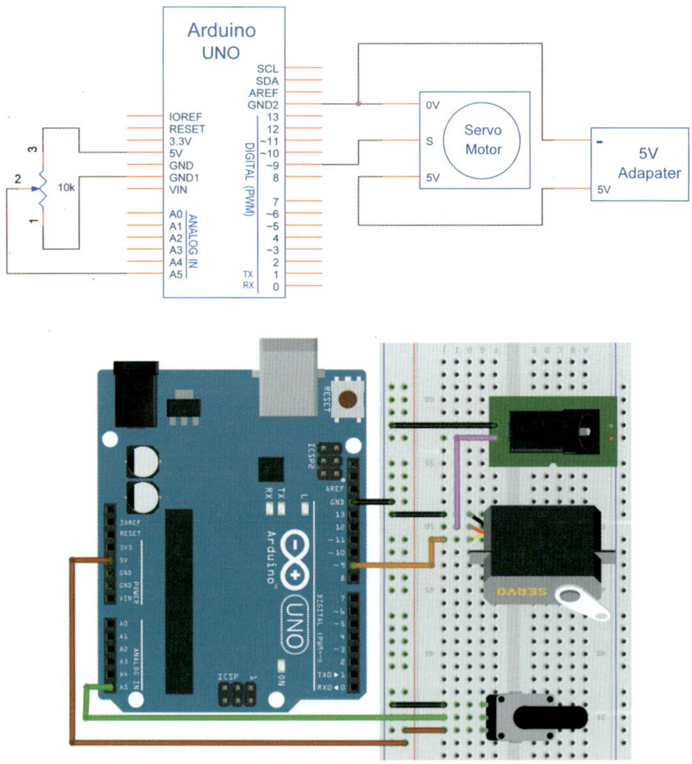

[그림 4-15] RC 서보모터 연결 회로 및 배선도

[서보 모터 연습1] 서보 모터 직접 구동하기

SG90 서보 모터를 0° → 90° → 180° → 90° → 0° → …의 각도로 1초씩 유지하도록 프로그램을 작성해보자.

[프로그램 4-15] 서보 모터 직접 구동하기

```
// servo1
// 서보 모터 직접 구동시켜 보기

const int servo_pin = 9;                          // 서보 모터 연결핀

void rc_servo(int);                               // 서보 모터 구동 함수(주어진 각도 회전)

void setup()
{
    pinMode(servo_pin, OUTPUT);  // 서보 모터 연결핀 출력 설정
}

void loop()
{
    rc_servo(0);                                  // 0도
    rc_servo(90);                                 // 90도
    rc_servo(180);                                // 180도
    rc_servo(90);                                  // 90도
}

// 주어진 각도 angle 만큼 회전 : 1초간
void rc_servo(int angle)
{
    float f_pulse;
    unsigned int pulse_on, pulse_off, n;

    // 펄스 주기 20ms
    // 0도 : 540us,  90도 : 1400us,  180도 : 2400us(측정치)
    // 회전각도 0~90도
    // 펄스폭 = (1400us - 540us) / (90도 - 0) * (각도 - 0) + 540us
    // 펄스폭 = 86us / 9 * 각도 + 540us
    // 회전각도 90~180도
    // 펄스폭 = (2400us - 1400us) / (180도 - 90) * (각도 - 90) + 1400us
    // 펄스폭 = 100us / 9 * (각도 - 90) + 1400us

    // 1출력 구간 펄스폭 계산
```

```
    if(angle <= 90) f_pulse = 86.0 / 9.0 * (float)angle + 540.0;
    else f_pulse = 100.0 / 9.0 * (float)(angle - 90) + 1400.0;

   // pulse_on + pulse_off = 20ms
    pulse_on = (unsigned int)f_pulse;              // 1출력 구간
    pulse_off = 20000 - pulse_on;                  // 0 출력 구간

    // 20ms x 100 = 2000ms(2sec) 구동
    for(n = 0;n < 100;n++){
        digitalWrite(servo_pin, HIGH);
        delayMicroseconds(pulse_on);

        digitalWrite(servo_pin, LOW);
        // delayMicroseconds(pulse_off)에서 문제 발생 => 나누어 딜레이 실행
        delayMicroseconds(pulse_off - 10000);      // pulse_off - 10ms 딜레이
        delay(10);                                 // 10ms 딜레이
    }
```

아두이노 컴파일러에서는 서보 모터를 구동하기 위한 라이브러리 함수가 기본적으로 제공되며, 이 라이브러리를 사용하기 위해 프로그램의 맨 윗 부분에 헤더 파일 Servo.h를 인클루드(#include) 해 주어야 한다. 이 라이브러리에서는 Servo 라는 클래스와 함께 멤버 함수들이 다음과 같이 정의되어 있어 우선 Servo 타입의 객체를 생성한 후 멤버 함수를 사용하여야 한다.

클래스 명 및 멤버 함수	설명	사용예
Servo 객체명;	Servo 타입의 객체(사용할 서보 모터명) 생성	Servo ms;
uint8_t attach(int pin);	객체(사용 서보 모터명)에 사용할 제어 핀 할당	ms.attach(9);
void detach();	객체에 할당된 핀을 해제한다.	ms.detach();
void write(int value);	- 객체 회전 각도로 회전시키기 - 200보다 작은 값이면 각도(0~180) - 200보다 크면 us단위의 펄스폭	ms.write(45);
int read();	마지막에 write()함수에서 사용한 값 읽기	int deg; deg=ms.read();
bool attached();	객체에 핀이 지정되어 있으면 true, 아니면 false	ms.attached();

[프로그램 4-16] 서보 모터 회전시키기(라이브러리 이용)

```
// servo2
// 서보 모터 회전 시키기(라이브러리 함수 이용)

#include <Servo.h>
Servo myServo;                          // 사용할 서보 모터명 선언
const int  servo_pin = 9;               // 서보 모터 연결핀

void setup()
{
    myServo.attach(servo_pin);          // 사용할 서보 모터명에 핀 할당
}

void loop()
{
     myServo.write(0);                  // 0도
    delay(1000);
    myServo.write(90);                  // 90도
    delay(1000);
    myServo.write(180);                 // 180도
    delay(1000);
    myServo.write(90);                  // 90도
    delay(1000);
}
```

[서보 모터 연습3] 가변저항에 걸리는 전압에 맞춰 서보모터 회전시키기

가변저항에 걸리는 전압을 디지털 변환하면 0~1023의 값을 갖게 되는데 이 값을 서보모터의 회전각도 0°~180°로 변환하여 서보모터를 구동시키는 프로그램을 작성해보자.

[프로그램 4-17] 가변저항에 맞춰 서보모터 회전시키기

```
// servo3
// 가변저항에 맞춰 서보모터 회전시키기

#include <Servo.h>
Servo myServo;                          // 사용할 서보 모터명 선언
const int  var_pin = A5;                // 가변저항 연결핀
const int  servo_pin = 9;               // 서보 모터 연결핀

void setup()
{
    myServo.attach(servo_pin);          // 사용할 서보 모터명에 핀 할당
    Serial.begin(9600);
}

void loop()
{
   int val, angle;

    val = analogRead(var_pin);          // 가변저항 전압값 읽기
    angle = map(val, 0, 1023, 0, 180);  // 0~180의 값으로 변환
    myServo.write(angle);               // angle 각도 회전
    delay(500);
}
```

4.5 DC 모터 구동하기

여기서는 소형 DC 모터 FM1502를 이용하여 구동해 보기로 한다. 이 모터는 정격 전압이 5V이고, 정격전류가 90mA의 특성을 갖는다. [그림 4-16]은 DC 모터를 구동하기 위한 회로의 예를 보여준다. NPN 트랜지스터의 베이스 단자(B)에 PWM 제어신호를 입력하여 트랜지스터를 ON/OFF 시킴에 따라 콜렉터(C) 단자에 연결된 DC 모터를 ON/OFF 시켜 속도를 가변한다. 트랜지스터가 ON이 되면 콜렉터 단자(C)와 에미터 단자(E)가 연결되어 모터 전원의 전류가 DC 모터와 트랜지스터를 거쳐 GND 단자까지 흐르게 되어 모터가 회전하게 된다. 그러나 트랜지스터가 OFF가 되면 콜렉터 단자와 에미터 단자가 연결이 안 되어 모터에 공급되는 전원의 전류가 GND까지 흐를 수 없게 되어

DC 모터가 회전하지 않게 된다.

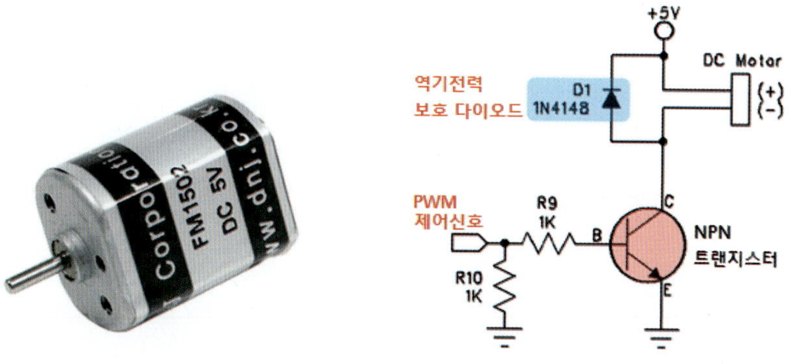

[그림 4-16] 소형 DC 모터(FM1502)와 구동 회로 예

우선 DC 모터의 실험을 위해 [그림 4-17]의 회로를 배선하도록 한다. DC 모터에 공급하는 전원은 회로 동작의 안정성을 위해 외부에서 5V 어댑터를 이용하여 공급하는 것으로 한다.

DC 모터를 구동하는데 사용하는 보드는 ULN2003 보드이며, 이 보드는 출력 단자마다 500mA까지 전류를 흐를 수 있는 다링톤 Tr이 내장된 IC를 탑재하고 있다. [그림 4-18]은 이 보드의 외관과 회로도를 보여준다.

사용 부품	수량
DC 모터	1개
ULN2003 보드	1개
스위치	2개
10kΩ 저항	2개

아두이노 연결핀	연결핀
2	스위치1
3	스위치2
11	ULN2003 IN1 핀
GND	ULN2003 전원 –핀

ULN2003 보드	연결핀
IN1	아두이노 11번핀
출력 A핀(맨 위 핀)	DC 모터 –핀
출력 COM핀(맨 아래 핀)	DC 모터 +핀
+	외부전원+(5V 어댑터)
–	외부전원 –(5V 어댑터)
	아두이노 GND

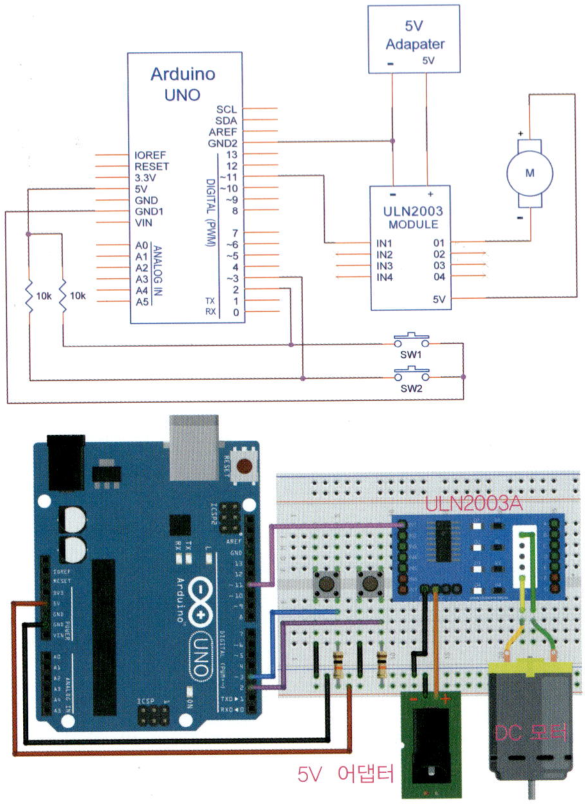

[그림 4-17] 소형 DC 모터(FM1502) 연결 회로 및 배선도

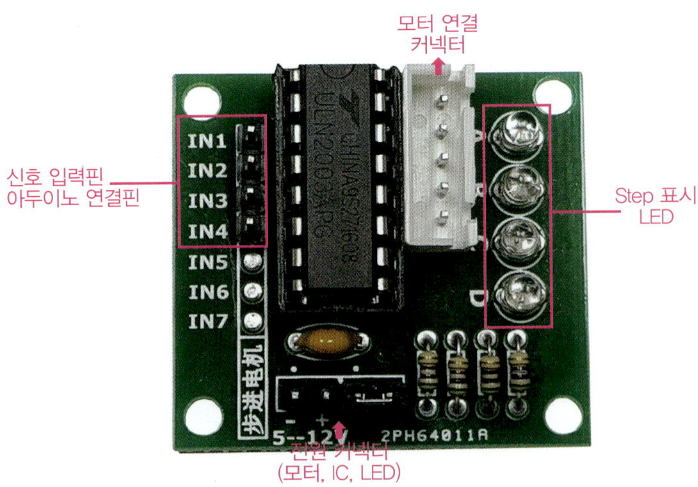

[그림 4-18] ULN2003 보드

[DC 모터 연습1] DC 모터 자동 가감속 회전시키기

DC 모터에 PWM 신호를 부여하여 DC 모터의 속도를 자동으로 가감속시키는 프로그램을 작성해보자. PWM 신호 출력은 analogWrite() 함수를 이용하도록 하고, 0~255의 값을 25 간격으로 증감하며 가감속 시키도록 한다.

[프로그램 4-18] 속도 자동 가감속

```
// dc_mot1
// 속도 자동 가감속하기

const int  dc_motor = 11;                                   // DC 모터 연결핀

void setup()
{
    pinMode(dc_motor, OUTPUT);                              // DC 모터 제어핀 출력 설정
}

void loop()
{
    int  pwm;

    for(pwm = 0;pwm < 256;pwm +=25){                        // 가속 PWM 값 25씩 증가
        analogWrite(dc_motor, pwm);                         // PWM 신호 출력
        delay(2000);
    }

    for(pwm = 250;pwm >=0;pwm -=25){                        // 감속 PWM 값 25씩 감소
        analogWrite(dc_motor, pwm);                         // PWM 신호 출력
        delay(2000);
    }
}
```

[DC 모터 연습2] 가변저항에 걸리는 전압에 따라 모터 속도 제어

가변저항에 걸리는 전압에 비례하여 DC 모터의 속도를 제어해보자. 즉, 가변저항을 시계방향으로 돌리면 모터의 속도를 가속시키고, 가변저항을 반시계방향으로 돌리면 모터의 속도를 감속시키는 프로그램을 작성해보자.

[프로그램 4-19] 가변저항에 걸리는 전압에 따라 모터 속도 제어

```
// dc_mot2
// 가변저항에 맞춰 DC모터 회전시키기

const int   var_pin = A5;                                  // 가변저항 연결핀
const int   dc_motor = 11;                                 // DC 모터 연결핀

void setup()
{
    pinMode(dc_motor, OUTPUT);                     // DC 모터 제어핀 출력 설정
}

void loop()
{
    int val, pwm_val;

    val = analogRead(var_pin);                     // 가변저항 전압 디지털값 읽기
    pwm_val = map(val, 0, 1023, 0, 255);           // 0~1023=> 0~255 변환

    analogWrite(dc_motor, pwm_val);                // PWM 파형 출력

    delay(100);
}
```

[DC 모터 연습3] 두 개의 스위치를 이용한 속도 가감속 제어

2번 핀에 연결된 스위치가 눌려질 때마다 속도를 감속시키고(PWM 값 32씩 감소), 3번 핀에 연결된 스위치가 눌려질 때마다 속도를 가속시키는(PWM 값 32씩 증가) 프로그램을 작성해보자.

[프로그램 4-20] 두 개의 스위치를 이용한 가감속 제어

```
// dc_mot3
// 두 개의 스위치로 속도 UP/DOWN 제어
// 스위치 눌려질때마다 PWM값 +32, -32씩 조정

const int  down_sw = 2;                    // 속도 다운 스위치
const int  up_sw = 3;                      // 속도 업 스위치
const int  dc_motor = 11;                  // DC 모터 연결핀

int pwm_val = 128;                         // DC 모터 속도 초기값

void setup()
{
    pinMode(up_sw, INPUT);                 // DC 모터 속도 UP 스위치 연결핀 입력 설정
    pinMode(down_sw, INPUT);               // DC 모터 속도 DOWN 스위치 연결핀 입력 설정
    pinMode(dc_motor, OUTPUT);             // DC 모터 제어핀 출력 설정

    analogWrite(dc_motor, pwm_val);        // PWM 파형 출력
}

void loop()
{
    boolean u_bsw, u_fsw, d_bsw, d_fsw;

    // 스위치 첫 번째 상태 읽기
    u_bsw = digitalRead(up_sw);            // UP 스위치 읽기
    d_bsw = digitalRead(down_sw);          // DOWN 스위치 읽기
    delay(10);

    // 스위치 두 번째 상태 읽기
    u_fsw = digitalRead(up_sw);
    d_fsw = digitalRead(down_sw);

    // 스위치 ON 되는 순간 체크
    if(u_bsw == HIGH && u_fsw == LOW){     // UP 스위치 ON 되는 순간
        pwm_val = pwm_val + 32;
        if(pwm_val > 255) pwm_val = 255;
        analogWrite(dc_motor, pwm_val);    // PWM 파형 출력
    }
    else if(d_bsw == HIGH && d_fsw == LOW){ // DOWN 스위치 ON 되는 순간
        pwm_val = pwm_val - 32;
        if(pwm_val < 0) pwm_val = 0;
        analogWrite(dc_motor, pwm_val);    // PWM 파형 출력
    }
}
```

4.6 스텝 모터

스텝 모터는 DC모터와 달리 펄스를 부여하여 회전시키는 모터이며, 여기서는 미니 스텝모터 28BYJ-48을 이용하기로 한다. 이 모터의 사양은 [표 4-3]과 같다.

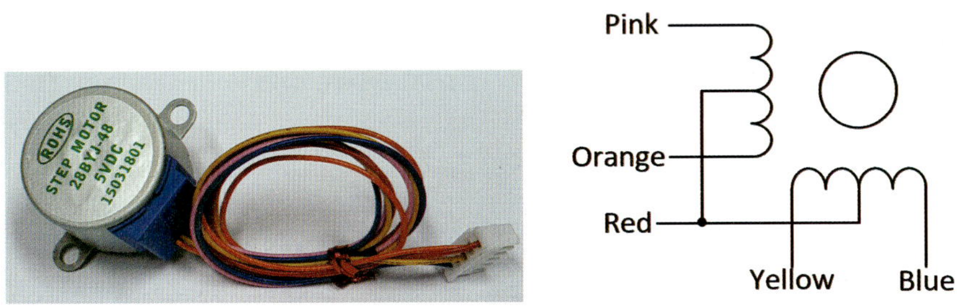

[그림 4-19] 미니 스텝 모터

[표 4-3] 미니 스텝모터 28BYJ-48 사양

사 양	정 격
스텝(회전) 각도	1상 여자 구동, 2상 여자 구동 : 0.176도/pulse 1-2상 : 0.088도/pulse
1회전 펄스 수	1상 여자 구동, 2상 여자 구동 : 2048개 1-2상 : 4096개
동작 전압	5V
펄스 주기	500us~10ms(측정치)
pull in 토크	300gf.cm

미니 스텝모터는 MCU에 직접 연결할 수 없으며, 여기서는 DC 모터 구동에 사용한 ULN2003모듈을 이용하기로 한다. 이 모듈은 출력단자마다 500mA까지 전류를 흐를 수 있는 다링톤 Tr이 내장된 IC를 탑재하고 있으며, ULN2003 모듈의 모터 연결 커넥터에 스텝모터를 연결한다.([그림 4-20])

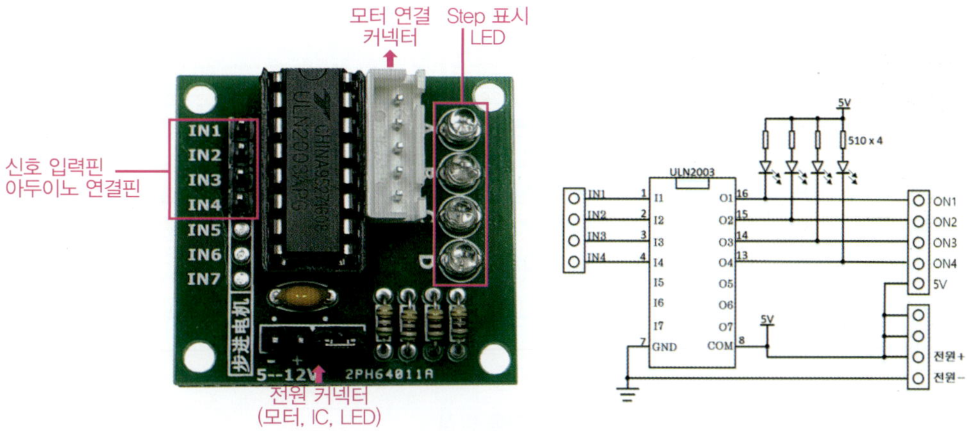

[그림 4-20] 미니 스텝 모터 구동 보드

스텝 모터는 여러 가지의 구동 방식을 이용하여 회전시킬 수 있으나, 여기서는 유니폴라 구동방식을 이용하기로 한다. 유니폴라 구동방식에서는 스텝 모터의 중간탭(모터 적색)을 전원선으로 사용하며, 펄스 부여 방식에 따라 1상 여자, 2상 여자, 1-2상 여자 구동방식으로 스텝 모터를 회전시킬 수 있다.

1상 여자 구동방식은 [표 4-4]에서와 같이 스텝 모터의 4개 입력단자에 순차적으로 한 개씩 ON신호를 부여하는 방식이며, 2상 여자 구동방식은 [표 4-5]에서와 같이 순차적으로 스텝 모터의 4개 입력단자에 두 개씩 ON 신호를 부여하는 방식이다. 2상 여자 방식은 한 번에 2개의 코일에 전류가 흐르기 때문에 1상 여자 방식에 비해 큰 토크를 얻을 수 있다. 마지막으로 1-2상 여자 구동방식은 [표 4-6]에서와 같이 1상 신호와 2상 신호를 교대로 부여하는 방식이며, 8개의 펄스로 1주기를 갖게 된다. 스텝 모터의 속도는 모터에 부여하는 펄스의 주기가 짧게 되면 빨라지며, 펄스를 부여하는 순서를 역으로 하면 역회전하게 된다.

[표 4-4] 1상 여자 구동 방식

펄스 스텝 / 신호	S1	S2	S3	S4	S5	S6	S7	S8	S9	S10	....
IN1(B)	1	0	0	0	1	0	0	0	1	0	....
IN2(P)	0	1	0	0	0	1	0	0	0	1	....
IN3(Y)	0	0	1	0	0	0	1	0	0	0	....
IN4(O)	0	0	0	1	0	0	0	1	0	0	....
	〈– 역방향					정방향 –〉					....

[표 4-5] 2상 여자 구동 방식

펄스 스텝 / 신호	S1	S2	S3	S4	S5	S6	S7	S8	S9	S10	....
IN1(B)	1	0	0	1	1	0	0	1	1	0	....
IN2(P)	1	1	0	0	1	1	0	0	1	1	....
IN3(Y)	0	1	1	0	0	1	1	0	0	1	....
IN4(O)	0	0	1	1	0	0	1	1	0	0	....
	〈– 역방향					정방향 –〉					....

[표 4-6] 1-2상 여자 구동 방식

펄스 스텝 / 신호	S1	S2	S3	S4	S5	S6	S7	S8	S9	S10	....
IN1(B)	1	1	0	0	0	0	0	1	1	1	....
IN2(P)	0	1	1	1	0	0	0	0	0	1	....
IN3(Y)	0	0	0	1	1	1	0	0	0	0	....
IN4(O)	0	0	0	0	0	1	1	1	0	0	....
	〈– 역방향					정방향 –〉					....

[그림 4-21]은 스텝 모터 실험회로를 보여주며, 스텝 모터는 ULN2003 보드의 5핀 커넥터에 맞춰 꽂아주면 된다.

아두이노 보드 연결핀	ULN2003 보드
8	IN1
7	IN2
6	IN3
5	IN4

아두이노 보드 연결핀	스위치
2	정/역회전
3	속도 DOWN
4	속도 UP

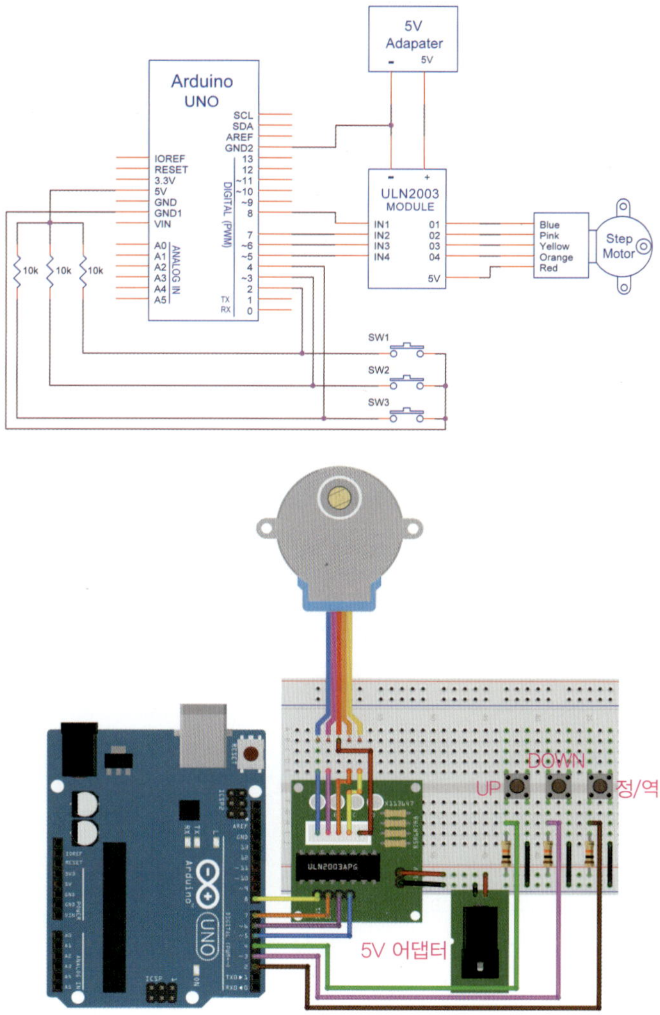

[그림 4-21] 스텝 모터 연결 회로 및 배선도

[스텝 모터 연습1] 1상 여자 구동

[표 4-4]에서 주어진 순서로 스텝 모터를 1상으로 구동하는 프로그램을 작성해 보자.

[프로그램 4-21] 1상 여자 구동

```
// step1
// 스텝 모터 1상 구동

const int IN[4] = {8, 7, 6, 5};                    // 모터 연결핀(IN1, IN2, IN3, IN4)
const int one_pulse[4][4] =                        // 1상 부여 펄스(4개)
   {{HIGH, LOW, LOW, LOW}, {LOW, HIGH, LOW, LOW},
    {LOW, LOW, HIGH, LOW}, {LOW, LOW, LOW, HIGH}};
int pulse_st = 0;                                  // 펄스 출력 스텝(0~3)

void setup()
{
    int  m;

    for(m = 0;m < 4;m++) {
        pinMode(IN[m], OUTPUT);                    // 모터 제어핀 출력 설정
        digitalWrite(IN[m], LOW);                  // 모터 제어핀 모두 LOW 출력
    }
}

void loop()
{
    int  m;

    for(m = 0;m <= 3;m++) {
        digitalWrite(IN[m], one_pulse[pulse_st][m]);
        delayMicroseconds(2000);                   // 500us ~ 10ms
    }

    // 다음 출력 배열 index 갱신 0,1,2,3,0,1,2,3....
    pulse_st = (pulse_st + 1) % 4;                 // (pulse_st + 3)으로 하면 역회전
}
```

[스텝 모터 연습2] 2상 여자 구동

[표 4-5]에서 주어진 순서로 스텝 모터를 2상으로 구동하는 프로그램을 작성해 보자.

[프로그램 4-22] 2상 여자 구동

```
// step2
// 스텝 모터 2상 구동

const int IN[4] = {8, 7, 6, 5};                          // 모터 연결핀(IN1, IN2, IN3, IN4)
const int one_pulse[4][4] =                              // 2상 구동 펄스(4개)
    {{HIGH, HIGH, LOW, LOW}, {LOW, HIGH, HIGH, LOW},
    {LOW, LOW, HIGH, HIGH}, {HIGH, LOW, LOW, HIGH}};
int pulse_st = 0;                                        // 펄스 출력 스텝(0~3)

void setup()
{
    int  m;

    for(m = 0;m < 4;m++) {
        pinMode(IN[m], OUTPUT);                          // 모터 제어핀 출력 설정
        digitalWrite(IN[m], LOW);                        // 모터 제어핀 모두 LOW 출력
    }
}

void loop()
{
    int  m;

    for(m = 0;m <= 3;m++) {
        digitalWrite(IN[m], one_pulse[pulse_st][m]);
        delayMicroseconds(2000);                         // 500us ~ 10ms
    }

    // 다음 출력 배열 index  갱신 0,1,2,3,0,1,2,3....
    pulse_st = (pulse_st + 1) % 4;                       // (pulse_st + 3)으로 하면  역회전
}
```

[스텝 모터 연습3] 1-2상 여자 구동

[표 4-6]에서 주어진 순서로 스텝 모터를 1-2상으로 구동하는 프로그램을 작성해보자.

[프로그램 4-23] 1-2상 여자 구동

```
// step3
// 스텝 모터 1-2상 구동

const int IN[4] = {8, 7, 6, 5};                    // 모터 연결핀(IN1, IN2, IN3, IN4)
const int one_pulse[8][4] =
   {{HIGH, LOW, LOW, LOW}, {HIGH, HIGH, LOW, LOW},
    {LOW, HIGH, LOW, LOW}, {LOW, HIGH, HIGH, LOW},
    {LOW, LOW, HIGH, LOW}, {LOW, LOW, HIGH, HIGH},
    {LOW, LOW, LOW, HIGH}, {HIGH, LOW, LOW, HIGH}};
int pulse_st = 0;                                  // 펄스 출력 스텝(0~7)

void setup()
{
    int  m;

    for(m = 0;m < 4;m++) {
        pinMode(IN[m], OUTPUT);                    // 모터 제어핀 출력 설정
        digitalWrite(IN[m], LOW);                  // 모터 제어핀 모두 LOW 출력
    }
}

void loop()
{
    int  m;

    for(m = 0;m <= 3;m++) {
        digitalWrite(IN[m], one_pulse[pulse_st][m]);
        delayMicroseconds(2000);                   // 500us ~ 10ms
    }

    // 다음 출력 배열 index 갱신 0,1,2,3,0,1,2,3....
    pulse_st = (pulse_st + 1) % 8;                 // (pulse_st + 7)로 하면  역회전
}
```

[스텝 모터 연습4] 1상 여자 구동 회전 각도 확인

1상 여자 구동방식을 이용하여 스텝 모터를 1회전시키는데 몇 개의 펄스가 필요한지 확인하는 프로그램을 작성해보자.

[프로그램 4-24] 1상 여자 구동 회전 각도 확인

```
// step4
// 스텝 모터 1상 회전 각도 확인
// 펄스 2048개 -> 대략 1회전

const int IN[4] = {8, 7, 6, 5};                     // 모터 연결핀(IN1, IN2, IN3, IN4)
const int one_pulse[4][4] =                         // 1상 구동 펄스
    {{HIGH, LOW, LOW, LOW}, {LOW, HIGH, LOW, LOW},
     {LOW, LOW, HIGH, LOW}, {LOW, LOW, LOW, HIGH}};

void setup()
{
    int  p, m, pulse_st;

    for(m = 0;m < 4;m++) {
        pinMode(IN[m], OUTPUT);                     // 모터 제어핀 출력 설정
        digitalWrite(IN[m], LOW);                   // 모터 제어핀 모두 LOW 출력
    }

    delay(2000);

    // 펄스 2048 출력 -> 1회전
    for(p = 0;p < 2048;p++){
        pulse_st = p % 4;
        for(m = 0;m <= 3;m++) {
            digitalWrite(IN[m], one_pulse[pulse_st][m]);
            delayMicroseconds(2000);                // 500us ~ 10ms
        }
    }
}

void loop()
{
}
```

[스텝 모터 연습5] 2상 여자 구동 회전 각도 확인

2상 여자 구동방식을 이용하여 스텝 모터를 1회전시키는데 몇 개의 펄스가 필요한지 확인하는 프로그램을 작성해보자.

[프로그램 4-25] 2상 여자 구동 회전 각도 확인

```
// step5
// 스텝 모터 2상 회전 각도 확인
// 펄스 2048개 -> 대략 1회전

const int IN[4] = {8, 7, 6, 5};                    // 모터 연결핀(IN1, IN2, IN3, IN4)
const int one_pulse[4][4] =                                   // 2상 구동 펄스
   {{HIGH, HIGH, LOW, LOW}, {LOW, HIGH, HIGH, LOW},
    {LOW, LOW, HIGH, HIGH}, {HIGH, LOW, LOW, HIGH}};

void setup()
{
    int   p, m, pulse_st;

    for(m = 0;m < 4;m++) {
        pinMode(IN[m], OUTPUT);                    // 모터 제어핀 출력 설정
        digitalWrite(IN[m], LOW);                  // 모터 제어핀 모두 LOW 출력
    }

    delay(2000);

    // 펄스 2048 출력 -> 1회전
    for(p = 0;p < 2048;p++){
        pulse_st = p % 4;
        for(m = 0;m <= 3;m++) {
            digitalWrite(IN[m], one_pulse[pulse_st][m]);
            delayMicroseconds(2000);               // 500us ~ 10ms
        }
    }
}

void loop()
{
}
```

[스텝 모터 연습6] 1-2상 여자 구동 회전 각도 확인

1-2상 여자 구동방식에서는 모터가 1상 여자 구동방식에서 멈추는 위치와 2상 여자 구동방식에서 멈추는 위치에서 모두 멈추게 된다. 따라서 1회전하는데 필요한 펄스수가 1상, 2상 여자 구동방식에 비해 2배의 펄스가 필요하게 되는데 이를 확인하는 프로그램을 작성해보자.

[프로그램 4-26] 1-2상 여자 구동 회전 각도 확인

```
// step6
// 스텝 모터 1-2상 회전 각도 확인
// 펄스 4096개 -> 대략 1회전

const int IN[4] = {8, 7, 6, 5};                    // 모터 연결핀(IN1, IN2, IN3, IN4)
const int one_pulse[8][4] =                        // 1-2상 구동 펄스
    {{HIGH, LOW, LOW, LOW}, {HIGH, HIGH, LOW, LOW},
     {LOW, HIGH, LOW, LOW}, {LOW, HIGH, HIGH, LOW},
     {LOW, LOW, HIGH, LOW}, {LOW, LOW, HIGH, HIGH},
     {LOW, LOW, LOW, HIGH}, {HIGH, LOW, LOW, HIGH}};

void setup()
{
    int  p, m, pulse_st;

    for(m = 0;m < 4;m++) {
        pinMode(IN[m], OUTPUT);                    // 모터 제어핀 출력 설정
        digitalWrite(IN[m], LOW);                  // 모터 제어핀 모두 LOW 출력
    }
    delay(2000);

    // 펄스 2048개 출력 -> 반 회전
    for(p = 0;p < 2048;p++){
        pulse_st = p % 8;
        for(m = 0;m <= 3;m++) {
            digitalWrite(IN[m], one_pulse[pulse_st][m]);
            delayMicroseconds(2000);               // 500us ~ 10ms
        }
    }
}

void loop()
{
}
```

[스텝 모터 연습7] 스텝 모터 정회전/역회전 구동

스텝 모터는 펄스를 부여하는 순서를 반대로 하게 되면 역회전하게 되는데, 정방향으로 반회전 역방향으로 반회전하는 동작을 반복하는 프로그램을 작성해보자.

[프로그램 4-27] 1상 여자 구동 정회전/역회전 동작

```
// step7
// 스텝 모터 1상 정회전, 역회전 동작 확인
const int IN[4] = {8, 7, 6, 5};                    // 모터 연결핀(IN1, IN2, IN3, IN4)
const int one_pulse[4][4] =                        // 1상 구동 펄스
   {{HIGH, LOW, LOW, LOW}, {LOW, HIGH, LOW, LOW},
    {LOW, LOW, HIGH, LOW}, {LOW, LOW, LOW, HIGH}};

void setup()
{
    for(int m = 0;m < 4;m++) {
        pinMode(IN[m], OUTPUT);                    // 모터 제어핀 출력 설정
        digitalWrite(IN[m], LOW);                  // 모터 제어핀 모두 LOW 출력
    }
}

void loop()
{
    int  p, m, pulse_st;

    delay(1000);                                   // 1초 대기

    // 펄스 1024 출력 -> 정방향 반 회전
    pulse_st = 0;
    for(p = 0;p < 1024;p++){
        for(m = 0;m <= 3;m++) {
            digitalWrite(IN[m], one_pulse[pulse_st][m]);
            delayMicroseconds(1000);               // 500us ~ 10ms
        }
        pulse_st = (pulse_st + 1) % 4;             // 정방향 순
    }
    delay(500);

    // 펄스 1024 출력 -> 역방향 반 회전
    for(p = 0;p < 1024;p++){
        for(m = 0;m <= 3;m++) {
            digitalWrite(IN[m], one_pulse[pulse_st][m]);
            delayMicroseconds(1000);               // 500us ~ 10ms
        }
        pulse_st = (pulse_st +  3) % 4;            // 역방향 순
    }
}
```

[스텝 모터 연습8] 스텝 모터 속도 및 방향 제어

3개의 스위치를 이용하여 스텝 모터의 속도 및 방향 제어를 수행하는 프로그램을 1상 여자 구동방식으로 작성해보자. 2번 핀에 연결된 SW1은 스텝 모터의 속도를 가속시키고, 3번 핀에 연결된 SW2는 스텝 모터의 속도를 감속시키도록 한다. 그리고 4번 핀에 연결된 SW3은 스텝 모터의 방향을 바꾸도록 한다. 모터의 속도는 스텝 모터에 부여하는 펄스의 주기를 1ms~10ms로 가변하면서 제어하도록 한다.

동작 확인

스텝 모터의 회전 방향은 모터에 펄스를 주는 순서에 따라 회전 방향이 바뀌게 되며, 스텝 모터의 속도는 펄스를 부여하는 주기에 따라 가감속된다. 따라서 펄스를 부여하는 주기가 빨라지면 속도가 빨라지고, 반대로 펄스 부여 주기가 늦어지게 되면 모터의 속도도 늦어지게 된다.

[프로그램 4-28] 1상여자 구동 속도 및 방향 제어

```
// step8
// 스텝 모터 1상 구동
// 스위치에 의한 속도 및 방향 제어
// SW1 : 속도 UP, SW2 : 속도 DOWN, SW3 : 정회전/역회전

const int up_sw = 4;                    // 속도 UP SW 연결핀
const int down_sw = 3;                  // 속도 DOWN SW 연결핀
const int dir_sw = 2;                   // 방향 전환 SW 연결핀

const int IN[4] = {8, 7, 6, 5};         // 모터 연결핀(IN1, IN2, IN3 , IN4)

const int one_pulse[4][4] =             // 1상 구동 펄스
    {{HIGH, LOW, LOW, LOW}, {LOW, HIGH, LOW, LOW},
     {LOW, LOW, HIGH, LOW}, {LOW, LOW, LOW, HIGH}};

byte pulse_st = 0;                      // 펄스 출력 스텝(0~3)
byte dir = 0;                           // 회전 방향(0: 정회전, 1 : 역회전)
byte speed = 5;                         // 초기 속도(펄스 출력 주기 ms),
                                        // 1ms~10ms

void setup()
{
    int  m;
```

```
    for(m = 0;m < 4;m++) {
        pinMode(IN[m], OUTPUT);                        // 모터 제어핀 출력 설정
        digitalWrite(IN[m], LOW);                      // 모터 제어핀 모두 LOW 출력
    }

    pinMode(up_sw, INPUT);                             // 속도 UP SW 연결핀 입력 설정
    pinMode(down_sw, INPUT);                           // 속도 DOWN SW 연결핀 입력 설정
    pinMode(dir_sw, INPUT);                            // 방향 전환 SW 연결핀 입력 설정
    Serial.begin(9600);
}

void loop()
{
    byte    m;
    boolean u_sw1, r_sw1, d_sw1;
    boolean u_sw2, r_sw2, d_sw2;

    // 스위치 첫 번째 상태 읽기
    u_sw1 = digitalRead(up_sw);                        // 속도 UP 스위치
    d_sw1 = digitalRead(down_sw);                      // 속도 DOWN 스위치
    r_sw1 = digitalRead(dir_sw);                       // 속도 DIR 스위치

    // 스텝모터 구동
    for(m = 0;m < 4;m++) {
        digitalWrite(IN[m], one_pulse[pulse_st][m]);
        delay(speed);                                  // 1ms~10ms
    }

    // 다음 출력 상태 갱신
    if(dir == 0) pulse_st = (pulse_st + 1) % 4;        // 정방향 순
    else pulse_st = (pulse_st + 3) % 4;                // 역방향 순

    // 스위치 두 번째 상태 읽기
    u_sw2 = digitalRead(up_sw);                        // 속도 up 스위치
    d_sw2 = digitalRead(down_sw);                      // 속도 down 스위치
    r_sw2 = digitalRead(dir_sw);                       // 속도 dir 스위치

    // 스위치 입력처리(눌려지는 순간에 한 번만 실행)
    if(u_sw2 == 0 && u_sw1 == 1){                      // 속도 up SW
        if(speed > 2) speed--;                         // >=2
    }
    else if(d_sw2 == LOW && d_sw1 == HIGH){            // 속도 down SW
        if(speed < 10) speed++;                        // <=10
    }
    else if(r_sw2 == LOW && r_sw1 == HIGH){            // 방향 dir SW
        dir = (dir + 1) % 2;                           // 0/1
    }
}
```

4.7 릴레이

릴레이는 코일이 감겨진 철심에 전류를 흘리면 철심이 전자석이 되는 원리를 이용한 것으로 전기적 신호를 기계적 접점 스위치 동작으로 바꾸어주는 부품이다. [그림 4-22]는 릴레이 모듈을 보여주며, [그림 4-23]은 릴레이 모듈의 외부기기 연결도이다. [그림 4-22]에서 오른쪽의 단자들은 입력 단자이고, 왼쪽은 출력 단자이다. 전원이 연결된 상태에서 신호단자에 0이 입력된 경우에는 출력의 COM 단자와 NC 단자가 연결상태를 유지하며, 신호단자에 1이 입력된 경우에는 출력의 COM 단자와 NO 단자가 연결상태가 된다. 릴레이 출력단에 연결되는 기기는 직류 또는 교류 장비 모두 연결 가능하며, [그림 4-23]과 같이 외부 전원의 한쪽 단자는 동작기기에 직접 연결한다. 그리고 외부전원의 다른 쪽 단자는 릴레이의 COM 출력단자에 연결하고, 릴레이의 NO(Normal Open, 평상시 오픈, 동작시 COM 연결) 단자는 동작기기의 연결되지 않은 단자에 연결된다. 이러한 배선 상태에서 릴레이의 S 단자에 0이 입력된 경우에는 릴레이의 출력단자 COM과 NC가 연결되어 전원 한 쪽 단자가 동작기기에 연결되지 않아 동작기기가 동작하지 않는다. 반면에 릴레이의 S 단자에 1이 입력된 경우에는 릴레이의 출력단자 COM과 NO가 연결되어 전원 한 쪽 단자가 동작기기에 연결되어 동작기기가 동작하게 된다.

[그림 4-22] 릴레이 모듈

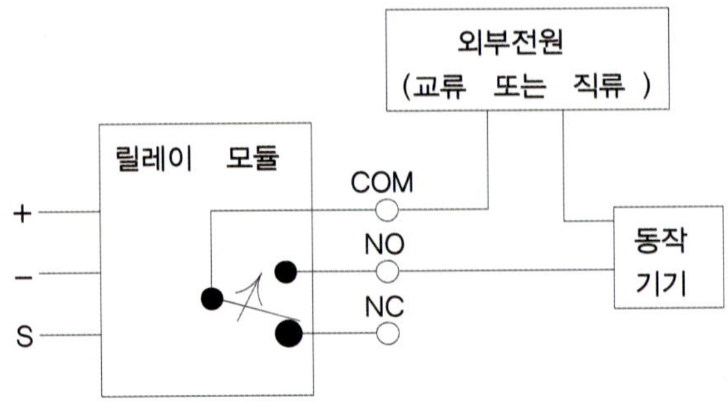

[그림 4-23] 릴레이 모듈 외부 기기 연결도

릴레이 실험을 위한 회로를 [그림 4-24]와 같이 배선해보자.

사용 부품	수량
릴레이 모듈	1개
스위치	1개
DC 모터	1개

아두이노 연결핀	연결핀
2	스위치(풀업 연결)
3	릴레이 제어 신호핀(S)
5V	릴레이 전원 +핀
GND	릴레이 전원 −핀

릴레이 출력핀	DC 모터	외부 전원(5V 어댑터)
COM		외부 전원 +단자
NO	DC 모터 +핀	
NC	연결 없음	
	DC 모터 −핀	외부 전원 − 단자

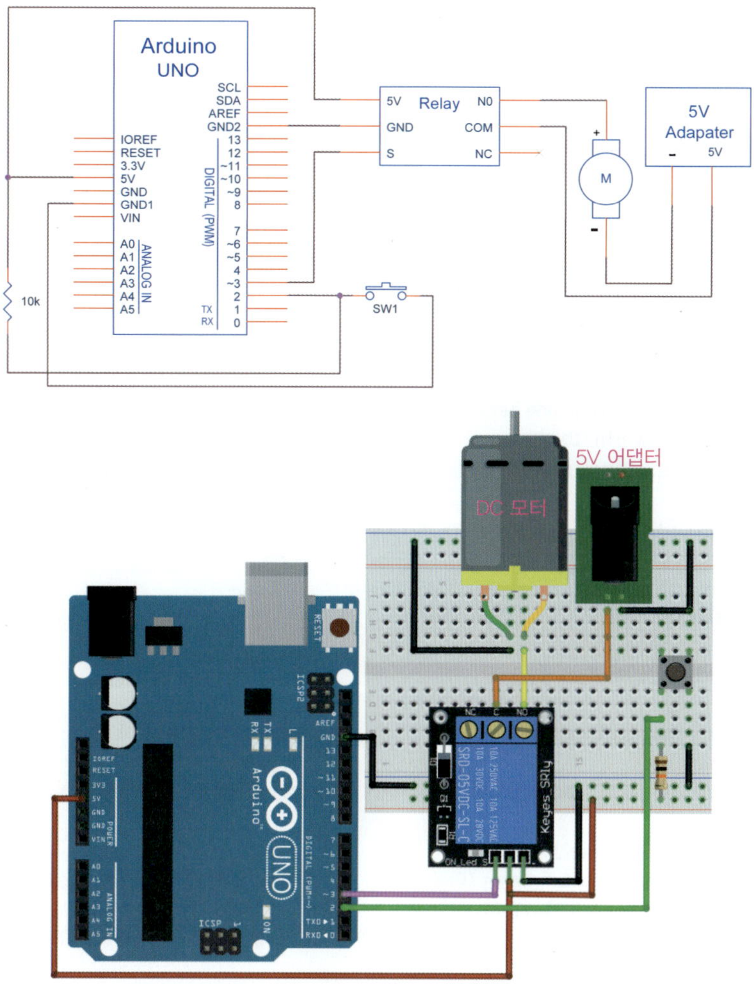

[그림 4-24] 릴레이 실험 회로 및 배선도

[릴레이 연습1] 스위치 ON 될 때마다 릴레이에 연결된 DC 모터 ON/OFF 시키기

스위치가 ON 될 때마다(ON 되는 순간) 릴레이에 연결된 DC 모터를 ON/OFF 시키는 프로그램을 작성해보자.

[프로그램 4-29] 릴레이 구동 프로그램

```
// relay1
// 스위치 ON 될 때마다 릴레이에 연결된 DC 모터 ON/OFF 시키기
#define RELAY_OFF  LOW

const int sw_pin = 2;
const int relay_pin = 3;

boolean relay_out = RELAY_OFF;                    // 릴레이 ON/OFF 초기값

void setup()
{
    // put your setup code here, to run once:
    pinMode(sw_pin, INPUT);                       // 스위치 연결핀 입력 설정
    pinMode(relay_pin, OUTPUT);                   // 릴레이 제어핀 출력 설정

    digitalWrite(relay_pin, relay_out);           // 릴레이 제어핀 초기값 출력
}

void loop()
{
    boolean  b_sw, f_sw;

    b_sw = digitalRead(sw_pin);                   // 스위치 첫번째 상태 읽기
    delay(10);                                    // 10ms 기다리기
    f_sw = digitalRead(sw_pin);                   // 스위치 두번째 상태 읽기

    // 스위치 눌려지는 순간 체크
    if(b_sw == HIGH && f_sw == LOW){              // 첫번째 상태 OFF, 두번째 상태 ON
        relay_out = !relay_out;                   // 릴레이 제어핀 출력값 반전
        digitalWrite(relay_pin, relay_out);       // 릴레이 제어핀 새 출력값 출력
    }
}
```

4.8 부저

부저는 기본적으로 '삐' 소리를 출력하기 위한 소자이며, 주파수 신호를 주면 멜로디 연주도 가능하다. 부저는 능동 부저와 수동 부저가 있으며, [표 4-7]과 같은 특징과 외관을 가지고 있다.

[표 4-7] 능동 부저와 수동 부저 특징

	능동 부저	수동 부저
외형	 	
특징	–내장된 회로가 있어 전원을 연결하면 삐 소리가 출력됨 –주파수 신호를 주면 멜로디 연주 가능	–내장된 회로가 없어 단순히 전원만 연결해서는 소리 출력 안됨 –주파수 신호를 주면 멜로디 연주 가능
주의	극성이 있으니 주의 필요	

부저 실험을 위한 회로 및 배선도는 [그림 4–25]와 같다.

사용 부품	수량
능동 부저	1개
스위치	8개

아두이노 연결핀	연결핀
3~10	스위치(내부 풀업 사용)
2	부저 +핀

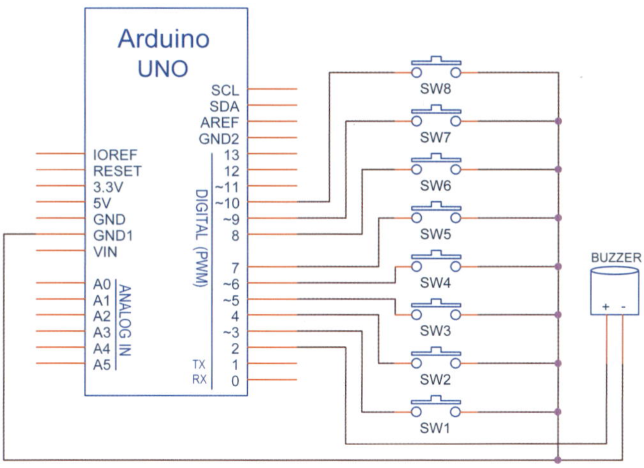

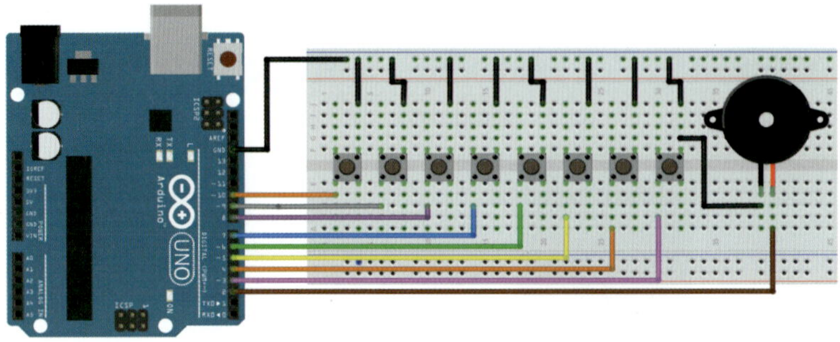

[그림 4-25] 부저 실험 회로 및 배선도

[부저 연습1] 부저 삐 소리 출력

2초 간격으로 부저를 ON시켜 삐 소리를 출력하는 프로그램을 작성해보자.

[프로그램 4-30] 능동 부저 구동(삐 소리 출력)

```
// buzzer1
// 부저 울리기(능동 부저)
const int buzzer_pin = 2;                        // 부저 연결핀

void setup()
{
    // put your setup code here, to run once:
    pinMode(buzzer_pin, OUTPUT);                 // 부저 연결핀 출력 설정
}

void loop()
{
    // put your main code here, to run repeatedly:
    digitalWrite(buzzer_pin, HIGH);              // 부저 연결핀 HIGH 출력
    delay(2000);                                 // 2초 대기

    digitalWrite(buzzer_pin, LOW);               // 부저 연결핀 LOW 출력
    delay(2000);                                 // 2초 대기
}
```

동작 확인

능동부저는 소리가 나지만, 수동 부저는 소리가 출력되지 않는 것을 확인할 수 있다.

음악은 기본적으로 음의 높이(음계, 음정, tone), 음의 길이(박자, beat), 음의 강약, 음의 색깔 등으로 구성된다. 음의 높이는 스피커를 구동하는 신호의 주파수가 높으면 고음이 되고, 주파수가 낮으면 저음이 된다. 음의 길이는 음표(note)와 쉼표(rest)로 구분되는데 이는 각 음계에 해당하는 신호 발생 시간의 길고 짧음에 비례한다. 또한 음의 강약은 신호 파형의 진폭에 의해 결정되고, 음의 색깔은 신호 파형에 포함된 고조파 성분과 진폭의 변화(envelope)에 의해 결정된다. MCU는 디지털 신호만을 처리할 수 있기 때문에 음의 높이나 음의 길이를 변화시킬 수있지만, 음의 강약 또는 음의 색깔을 변환시키는 것은 D/A 컨버터나 OP AMP와 같은 별도의 복잡한 회로가 필요하다. 따라서 여기서는 MCU에 내장된 타이머의 기능을 이용하여 음의 높이와 음의 길이를 가변함으로써 건반과 자동연주기능을 갖는 연주기를 제작해보도록 한다.

"도레미파솔라시도"의 음을 만들기 위해서는 그 음에 해당하는 주파수를 만들어야 하는데, 음과 주파수의 관계는 [표 4-8]과 같다.

[표 4-8] 음계와 주파수(Hz) 관계

옥타브 / 음계	3옥타브	4옥타브	5옥타브
C(도)	130.8128	261.6256	523.2511
C#	138.5913	277.1826	554.3653
D(레)	146.8234	293.6648	587.3295
D#	155.5635	311.1270	622.2540
E(미)	164.8138	329.6276	659.2550
F(파)	174.6141	349.2282	698.4565
F#	184.9972	369.9944	739.9888
G(솔)	195.9977	391.9954	783.9909
G#	207.6523	415.3047	830.6094
A(라)	220.0000	440.0000	880.0000
A#	233.0819	466.1638	932.3275
B(시)	246.9417	493.8833	987.7666

아두이노 라이브러리에는 지정된 핀에 지정된 주파수의 파형(구형파)을 출력하는 함수가 있으며, 함수들을 정리하면 다음과 같다.

〈파형 출력 함수〉

void tone(pinNum, frequency) void tone(pinNum, frequency, duration)		
기능	지정된 핀에 지정된 주파수의 구형파(듀티비 50%) 발생	
매개변수	pinNum	구형파가 출력되는 핀 번호
	frequency	출력되는 구형파 주파수(Hz) : 31~65635(unsigned int)
	duration	ms 단위의 파형 출력 지속 시간 : (unsigned long)
리턴 값	없음	

void noTone(pinNum)		
기능	지정된 핀에 출력되는 구형파 출력 정지	
매개변수	pinNum	구형파가 출력되는 핀 번호
리턴 값	없음	

[부저 연습2] 〈곰 세 마리〉 연주하기

[그림 4-25]의 〈곰 세 마리〉 악보로부터 음계와 음의 길이에 따라 이를 연주하는 프로그램을 작성해보자.

[그림 4-25] 〈곰 세 마리〉 악보

[프로그램 4-31] 〈곰 세 마리〉 연주 프로그램

```
// melody1

#define NOTE_C4  262    // 4옥타브 도
#define NOTE_D4  294    // 4옥타브 레
#define NOTE_E4  330    // 4옥타브 미
#define NOTE_G4  392    // 4옥타브 솔
#define NOTE_A4  440    // 4옥타브 라
#define NOTE_C5  523    // 5옥타브 레

#define NUM    49

int melody[NUM] = {    // 곰 세마리
    NOTE_C4, NOTE_C4, NOTE_C4, NOTE_C4, NOTE_C4,                // 도도도도도
    NOTE_E4, NOTE_G4, NOTE_G4, NOTE_E4, NOTE_C4,                // 미솔솔미도
    NOTE_G4, NOTE_G4, NOTE_E4, NOTE_G4, NOTE_G4, NOTE_E4,       // 솔솔미솔솔미
    NOTE_C4, NOTE_C4, NOTE_C4,                                  // 도도도
    NOTE_G4, NOTE_G4, NOTE_E4, NOTE_C4,                         // 솔솔미도
    NOTE_G4, NOTE_G4, NOTE_G4,                                  // 솔솔솔
    NOTE_G4, NOTE_G4, NOTE_E4, NOTE_C4,                         // 솔솔미도
    NOTE_G4, NOTE_G4, NOTE_G4,                                  // 솔솔솔

    NOTE_G4, NOTE_G4, NOTE_E4, NOTE_C4,                         // 솔솔미도
    NOTE_G4, NOTE_G4, NOTE_G4, NOTE_A4, NOTE_G4,                // 솔솔솔라솔
    NOTE_C5, NOTE_G4, NOTE_C5, NOTE_G4,                         // 도솔도솔
    NOTE_E4, NOTE_D4, NOTE_C4};                                 // 미레도

// 음표 길이
int noteDuration[NUM] ={
   4, 8, 8, 4, 4,  4, 8, 8, 4, 4,  8, 8, 4, 8, 8, 4, 4, 4, 2,
   4, 4, 4, 4,  4, 4, 2, 4, 4, 4, 4,  4, 4, 2,
   4, 4, 4, 4,  8, 8, 8, 8, 2,  4, 4, 4, 4, 4, 4, 2};

const int speaker_pin = 2;

void setup()
{
   pinMode(speaker_pin, OUTPUT);
}

void loop()
{
   int  m, d, dd;
   for(m = 0;m < NUM;m++){
      d = 1000 / noteDuration[m];
```

```
        dd = d* 1.3;                                    // 음 출력 시간(4분 음표 325ms)

        tone(speaker_pin, melody[m], d);
        delay(dd);
    }
    delay(1000);
}
```

[부저 연습3] 〈어머님 은혜〉 연주하기

[그림 4-26]의 〈어머님 은혜〉 악보로부터 음계와 음의 길이에 따라 이를 연주하는 프로그램을 작성해보자.

[그림 4-26] 어머님 은혜 악보

[프로그램 4-32] 어머님 은혜 연주 프로그램

```
// melody2
#define NOTE_C4  262    // 4옥타브 도
#define NOTE_D4  294    // 4옥타브 레
#define NOTE_E4  330    // 4옥타브 미
#define NOTE_F4  349    // 4옥타브 파
#define NOTE_G4  392    // 4옥타브 솔
#define NOTE_A4  440    // 4옥타브 라
#define NOTE_B4  494    // 4옥타브 시
#define NOTE_C5  523    // 5옥타브 레
#define REST     0      // 쉼표

#define NUM    60

int melody[NUM] = {    // 어머님 은혜
    NOTE_E4, NOTE_F4, NOTE_G4, NOTE_C5,             // 미파솔도
    NOTE_C5, NOTE_B4, NOTE_A4, NOTE_G4,             // 도시라솔
    NOTE_A4, NOTE_G4, NOTE_G4, NOTE_F4, NOTE_E4,    // 라솔파미레
    NOTE_D4, REST,                                  // 도, 쉼표

    NOTE_E4, NOTE_F4, NOTE_G4, NOTE_C5,             // 미파솔도
    NOTE_C5, NOTE_B4, NOTE_A4, NOTE_G4,             // 도시라솔
    NOTE_A4, NOTE_G4, NOTE_F4, NOTE_E4, NOTE_D4,    // 라솔파미레
    NOTE_C4, REST,                                  // 도, 쉼표

    NOTE_D4, NOTE_D4, NOTE_G4, NOTE_F4,             // 레레솔파
    NOTE_E4, NOTE_D4, NOTE_C4, NOTE_D4,             // 미레도레
    NOTE_E4, NOTE_E4, NOTE_F4, NOTE_G4, NOTE_A4,    // 미미파솔라
    NOTE_G4, REST,                                  // 솔, 쉼표

    NOTE_C5, NOTE_C5, NOTE_B4, NOTE_A4,             // 도도시라
    NOTE_G4, NOTE_A4, NOTE_G4, NOTE_E4,             // 솔라솔미
    NOTE_A4, NOTE_A4, NOTE_G4, NOTE_A4, NOTE_B4,    // 라라솔라시
    NOTE_C5, REST};                                 // 도, 쉼표

// 음표 길이
int noteDuration[60] ={
  4, 8, 4, 8,  8, 8, 8, 3,  4, 8, 8, 8, 8,  2, 16,
  4, 8, 4, 8,  8, 8, 8, 3,  4, 8, 8, 8, 8,  2, 16,
  4, 8, 4, 8,  8, 8, 8, 3,  4, 8, 8, 8, 8,  2, 16,
  4, 8, 4, 8,  8, 8, 8, 3,  4, 8, 8, 8, 8,  2, 16};

const int speaker_pin = 2;

void setup()
{
```

```
    pinMode(speaker_pin, OUTPUT);
}

void loop()
{
    int m, d, dd;

    for(m = 0;m < NUM;m++){
        d = 1000 / noteDuration[m];
        dd = d * 1.3;                          // 음 출력 시간(4분 음표 325ms)

        if(melody[m] != REST) tone(speaker_pin, melody[m], d);
        delay(dd);
    }
    delay(1000);
}
```

[부저 연습4] 피아노 건반 연주하기

8개의 스위치로 한 옥타브의 곡을 연주할 수 있는 프로그램을 작성해보자.

[프로그램 4-33] 피아노 건반 연주하기

```
// piano
// 8개의 스위치로 1옥타브 연주하기

#define ON         0
#define OFF        1
#define NOTE_C4    262                   // 4옥타브 도
#define NOTE_D4    294                   // 4옥타브 레
#define NOTE_E4    330                   // 4옥타브 미
#define NOTE_F4    349                   // 4옥타브 파
#define NOTE_G4    392                   // 4옥타브 솔
#define NOTE_A4    440                   // 4옥타브 라
#define NOTE_B4    494                   // 4옥타브 시
#define NOTE_C5    523                   // 5옥타브 도

const int piano_sw_pin[8] = {10, 9, 8, 7, 6, 5, 4, 3};
```

```
const int scale[8] = {NOTE_C4, NOTE_D4, NOTE_E4, NOTE_F4,
          NOTE_G4, NOTE_A4, NOTE_B4, NOTE_C5};

const int speaker_pin = 2;

void setup()
{
    int n;

   // 8개 스위치 연결핀 내부 풀업 사용 입력핀으로 설정
    for(n = 0;n < 8;n++)
        pinMode(piano_sw_pin[n], INPUT_PULLUP);

    pinMode(speaker_pin, OUTPUT);                    // 스피커 출력 설정
}

void loop()
{
    int n;

    for(n = 0;n < 8;n++){
        if(digitalRead(piano_sw_pin[n]) == ON) break;
    }

    if(n == 8) noTone(speaker_pin);                  // 눌려진 스위치 없음
    else tone(speaker_pin, scale[n], 1000);          // 눌려진 키의 음 1초간 출력
}
```

chapter

05

아두이노 응용실험 II

MCU에 연결되는 입력기기에는 스위치 이외에도 여러 종류의 기기들이 있으며, 또한 외부 상태를 MCU에 전송하는 센서는 아두이노를 포함한 제어용 보드에서 매우 중요한 부품이라 할 수 있다.

CHAPTER

05

아두이노 응용실험 II

이 장에서는 아두이노 보드에 연결하여 사용할 수 있는 입력용 부품(모듈)과 센서에 대해 학습하기로 한다.

5.1 키 패드(Keypad)

4x4 키패드는 [그림 5-1]과 같이 16개의 스위치를 행과 열로 4개씩 배치하고 스위치의 양 단자로부터 행과 열로 각각 선을 연결하여 핀을 만든 구조를 하고 있다. 이렇게 행과 열 단위로 핀을 뽑아 열 쪽은 C1~C4, 행 쪽으로는 R1~R4의 핀 명이 각각 부여되어 있다. [그림 5-2]는 풀업형 스위치의 기본 회로를 보여주며, 스위치의 한 단자는 GND(접지)에 다른 한 단자는 풀업 저항과 연결되어 아두이노 I/O 핀과 연결된다. 따라서 4x4 키패드의 경우에도 한 쪽은 GND에 나머지 한 쪽은 풀업 저항에 연결되도록 하여 사용하여야 하

며, [그림 5-3]은 C1~C4 핀에 풀업 저항을 연결하여 C1~C4 핀을 입력 핀으로 사용할 수 있는 상태를 보여준다. 그리고 스위치 한 쪽에 연결되는 GND는 R1~R4 핀을 출력 핀으로 사용하여 한 행씩 순차적으로 0을 출력함으로써 GND에 연결되도록 한다.

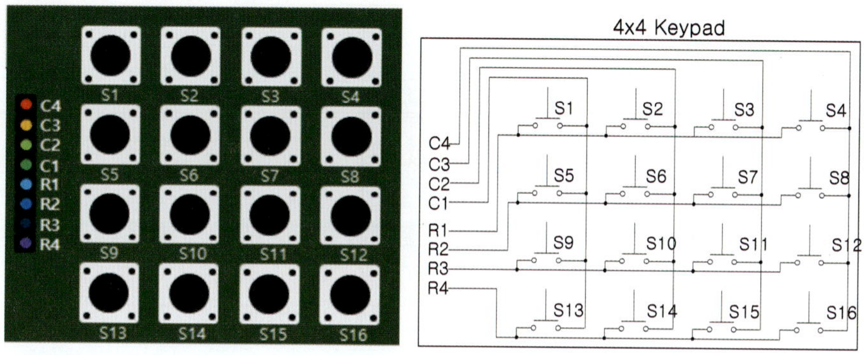

(a) 외관 (b) 배선도

[그림 5-1] 4 x 4 키패드(Keypad)

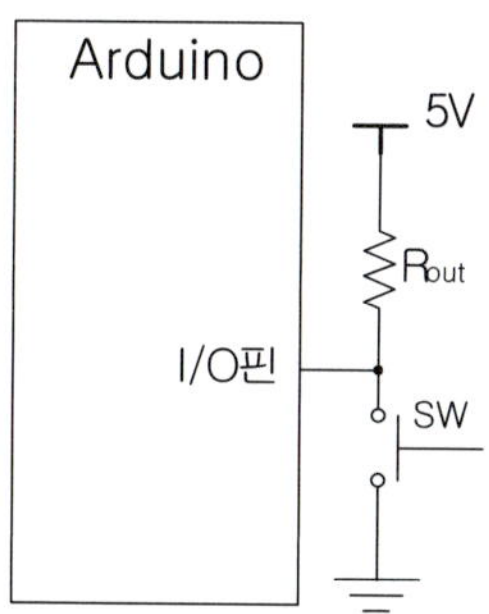

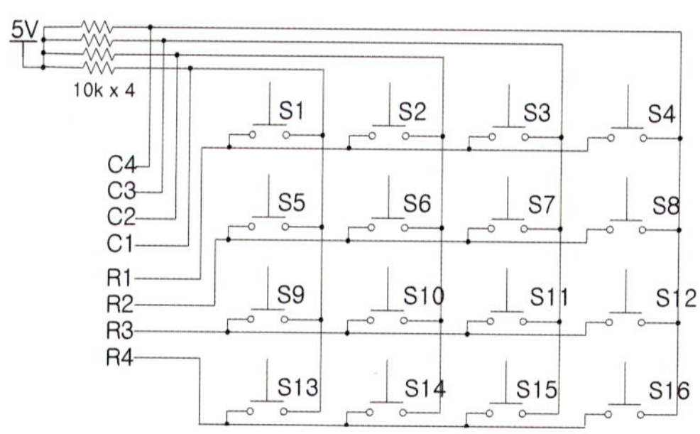

[그림 5-2] 스위치 기본회로(풀업형) [그림 5-3] 스위치 한 쪽 단자 풀업저항 연결(열쪽)

우선 정상적인 동작을 살펴보면 [그림 5-4]와 같이 R1행에만 0을 출력하고 나머지 행에는 1을 출력하여 R1에 연결된 스위치의 상태 S1, S2, S3, S4에 대해서만 입력 처리한다. [그림 5-5]와 같이 S1이 ON이면 C1~C4에는 '0111'의 상태가 입력된다. 1이 출력된 나머지 행에 대해 살펴보면 [그림 5-6]과 같이 스위치가 눌려지는 것에 상관없이 1의 상태가 입력되어 스위치의 ON/OFF 상태를 확인할 수 없게 된다. 따라서 한 행씩 순차적으로 0을 출력하면서 그 행에 연결된 스위치의 상태를 순차적으로 읽어가면 16개 스위치의 상태를 모두 체크할 수 있다.

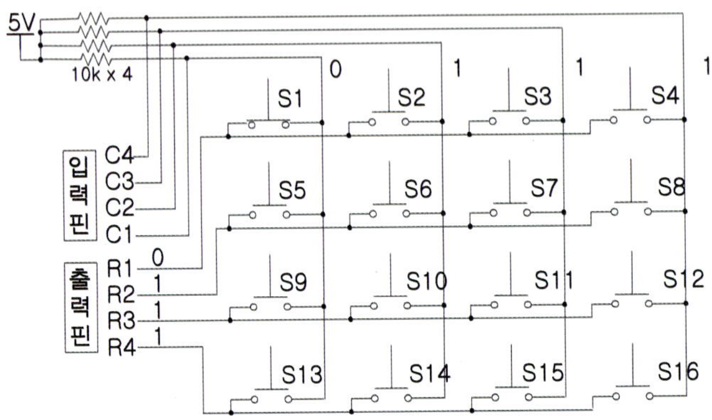

[그림 5-4] 4행에 '0111'이 출력될 때 동작

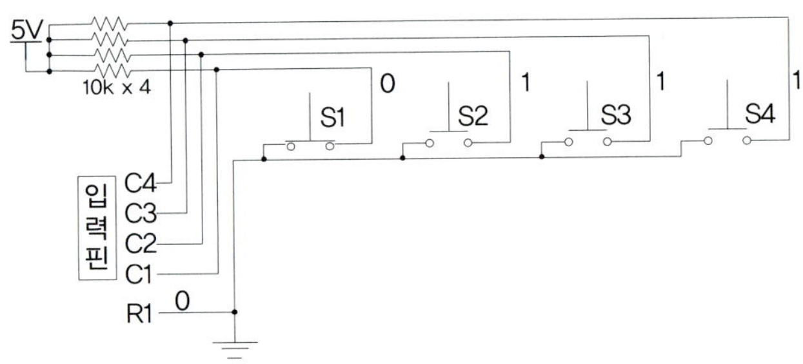

[그림 5-5] 0이 출력된 행의 스위치 동작

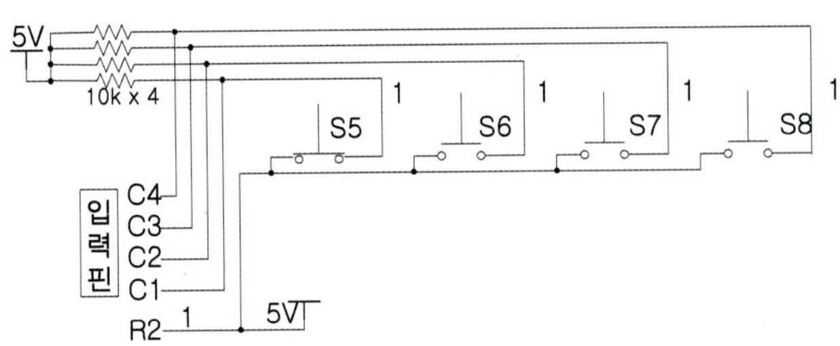

[그림 5-6] 1이 출력된 행의 스위치 동작

만일 [그림 5-7]과 같이 두 행에 0이 출력된 경우에는 같은 열의 스위치 중에서 어느 스위치가 ON이 되었는지 확인할 수 없게 된다. 즉 S1이 ON이어도 C1~C4에는 '0111'이 입력되고, S5가 ON이어도 C1~C4에는 '0111'의 상태가 입력된다.

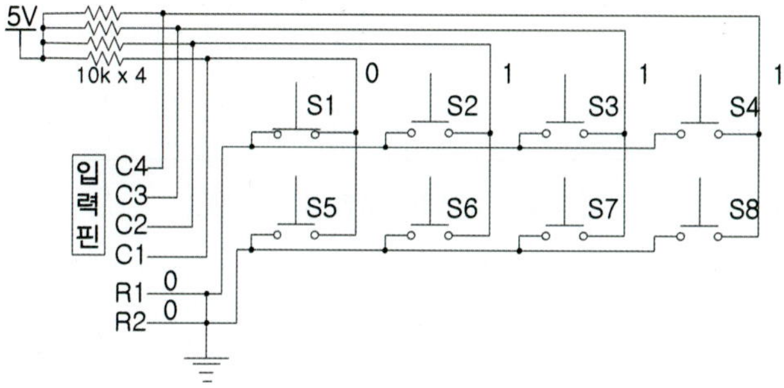

(a) S1이 ON일 때

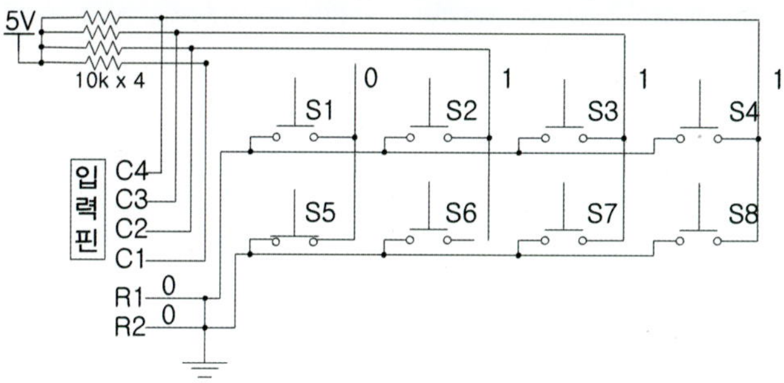

(b) S5가 ON일 때

[그림 5-7] 두 행에 0이 출력될 때의 동작

아두이노 보드에 탑재된 MCU(ATmega328)는 내부 풀업 저항을 가지고 있어 앞에서 설명했듯이 외부 풀업저항을 생략하고 [그림 5-8]과 같이 스위치를 바로 연결할 수도 있다.

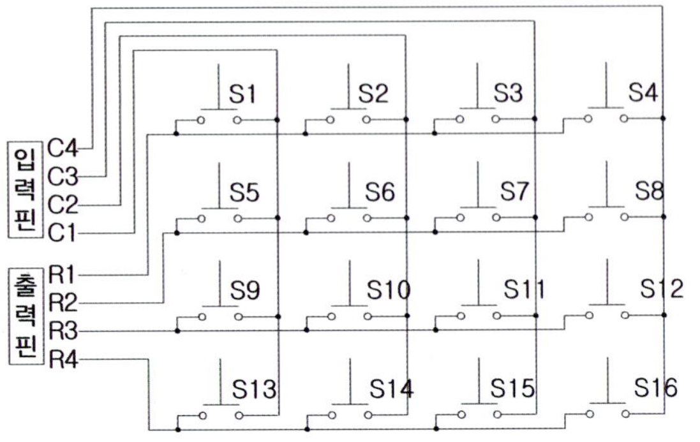

[그림 5-8] 내부 풀업 저항 사용

키패드 실험을 위해 [그림 5-9]와 같이 배선해보자.

아두이노 보드 연결핀	키패드 연결핀
9	R1
8	R2
7	R3
6	R4
10	C1
11	C2
12	C3
13	C4

아두이노 보드 연결핀	7-세그먼트 연결핀
5	7(a)
4	6(b)
3	4(c)
2	2(d)
A5	1(e)
A4	9(f)
A3	10(g)

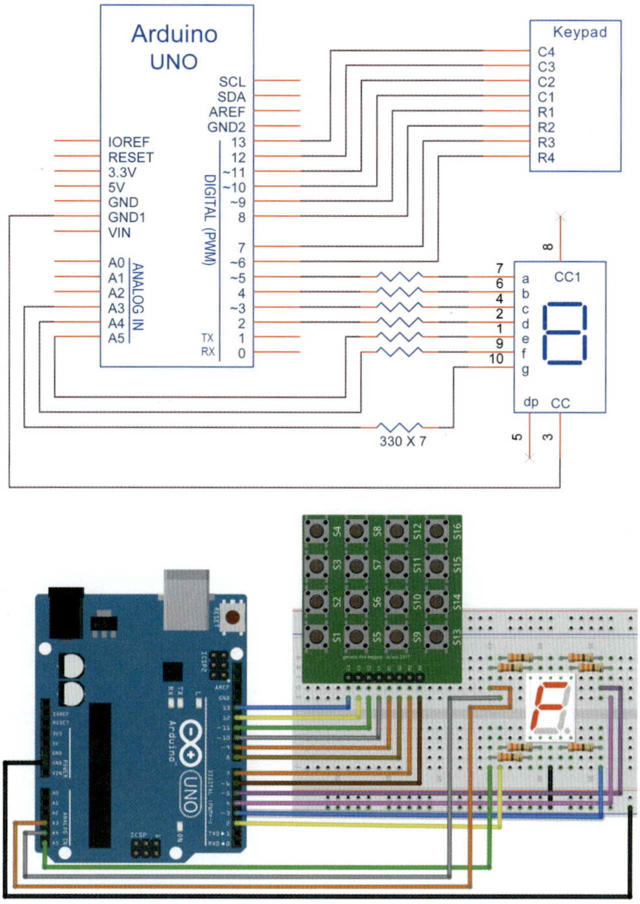

[그림 5-9] 키패드 실험 회로 및 배선도

[키패드 연습1] 눌려진 키 이름 시리얼 모니터 창 표시(라이브러리 사용 없이)

키패드 키가 눌려질 때 눌려진 키의 이름을 시리얼 창에 전송하여 표시하는 프로그램을 작성해보자.

[프로그램 5-1] 눌려진 키 이름 모니터 창 표시(라이브러리 사용 없이)

```
// keypad1
// 키패드 프로그램 작성

#define NO_KEY  0
#define DEBOUNCE_TIME  20                    // 20ms(채터링 방지를 위한 delay 시간)

const byte row_pins[4] = {9, 8, 7, 6};       // 키패드 행 연결(R1~R4)
const byte col_pins[4] = {10, 11, 12, 13};   // 키패드 열 연결(C1~C4)
const char hex_keys[4][4] ={                 // 키 이름
        {'0', '1', '2', '3'},
        {'4', '5', '6', '7'},
        {'8', '9', 'A', 'B'},
        {'C', 'D', 'E', 'F'}};

char getKey(void);                              // 키 스캔 함수

void setup()
{
    int     m;

    for(m = 0;m < 4;m++){
        pinMode(row_pins[m], OUTPUT);          // 행 연결핀 출력 설정
        pinMode(col_pins[m], INPUT_PULLUP);    // 열 연결핀 내부 풀업 입력 설정

        digitalWrite(row_pins[m], HIGH);       // 행 연결핀 비활성화
    }
    Serial.begin(9600);                        // 시리얼 모니터 설정
}

void loop()
{
    char    key;

    key = getKey();                            // 키패드 스캐닝
    if(key != NO_KEY){                         // 시리얼 모니터 눌린 키 이름 출력
        Serial.print("Got key :");
        Serial.println(key);
    }
}

// 키(스위치) 스캔 함수
// 눌린 키 이름 리턴하거나, 눌린 키 없으면 NO_KEY 리턴
char getKey()
{
```

```
    byte rr, cc;
    char key = NO_KEY;

    for(rr = 0;rr < 4;rr++){                          // 한 행씩 스위치 입력체크
        digitalWrite(row_pins[rr], LOW);              // rr행 LOW(0V) 출력
        for(cc  = 0;cc < 4;cc++){                     // 한 열씩 체크
          if(digitalRead(col_pins[cc]) == LOW){       // rr행 cc열 스위치 ON?
            delay(DEBOUNCE_TIME);                     // 디바운스 딜레이(채터링방지)
            while(digitalRead(col_pins[cc]) == LOW);         //스위치 OFF될
                                                      // 때까지 대기
            key = hex_keys[rr][cc];                   // rr행 cc열 스위치 이름 저장
            break;
          }
        }
        digitalWrite(row_pins[rr], HIGH);             // rr행 HIGH 출력(스위치 비활성화)
        if(key != NO_KEY) break;                      // 스위치가 눌려졌으면 리턴
    }
    return key;                                       // 눌린 스위치 이름 리턴
}
```

※ 스위치가 눌려졌다(ON) 떼어질(OFF) 때까지 기다렸다가 리턴하므로, 스위치의 동작이 떼어지는 순간 이루어짐

[키패드 연습2] 눌려지는 순간 키의 이름 시리얼 모니터 창 표시하기

일반적으로 스위치가 눌려질 때 입력처리를 하는 경우가 많으므로 눌려지는 순간에 눌려진 키의 이름을 모니터 창에 출력하도록 프로그램을 작성해보자.

[프로그램 5-2] 눌려지는 순간 키의 이름 모니터 창 표시(라이브러리 사용없이)

```
// keypad2
// 키패드 프로그램 작성(눌려지는 순간 반응)

#define NO_KEY  0

const byte row_pins[4] = {9, 8, 7, 6};          // 키패드 행 연결(R1~R4)
const byte col_pins[4] = {10, 11, 12, 13};      // 키패드 열 연결(C1~C4)
const char hex_keys[4][4] ={                    // 키 이름
        {'0', '1', '2', '3'},
        {'4', '5', '6', '7'},
        {'8', '9', 'A', 'B'},
        {'C', 'D', 'E', 'F'}};

char  last_key = NO_KEY;

char getKey(void);                              // 키 스캔 함수

void setup()
{
    int     m;

    for(m = 0;m < 4;m++){
        pinMode(row_pins[m], OUTPUT);           // 행 연결핀 출력 설정
        pinMode(col_pins[m], INPUT_PULLUP);     // 열 연결핀 내부 풀업 입력 설정


        digitalWrite(row_pins[m], HIGH);        // 행 연결핀 비활성화
    }
    Serial.begin(9600);                         // 시리얼 모니터 설정
}

void loop()
{
    char    key;

    key = getKey();

    if(key != last_key && key != NO_KEY){       // 새로 눌려진 키인지 체크
        Serial.print("Got key :");              // 시리얼 모니터 눌린 키 이름 출력
        Serial.println(key);
    }
    last_key = key;
}

// 키(스위치) 스캔 함수
```

```
// 눌린 키 이름 리턴하거나, 눌린 키 없으면 NO_KEY 리턴
char getKey()
{
    byte rr, cc;
    char key = NO_KEY;                              // 리턴 초기값

    for(rr = 0;rr < 4;rr++){                        // 한 행씩 스위치 입력 체크
        digitalWrite(row_pins[rr], LOW);            // rr행 LOW(0V) 출력
        for(cc  = 0;cc < 4;cc++){                   // 한 열씩 체크
          if(digitalRead(col_pins[cc]) == LOW){     // rr행 cc열 스위치 ON?
            key = hex_keys[rr][cc];                 // rr행 cc열 스위치 이름 저장
            break;
          }
        }
        digitalWrite(row_pins[rr], HIGH);           // rr행 HIGH 출력(스위치 비활성화)

        if(key != NO_KEY) break;                    // 스위치가 눌려졌으면 리턴
    }
    return key;                                     // 눌린 스위치 이름 리턴
}
```

키패드 라이브러리는

http://playground.arduino.cc/Code/Keypad#Download

에서 다운 받을 수 있으며, 압축을 풀어 Arduino\libraries 밑에 복사하면 된다. 그리고 이 라이브러리에서 제공하는 함수들을 살펴보면 다음과 같다.

클래스 명 및 멤버 함수	설명
Keypad 객체명(makeKeymap (키 맵(이름)), 행 연결 핀, 열 연결 핀, 행 수, 열 수)	객체 생성(선언) – 키 맵 : 2차원 배열로 각 키에 하나의 문자 지정 – 행 연결 핀 : 1행부터 차례로 보드에 연결된 핀 번호(1차원 배열) – 열 연결 핀 : 1열부터 차례로 보드에 연결된 핀 번호(1차원 배열) – 행 수, 열 수 : 행의 수와 열의 수를 각각 지정
void begin(makeKeymap (userKeymap))	내부 키맵을 사용자맵과 똑같이 초기화한다.
char waitForKey();	키가 눌려질 때까지 기다린다.
char getKey();	눌려진 키 값을 리턴한다. 눌려지지 않았을 때는 NO_KEY 반환

[키패드 연습3] 라이브러리 함수를 이용한 키패드 입력키 확인

라이브러리 함수를 이용하여 키패드 키가 눌려질 때 눌려진 키의 이름을 시리얼 창에 전송하여 표시하는 프로그램을 작성해보자.

[프로그램 5-3] 라이브러리 함수를 이용한 키패드 입력키 확인

```
// keypad3
// 라이브러리 이용
#include <Keypad.h>

const byte ROWS = 4;                                    // 4행
const byte COLS = 4;                                    // 4열

const byte row_pins[ROWS] = {9, 8, 7, 6};               // 키패드 행 연결(R1~R4)
const byte col_pins[COLS] = {10, 11, 12, 13};           // 키패드 열 연결(C1~C4)

const char hex_keys[ROWS][COLS] = {                     // 키 이름
  {'0','1','2','3'},
  {'4','5','6','7'},
  {'8','9','A','B'},
  {'C','D','E','F'}
};

// 키패드 객체 생성
Keypad myKeypad = Keypad(makeKeymap(hex_keys), row_pins, col_pins, ROWS, COLS);

void setup()
{
    Serial.begin(9600);
}

void loop()
{
    char key = myKeypad.getKey();

    if(key != NO_KEY){
        Serial.print("Got key : ");
        Serial.println(key);                            // 시리얼 모니터 눌린 키 이름 출력
    }
}
```

[키패드 연습4] 키 입력된 16진 값 7-세그먼트에 표시하기

키보드를 16진 키보드로 사용하여 눌려진 키에 해당하는 16진 값을 7-세그먼트에 표시하는 프로그램을 작성해보자.

[프로그램 5-4] 키 입력된 16진 값 7-세그먼트 표시하기

```
// keypad4
// 키 입력된 16진 값 7-세그먼트에 표시하기(라이브러리 이용)
#include <Keypad.h>

const int segment_pin[8] ={5, 4, 3, 2, A5, A4, A3}; // A,B,C,D,E,F,G 연결 핀

// 7세그먼트 0~F 표시 패턴 {a, b, c, d, e, f, g}
const byte segment_pat[16][7] = {
    {1, 1, 1, 1, 1, 1, 0},  // 0
    {0, 1, 1, 0, 0, 0, 0},  // 1
    {1, 1, 0, 1, 1, 0, 1},  // 2
    {1, 1, 1, 1, 0, 0, 1},  // 3
    {0, 1, 1, 0, 0, 1, 1},  // 4
    {1, 0, 1, 1, 0, 1, 1},  // 5
    {1, 0, 1, 1, 1, 1, 1},  // 6
    {1, 1, 1, 0, 0, 0, 0},  // 7
    {1, 1, 1, 1, 1, 1, 1},  // 8
    {1, 1, 1, 0, 0, 1, 1},  // 9
    {1, 1, 1, 0, 1, 1, 1},  // A
    {0, 0, 1, 1, 1, 1, 1},  // b
    {1, 0, 0, 1, 1, 1, 0},  // C
    {0, 1, 1, 1, 1, 0, 1},  // D
    {1, 0, 0, 1, 1, 1, 1},  // E
    {1, 0, 0, 0, 1, 1, 1}}; // F

const byte ROWS = 4;                                // 4행
const byte COLS = 4;                                // 4열

const byte row_pins[ROWS] = {9, 8, 7, 6};           // 키패드 행 연결(R1~R4)
const byte col_pins[COLS] = {10, 11, 12, 13};       // 키패드 열 연결(C1~C4)

const char hex_keys[ROWS][COLS] = {                 // 키 이름
    {'0','1','2','3'},
    {'4','5','6','7'},
    {'8','9','A','B'},
    {'C','D','E','F'}};
```

```
void segment_dsp(byte);                          // 7-세그먼트 표시

// 키패드 객체 생성
Keypad myKeypad = Keypad(makeKeymap(hex_keys), row_pins, col_pins, ROWS, COLS);

void setup()
{
   int n;

    for(n = 0;n < 7;n++)
      pinMode(segment_pin[n], OUTPUT);             //  Segment 연결 핀 출력 설정

    segment_dsp(0);                              // 초기상태 '0' 표시
}

void loop()
{
    char key;
    byte  disp_val;

    key = myKeypad.getKey();

    if(key != NO_KEY) {                          // ASCII 코드 -> 0~15의 값으로 변환
        if(key >= '0' && key <= '9') disp_val = key - '0';  // '0'~'9'의 경우
        else disp_val = key - 'A' + 10;                     // 'A'~'F'의 경우

        segment_dsp(disp_val);                   // 눌린 키 16진값 7-세그먼트 출력
    }
}

// 눌려진 키 16진 7-세그먼트 표시
void segment_dsp(byte d_val)
{
    int n;

    for(n = 0;n < 7;n++)                         // dsp_no 패턴 출력
        digitalWrite(segment_pin[n], segment_pat[d_val][n]);
}
```

5.2 아날로그형 조이스틱

조이스틱은 [그림 5-10]과 같이 두 축(X, Y축)에 가변저항이 연결되어 있고, Z(수직) 축 방향으로는 토글 스위치가 연결된 구조를 갖고 있다. 따라서, X, Y 축은 조이스틱으로부터 아날로그 전압이 출력되므로 아두이노에서는 A/D 변환을 해주어야 사용할 수 있다. 그리고 Z축 방향의 스위치는 한 쪽 단자가 GND에 연결되어 있어 스위치가 눌려지게 되면 0의 값이 SW 단자를 통해 출력된다. 조이스틱 보드에는 외부 풀업용 저항 연결 단자 R5가 있으나 한 쪽은 5V에 다른 한 쪽은 스위치와 함께 GND에 연결되어 있어 사용할 수 없다.(PCB 설계 오류라 생각됨) 따라서, Z축 방향의 스위치는 내부 풀업 저항을 이용하여 사용하거나 PCB를 수정하여 사용하여야 한다.

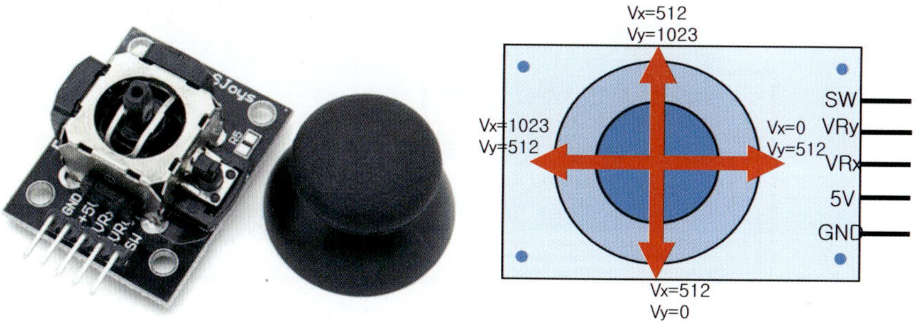

[그림 5-10] 아날로그형 조이스틱

조이스틱과 RGB LED 모듈을 이용하여 실험하기 위한 회로를 [그림 5-11]과 같이 배선하도록 한다.

사용 부품	수량
조이스틱 모듈	1개
RGB 모듈	1개

아두이노 연결핀	연결핀
6	RGB 모듈 R 단자
5	RGB 모듈 G 단자
3	RGB 모듈 B 단자
GND	RGB 모듈 GND(공통 단자)
A2	조이스틱 VRx
A1	조이스틱 VRy
A0	조이스틱 SW(내부 풀업 사용)
5V	조이스틱 5V
GND	조이스틱 GND

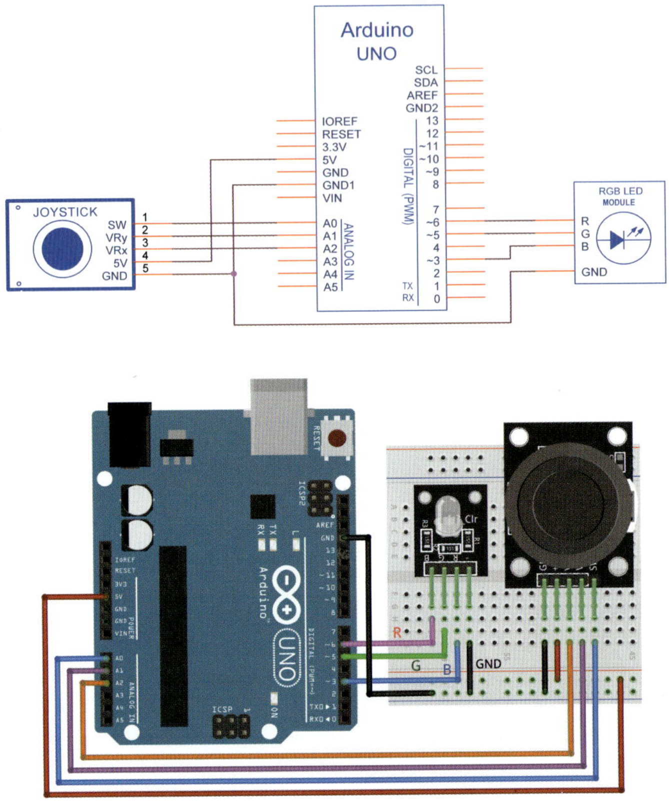

[그림 5-11] 조이스틱 실험 회로 및 배선도

[조이스틱 연습1] 조이스틱 상태 시리얼 모니터 창 출력 하기

조이스틱의 X축, Y축의 디지털값(A/D 변환값)과 Z축 스위치의 상태를 시리얼 모니터 창에 주기적으로 출력 표시하는 프로그램을 작성해보자.

[프로그램 5-5] 조이스틱 상태 시리얼 모니터 창 출력 하기

```
// joystick1
// 조이스틱 상태 시리얼 모니터 출력하기

const int x_joystick = A2;                    // X축 아날로그 연결핀
const int y_joystick = A1;                    // Y축 아날로그 연결핀
const int z_sw = A0;                          // Z축 스위치 연결핀

void setup()
{
    Serial.begin(9600);
    pinMode(z_sw, INPUT_PULLUP);              // Z축 스위치 연결핀 내부풀업 설정
}

void loop()
{
    int dx, dy;
    boolean sw;

    dx = analogRead(x_joystick);              // X축 방향 전압값(좌우)
    dy = analogRead(y_joystick);              // Y축 방향 전압값(상하)
    sw = digitalRead(z_sw);                   // Z축 스위치 상태 읽기

    // X축 방향 조이스틱 전압값 출력
    Serial.print("X-axis = ");
    Serial.println(dx);

    // Y축 방향 조이스틱 전압값 출력
    Serial.print("Y-axis = ");
    Serial.println(dy);

    // Z축 스위치 상태 출력
    Serial.print("Z-switch = ");
    if(sw == 0) Serial.println("0(ON)");
    else Serial.println("1(OFF)");

    delay(2000);
}
```

동작 확인

조이스틱의 상하, 좌우 스틱이 중간에 놓인 경우 512에 가까운 값을 갖는 것을 확인할 수 있고, 상하 스틱의 경우에는 dy의 값이 아래쪽에 있을 때 0 위쪽에 있을 때 1023의 값을 갖는 것을 확인할 수 있다. 그리고, 좌우 스틱의 경우에는 dx의 값이 좌측에 있을 때 1023, 우측에 있을 때 0의 값을 갖는 것을 확인할 수 있고, Z축 스위치는 조이스틱에 저항이 연결되어 있지 않아 내부 풀업 사용으로 설정되어 스위치가 눌릴 때 마다 0이 입력되어 정상적으로 읽혀지는 것을 확인할 수 있다.

[조이스틱 연습2] 조이스틱으로 3개의 LED 제어

조이스틱의 상하 스틱이(Vy) 위쪽에 있을 때는 적색 LED를 최대 밝기로 하고, 아래쪽에 있을 때는 적색 LED의 밝기를 제일 어둡게 제어하도록 하라. 그리고 조이스틱의 좌우 스틱이(Vx) 오른쪽에 있을 때는 녹색 LED를 최대 밝기로 하고, 왼쪽에 있을 때는 녹색 LED의 밝기를 제일 어둡게 제어하도록 하라. 마지막으로 Z축 스위치는 눌려질 때마다 청색 LED를 5단계의 밝기(PWM 값 0,63,126,189,252)로 차례대로 제어하도록 프로그램을 작성해보자.

[프로그램 5-6] 조이스틱으로 3개의 LED 제어

```
// joystick2
// 조이스틱으로 3개의 LED 제어하기
// 좌우 조이스틱 : 적색 LED 밝기 제어(Vx)
// 상하 조이스틱 : 녹색 LED 밝기 제어(Vy)
// Z축 스위치 : 청색 LED 4단계 밝기로 제어

const int x_joystick = A2;                    // X축 아날로그 연결핀
const int y_joystick = A1;                    // Y축 아날로그 연결핀
const int z_sw = A0;                          // Z축 스위치 연결핀

const int R_led = 6;                          // 적색 LED 연결핀
const int G_led = 5;                          // 녹색 LED 연결핀
const int B_led = 3;                          // 청색 LED 연결핀


int  b_light = 126;                           // 청색 LED 출력 초기값

void setup()
{
    pinMode(z_sw, INPUT_PULLUP);              // Z축 스위치 연결핀 내부풀업 설정
```

```
    pinMode(R_led, OUTPUT);                     // 적색 LED 연결핀 출력 설정
    pinMode(G_led, OUTPUT);                     // 녹색 LED 연결핀 출력 설정
    pinMode(B_led, OUTPUT);                     // 청색 LED 연결핀 출력 설정

    analogWrite(B_led, b_light);                // 청색 LED 초기상태 출력
}

void loop()
{
    int dx, dy;
    boolean b_sw, f_sw;
    int r_light, g_light;

    dx = analogRead(x_joystick);                // X축 방향 전압값(좌우)
    dy = analogRead(y_joystick);                // Y축 방향 전압값(상하)
    b_sw = digitalRead(z_sw);                   // Z축 스위치 첫번째 상태 읽기

    // Y축 방향 조이스틱 디지털값(0~1023) 0~255로 변환
    r_light = map(dy, 0, 1023, 0, 255);         // 위쪽에서 최대, 아래쪽에서 최소
    analogWrite(R_led, r_light);

    // X축 방향 조이스틱 디지털값 0(오른쪽)~1023(왼쪽)을 255~0으로 반전 처리
    g_light = map(dx, 0, 1023, 255, 0);         // 왼쪽에서 0, 오른쪽에서 최대
    analogWrite(G_led, g_light);

    // Z축 스위치 상태 출력
    delay(10);
    f_sw = digitalRead(z_sw);                   // Z축 스위치 두번째 상태 읽기
    if(b_sw == HIGH && f_sw == LOW){            // Z축 스위치 눌려지는 순간
        b_light = b_light + 63;
        if(b_light > 255) b_light = 0;

        analogWrite(B_led, b_light);
    }
}
```

동작 확인

조이스틱의 스위치를 초기 상태(PWM 값 126)에서 2회 누르면 청색 LED의 밝기가 126+126(63씩 증가)이 되어 최대가 되고, 1회 더 누르면 255를 넘어 0이 되면서 청색 LED는 off상태가 된다. 이 상태에서 조이스틱을 좌측으로 움직이면 g_light가 0이 되면서 녹색 LED가 off 상태가 되어 적색 LED만 중간 밝기의 on 상태가 된다. 반면에 조이스틱을 우측으로 움직이면 g_light가 255이 되어 녹색 LED가 최대 밝기가 되고, 적색 LED는 중간 밝기 상태가 되어 조금 녹색 빛이 강한 혼합된 색상을 갖게 된다. 조이스틱을 아래로 내리면 r_light가 0이 되면서 적색 LED가 off 상태가 되어 녹색 LED만 중간 밝기의 on 상태가 된다. 반면에 조이스틱을 위로 움직이면 r_light가 255이 되어 적색 LED가 최대 밝기가 되고, 녹색 LED는 중간 밝기 상태가 되어 조금 적색 빛이 강한 혼합된 색상을 갖게 된다.

5.3 리모콘

리모콘은 [그림 5-12]와 같이 IR(Infrared Ray) 수신기(적외선 수광기)와 같이 사용하며, 여러 가지 기기의 제어에 사용할 수 있다. 우리 가정에서 많이 사용하고 있는 리모콘은 일반적으로 NEC 방식의 신호 구성을 가지고 있으며, 신호는 [그림 5-13]과 같이 초기에 리더 코드(Leader code)가 오고 이어서 16비트의 Address 코드와 16비트의 Data 코드가 온다. 리더 코드 부분은 9ms의 Leader code 뒤에 4.5ms의 신호가 없는 부분(Space)으로 이루어지며, 반복 코드인 경우에는 Space 부분이 2.25ms의 폭을 갖게 된다. 데이터 영역은

> Address Code(8비트) + Address Code에 대한 반전값(1의 보수, 8비트)
> + Data Code(8비트) + Data Code에 대한 반전값(1의 보수, 8비트)

와 같이 총 32비트로 구성되며, 맨 뒤에 데이터의 끝을 나타내는 Stop 비트가 1개 나오도록 되어 있다.

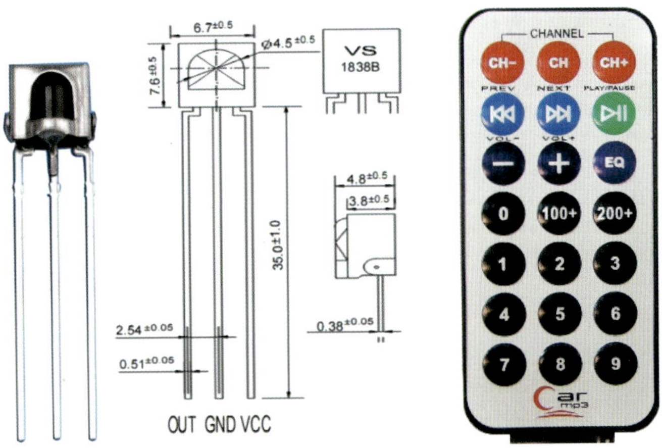

(a) IR Receiver (b) 리모콘

[그림 5-12] 적외선 수광기와 리모콘

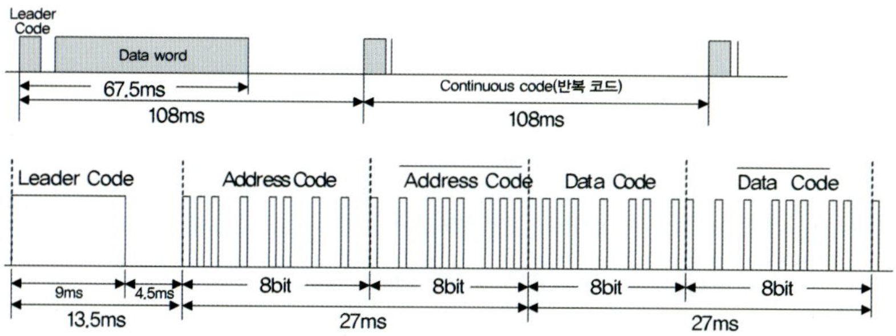

[그림 5-13] NEC 송신 코드

Address 코드는 일명 Custom 코드라고도 하는데 제조 회사마다 다른 식별코드를 사용하며, 데이터 코드는 8비트씩 나누어져 반전 관계를 나타내며, 각 코드에서 비트 0과 1의 신호는 [그림 5-14]와 같이 구성된다. 즉, 비트 0은 펄스 간격 1.125ms 중에서 0.56ms의 High 구간을 가지며, 비트 1은 펄스 간격 2.25ms 중에서 0.56ms의 High 구간을 갖는다.

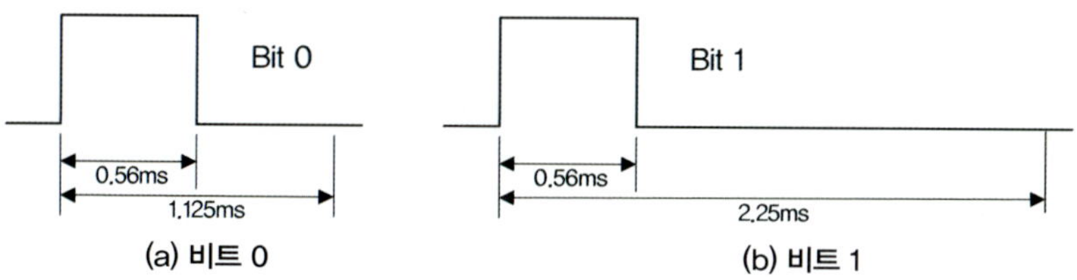

[그림 5-14] NEC 방식에서의 비트 0과 1

리모컨을 사용하기 위해

https://github.com/z3t0/arduino-IRremote 에서

"Arduino-IRremote-master.zip" 라이브러리 파일을 다운받아 압축을 풀어 폴더 "Arduino-IRremote-master"를 아두이노 프로그램이 설치된

C:\Program Files (x86)\Arduino\libraries

폴더에 저장한다.

컴파일시 오류가 발생하는 경우

"IRremote.h"를 위한 복수개의 라이브러리가 발견되었습니다.

사용됨: C:\Program Files (x86)\Arduino\libraries\RobotIRremote
사용되지 않음: C:\Program Files (x86)\Arduino\libraries\Arduino-IRremote-master
exit status 1 보드 Arduino/Genuino Uno 컴파일 에러.

컴파일에서 위와 같은 메시지가 출력되는 경우에는 아두이노 스케치에 기본적으로 설치되는 RobotIRremote 라이브러리와의 충돌 때문에 발생한다. 그래서 Arduino\libraries에 있는 RobotIRremote 폴더를 삭제한 후 스케치를 재실행시키고 컴파일하도록 한다.

리모컨을 사용하기 위해서는 헤더 파일 〈IRremote.h〉를 Include 해 주어야 한다. 이 헤더 파일에는 두 개의 클래스가 선언되어 있으며, 다음과 같은 함수와 변수들이 정의되어 있다.

〈decode_results 클래스(리모컨을 통해 받은 수신데이터 저장 클래스) 멤버 변수〉

변수	설명	비고
decode_type_t decode_type;	리모콘 신호 형식	UNKNOWN, NEC, SONY, RC5, ..
unsigned long value;	디코딩 데이터	클래스 변수
int bits;	디코드된 비트 수	클래스 변수

〈IRrecv(적외선 수신기) 클래스 함수〉

멤버 함수명	설명	사용 예
IRrecv 객체명(int recvpin)	적외선 수신센서 연결핀 지정	예) IRrecv ir(2);
int decode(decode_results *rlts);	적외선 수신기로부터 데이터 수신하여 rlt에 저장	decode_results rlt; ir.decode(&rlt);
void enableIRIn( );	리모컨의 입력을 시작하며 setup() 함수에서 사용.	ir.enableRin();

void resume( );	디코딩 종료된 후 다음 값 수신하고, 디코드 데이터 사용 후 실행	ir.decode();
		....
		ir.resume();

리모콘의 키가 눌려질 때 전송되는 데이터 코드 값은 [표 5-1]과 같으며, 리모콘 실험을 위한 회로 및 배선도는 [그림 5-15]와 같다.

[표 5-1] 키 눌려질 때의 전송 데이터 코드

리모컨	키	전송 데이터 코드(16진)
	CH-	A25D
	CH	629D
	CH+	E21D
	:⟨⟨	22DD
	⟩⟩:	02FD
	⟩::	C23D
	−	E01F
	+	A857
	EQ	906F
	0	6897
	100+	9867
	200+	B04F
	1	30CF
	2	18E7
	3	7A85
	4	10EF
	5	38C7
	6	5AA5
	7	42BD
	8	4AB5
	9	52AD

사용 부품	수량
리모콘 수광기	1개
7-세그먼트	1개

아두이노 연결핀	7-세그먼트 연결핀
9	7(a)
8	6(b)
7	4(c)
6	2(d)
5	1(e)
4	9(f)
3	10(g)
	수광기 연결핀
2	수광기 OUT

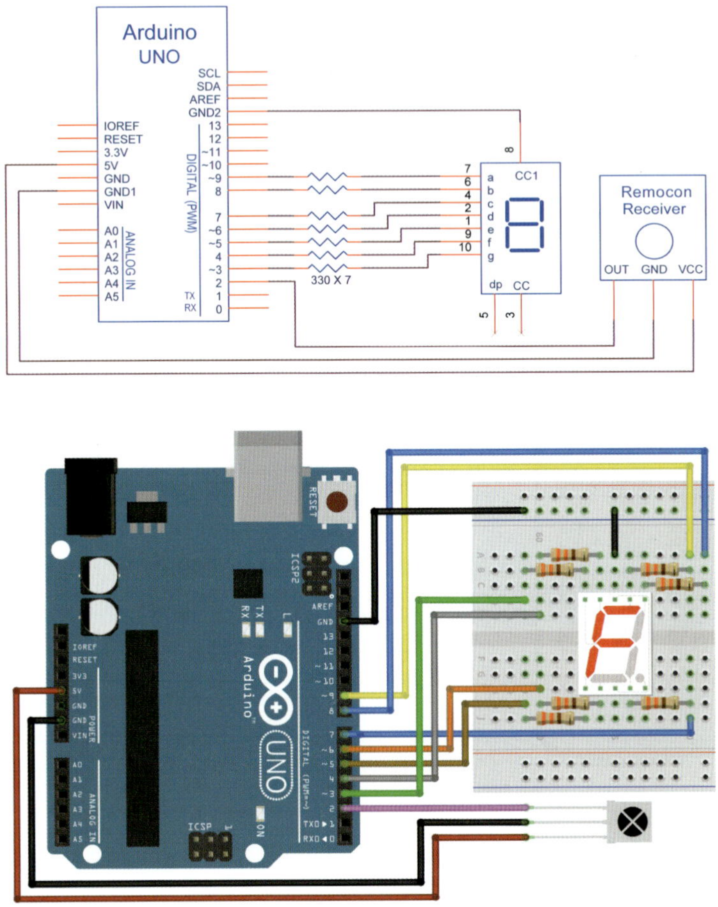

[그림 5-15] 리모콘 실험 회로 및 배선도

[리모콘 연습1] 눌려진 리모컨 키 시리얼 모니터 창 표시하기

리모컨의 눌려진 키를 시리얼 모니터 창에 표시하는 프로그램을 작성해보자.

[프로그램 5-7] 눌려진 리모컨 키 시리얼 모니터 창 표시하기

```
// remoncon1
// 리모컨 눌려진 키 시리얼 모니터 표시하기
//
#include <IRremote.h>
const int REC_PIN = 2;

IRrecv myIR(REC_PIN);                          // 리모컨 객체 myIR생성
decode_results rlt;                            // 리모컨 수신 데이터 구조체 선언

void setup()
{
    Serial.begin(9600);                        // 시리얼 통신속도 9600bps
    ir.enableIRIn();                           // 리모컨 입력 시작
}

void loop()
{
    byte key;

    if(!ir.decode(&rlt)) return;               // 수신된 데이터가 없으면 리턴

    if(rlt.decode_type == NEC){                // NEC 방식인 경우에만 처리
        key = (unsigned char)rlt.value;        // 반전 데이터 코드만 추출(하위 8비트)

        if(key == 0x5D) Serial.println("Press  CH-");       // CH- key
        else if(key == 0x9D) Serial.println("Press  CH");   // CH key
        else if(key == 0x1D) Serial.println("Press  CH+");  // CH+ key
        else if(key == 0xDD) Serial.println("Press  :<<");  // :<< key
        else if(key == 0xFD) Serial.println("Press  >>:");  // >>: key
        else if(key == 0x3D) Serial.println("Press  >::");  // >:: key
        else if(key == 0x1F) Serial.println("Press  -");    // - key
        else if(key == 0x57) Serial.println("Press  +");    // + key
        else if(key == 0x6F) Serial.println("Press  EQ");   // EQ key
        else if(key == 0x97) Serial.println("Press  0");    // 0 key
        else if(key == 0x67) Serial.println("Press  200-"); // 200- key
        else if(key == 0x4F) Serial.println("Press  200+"); // 200+ key
        else if(key == 0xCF) Serial.println("Press  1");    // 1 key
        else if(key == 0xE7) Serial.println("Press  2");    // 2 key
        else if(key == 0x85) Serial.println("Press  3");    // 3 key
        else if(key == 0xEF) Serial.println("Press  4");    // 4 key
        else if(key == 0xC7) Serial.println("Press  5");    // 5 key
        else if(key == 0xA5) Serial.println("Press  6");    // 6 key
        else if(key == 0xBD) Serial.println("Press  7");    // 7 key
        else if(key == 0xB5) Serial.println("Press  8");    // 8 key
        else if(key == 0xAD) Serial.println("Press  9");    // 9 key
    }
    ir.resume();                                        // 새로운 데이터 수신
}
```

[리모콘 연습2] 리모컨 키에 따라 7-세그먼트의 표시 값 설정

리모컨의 각 키에 대해 [표 5-2]와 같은 기능을 부여하여 리모콘 키가 눌려질 때마다 7-세그먼트에 표시되는 값을 바꾸어 주는 프로그램을 작성해보자.

[표 5-2] 리모콘 키에 부여된 기능

리모컨	키	7-세그먼트 표시값 (disp_val : 0~9)	키	7-세그먼트 표시값 (disp_val : 0~9)
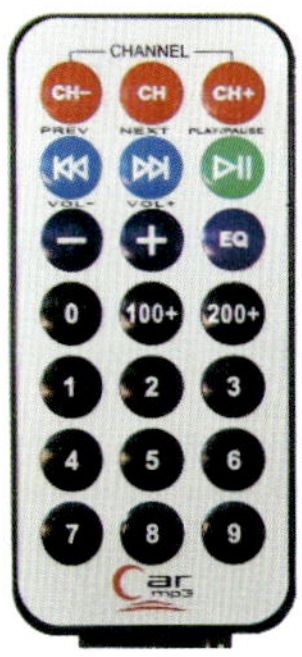	CH-	-4	200+	+2
	CH	0	1	1
	CH+	+4	2	2
	:⟨⟨	-3	3	3
	⟩⟩:	+3	4	4
	⟩::	9	5	5
	-	-1	6	6
	+	+1	7	7
	EQ	5	8	8
	0	0	9	9
	100+	-2		

[프로그램 4-36] 리모컨 키에 따라 7-세그먼트의 표시 값 설정

```
// remocon2
// 리모컨 키에 따라 7-세그먼트 표시 값 설정

#include <IRremote.h>
const int REC_PIN = 2;
const int segment_pin[8] ={9, 8, 7, 6, 5, 4, 3}; // A,B,C,D,E,F,G 연결 핀

// 7세그먼트 0~F 표시 패턴 {a, b, c, d, e, f, g}
const byte segment_pat[10][7] = {
    {1, 1, 1, 1, 1, 1, 0},  // 0
    {0, 1, 1, 0, 0, 0, 0},  // 1
    {1, 1, 0, 1, 1, 0, 1},  // 2
    {1, 1, 1, 1, 0, 0, 1},  // 3
    {0, 1, 1, 0, 0, 1, 1},  // 4
    {1, 0, 1, 1, 0, 1, 1},  // 5
    {1, 0, 1, 1, 1, 1, 1},  // 6
```

```
    {1, 1, 1, 0, 0, 0, 0},  // 7
    {1, 1, 1, 1, 1, 1, 1},  // 8
    {1, 1, 1, 0, 0, 1, 1}}; // 9

byte disp_val = 0;                              // 7-세그먼트 표시값
void segment_dsp(void);                         // 7-세그먼트 표시 함수

IRrecv myIR(REC_PIN);                           // 리모컨 객체 myIR생성
decode_results rlt;                             // 리모컨 수신 데이터 구조체 선언

void setup()
{
    byte n;

    myIR.enableIRIn();                          // 리모컨 입력 시작
    for(n = 0;n < 7;n++)
        pinMode(segment_pin[n], OUTPUT);        // Segment 연결핀 출력 설정
    segment_dsp();                              // 초기상태 '0' 표시
}

void loop()
{
    byte  key;

    if(!myIR.decode(&rlt)) return;               // 수신된 데이터가 없으면 리턴

    if(rlt.decode_type == NEC){                  // NEC 방식인 경우에만 처리
        key = (unsigned char)rlt.value;          // 반전 데이터 코드만 추출(하위 8비트)

        if(key == 0x5D) disp_val = (disp_val + 6) % 10;        // CH- key(-4)
        else if(key == 0x9D) disp_val = 0;                     // CH key(0)
        else if(key == 0x1D) disp_val = (disp_val + 4) % 10;   // CH+ key(+4)
        else if(key == 0xDD) disp_val = (disp_val + 7) % 10;   // :<< key(-3)
        else if(key == 0xFD) disp_val = (disp_val + 3) % 10;   // >>: key(+3)
        else if(key == 0x3D) disp_val = 9;                     // >:: key(9)
        else if(key == 0x1F) disp_val = (disp_val + 9) % 10;   // - key(-1)
        else if(key == 0x57) disp_val = (disp_val + 1) % 10;   // + key(+1)
        else if(key == 0x6F) disp_val = 5;                     // EQ key(5)
        else if(key == 0x67) disp_val = (disp_val + 8) % 10;   // 100+ key(-2)
        else if(key == 0x4F) disp_val = (disp_val + 2) % 10;   // 200+ key(+2)
        else if(key == 0x97) disp_val = 0;                     // 0 key
        else if(key == 0xCF) disp_val = 1;                     // 1 key
        else if(key == 0xE7) disp_val = 2;                     // 2 key
        else if(key == 0x85) disp_val = 3;                     // 3 key
        else if(key == 0xEF) disp_val = 4;                     // 4 key
        else if(key == 0xC7) disp_val = 5;                     // 5 key
```

```
        else if(key == 0xA5) disp_val = 6;                    // 6 key
        else if(key == 0xBD) disp_val = 7;                    // 7 key
        else if(key == 0xB5) disp_val = 8;                    // 8 key
        else if(key == 0xAD) disp_val = 9;                    // 9 key

        segment_dsp();
    }
    myIR.resume();                                    // 새로운 데이터 수신
}

// 눌려진 키 disp_val 값 7-세그먼트 표시
void segment_dsp()
{
    byte n;

    for(n = 0;n < 7;n++)                              // disp_val 패턴 출력
        digitalWrite(segment_pin[n], segment_pat[disp_val][n]);
}
```

5.4 RFID 모듈

RFID란 'Radio Frequency Identification'의 약자이며, 주파수를 이용해 ID를 식별하는 장치로 [그림 5-16]과 같이 RFID 태그와 RFID 판독기로 구성된다. RFID 판독기(Reader)는 자기장을 발생시켜 태그를 판독기 가까이에 가져가면 태그의 코일에 유도전류가 발생한다. 이 전류를 통해 태그에 내장된 칩에 전원이 공급되고, 태그의 정보가 판독기의 안테나로 전송된다. 결과적으로 판독기는 태그 정보를 받아 대상을 식별하게 된다.

RFID 태그(Tag)는 안테나와 집적회로로 구성되어 집적회로 안에 정보를 기록하고 안테나를 통해 판독기에 정보를 송신한다. 이 정보는 태그가 부착된 대상을 식별하는데 이용되며, 이 태그는 버스 교통카드, 회사 출입카드, 도서관의 도서관리 등 열쇠고리 또는 카드에 부착되어 사용된다.

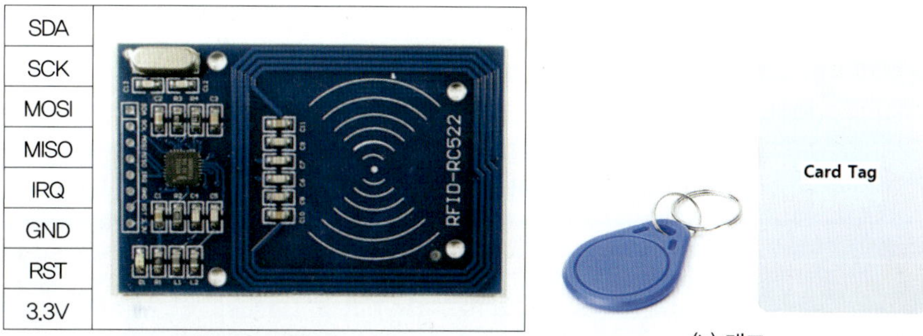

(a) RFID 판독기 (b) 태그

[그림 5-16] RFID 판독기 모듈

RFID를 사용하기 위해 아두이노 라이브러리를

https://github.com/miguelbalboa/rfid 에서

다운받아 예제 파일과 소스파일을 포함하고 있는 rfid-master 폴더를

C:\Program Files (x86)\Arduino\libraries

에 복사한다. 이 라이브러리에 관련된 클래스 및 함수는 다음과 같다.

〈MFRC522클래스 변수 및 함수〉

클래스 변수명	설명

`Uid uid;`	`typedef struct {`
	`  byte size;          // 저장 ID 바이트 수`
	`  byte uidByte[10];    // 태그 ID 저장`
	`  byte sak;           // PICC으로부터 받은 Select acknowledge byte`
	`} Uid;`

클래스 함수명	설명	사용 예
MFRC522(const byte SelPin, const byte resetPin);	MFRC 객체 생성 SelPin : 칩셀렉터 연결핀 resetPin 리셋핀 지정	MFRC522 my_mfrc(10, 9);
PCD_Init();	MFRC522 Chip 초기화	
PICC_IsNewCardPresent()	태그 접촉이 있으면 True 없으면 False	
PICC_ReadCardSerial()	태그 ID가 읽히면 True 안읽히면 False	

RFID 판독기는 SPI(Serial Peripheral Interface) 연결핀을 가지고 있어 아두이노 보드의 SPI 핀(10, 11, 12, 13)에 연결하여야 한다.([표 5-3])

[표 5-3] 아두이노 우노보드 SPI 핀 구성

아두이노 보드								ATmega328P MCU 핀 번호 및 포트명
아두이노 핀 명		디지털 입출력 핀	아날로그 입력 핀	PWM 출력 핀	외부 인터럽트 핀	시리얼 통신 핀		
왼쪽	3.3V							
오른쪽	GND							8(22). GND
	13	13				SCK	SPI	19. PB5/SS
	12	12				MISO		18. PB4/MISO
	~11	11		11		MOSI		17. PB3/MOSI/OC2A
	~10	10		10		SS		16. PB2/SS/OC1B

RFID 실험을 위해 [그림 5-17]과 같이 배선하도록 한다.

사용 부품	수량
RFID 모듈 및 태그	1개
LED	1개
저항 330Ω	1개

아두이노 연결핀	RFID 판독기 연결핀
3.3V	3.3V핀
GND	GND핀
9	RST
10	SDA
11	MOSI
12	MISO
13	SCK

아두이노 연결핀	LED 연결핀
3.3V	저항 330Ω
7	LED 캐소드

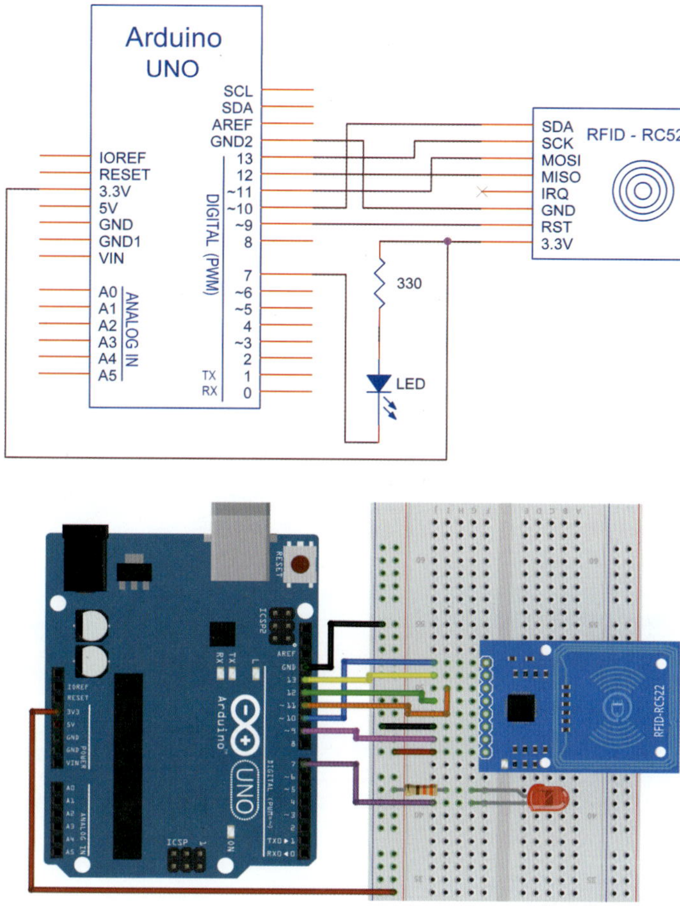

[그림 5-17] RFID 실험 회로 및 배선도

[RFID 연습1] 태그 ID 시리얼 모니터 창 표시하기

태그는 각각 고유 ID를 가지고 있으며, 카드형 태그와 열쇠 고리형 태그를 이용하여 태그 ID를 RFID 판독기로 읽어 시리얼 모니터 창에 표시하는 프로그램을 작성해보자.

[프로그램 5-9] 태그 ID 시리얼 모니터 창 표시

```
// rfid1
// 태그 ID 확인 프로그램
// 시리얼 모니터 창 출력 표시
//
// RFID 핀 : 아두이노 연결핀
// ------------------------------------
// RST    : 9번
// SDA    : 10번(/SS : Slave Select)
// MOSI   : 11번(MOSI)
// MISO   : 12번(MSIO)
// SCK    : 13번(SCK)

#include <SPI.h>
#include <MFRC522.h>

const int RST_PIN = 9;                        // 리셋핀
const int SS_PIN = 10;                        // Slave Slect 핀

MFRC522 my_mfrc(SS_PIN, RST_PIN);             // MFRC522 객체 생성
void setup()
{
    Serial.begin(9600);
    SPI.begin();                              // SPI 통신 시작
    my_mfrc.PCD_Init();                       // MRFC 칩 초기화
}

void loop()
{
    // 태그 접촉이 있는지, ID가 읽혀지는지 확인
    if(!my_mfrc.PICC_IsNewCardPresent() || !my_mfrc.PICC_ReadCardSerial()){
        // 태그 접촉이 없거나, ID가 읽혀지지 않으면 리턴
        delay(500);
        return;
    }

    // 태그 ID 4바이트 순차 출력
    Serial.print("Card ID : ");
    for(byte k = 0;k < 4;k++){
        Serial.print(my_mfrc.uid.uidByte[k]);
        Serial.print(" ");                    // 간격 띄우기
    }
    Serial.println();                         // 행 바꾸기
}
```

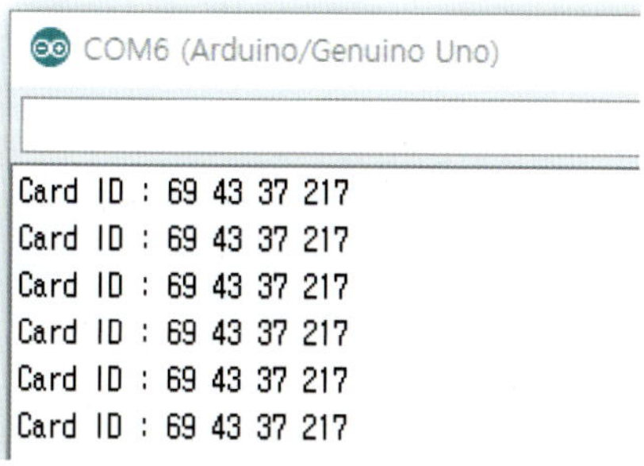

(a) 열쇠형 태그

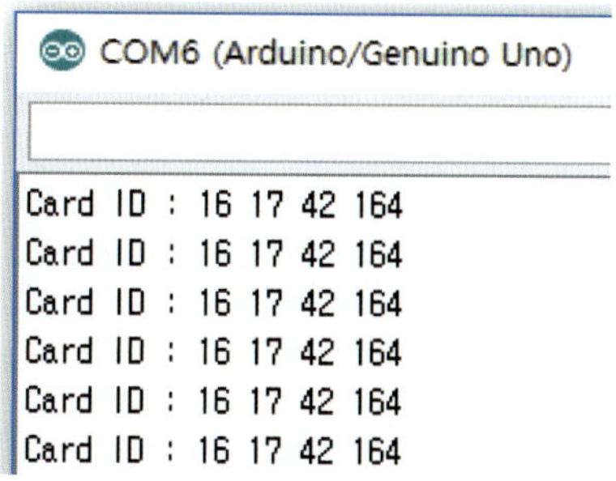

(b) 카드형 태그

[그림 5-18] 인식된 태그 ID

[RFID 연습2] 카드 태그와 일치하면 LED 3초간 ON 시키기

프로그램에 등록된 태그 ID(카드 태그)와 같은 태그가 읽혀지면 7번 핀에 풀업 연결된 LED를 3초간 ON 시키는 프로그램을 작성해보자.

[프로그램 5-10] 카드 태그 ID와 일치하면 LED 3초간 ON 시키기

```
// rfid2
// 카드 태그 ID(16 17 42 164)와 일치하면
// 7번핀 3.3V 풀업 연결 LED 3초간 ON 시키기
//
// RFID 핀 : 아두이노 연결핀
// ──────────────────────────
// RST    : 9번
// SDA    : 10번(/SS : Slave Select)
// MOSI   : 11번(MOSI)
// MISO   : 12번(MSIO)
// SCK    : 13번(SCK)

#include <SPI.h>
#include <MFRC522.h>

const int RST_PIN = 9;                              // 리셋핀
const int SS_PIN = 10;                              // Slave Slect 핀
const int LED_PIN = 7;                              // LED 연결핀
const byte iden_id[4] = {16, 17, 42, 164};          //  확인 태그 ID

MFRC522 my_mfrc(SS_PIN, RST_PIN);                   // MFRC522 객체 생성
```

```
void setup()
{
    SPI.begin();                                    // SPI 통신 시작
    my_mfrc.PCD_Init();                             // MRFC 칩 초기화

    pinMode(LED_PIN, OUTPUT);                       // 7번핀 출력
    digitalWrite(LED_PIN, HIGH);                    // LED 초기상태 OFF
}

void loop()
{
    byte k;

    // 태그 접촉이 있는지, ID가 읽혀지는지 확인
    if (!my_mfrc.PICC_IsNewCardPresent() || !my_mfrc.PICC_ReadCardSerial()) {
        // 태그 접촉이 없거나, ID가 읽혀지지 않으면 리턴
        delay(500);
        return;
    }

    // 태그 ID 4바이트 일치 확인
    for(k = 0; k < 4; k++) {
        if(my_mfrc.uid.uidByte[k] != iden_id[k]) break;
    }

    if(k == 4) { // 마지막까지 일치하였으면
        digitalWrite(LED_PIN, LOW);                 // LED 초기상태 ON
        delay(3000);                                // 3초 딜레이
        digitalWrite(LED_PIN, HIGH);                // LED 초기상태 OFF
    }
}
```

5.5 조도 센서 CdS

이 센서는 카드뮴(Cd)과 황(S)의 화합물인 황화카드뮴으로 만들어져 빛의 세기에 따라 소자 양단의 저항이 바뀌며, 밝으면 저항값이 작아지고 어두우면 저항값이 커지는 특성을 가지고 있다. 즉 빛의 세기에 따라 저항값이 바뀌는 광 가변저항이라 할 수 있으며, 카메라의 노출계, 가로등의 점멸장치 등 다양한 응용분야를 가지고 있다. 극성은 없으므로 방향은 따로 신경쓸 필요가 없으며, 가변저항처럼 동작하므로 다른 저항과 같이 회로를 구성하여 센서에 걸리는 전압을 디지털 값으로 변환하여 빛의 세기를 판단하여 사용하면 된다.

[그림 5-19] 조도 센서

조도 센서 실험을 위한 회로 및 배선도는 [그림 5-20]과 같다

사용 부품	수량
CdS 조도센서	1개
저항(10kΩ)	1개

아두이노 연결핀	연결핀
A5	조도 센서, 저항

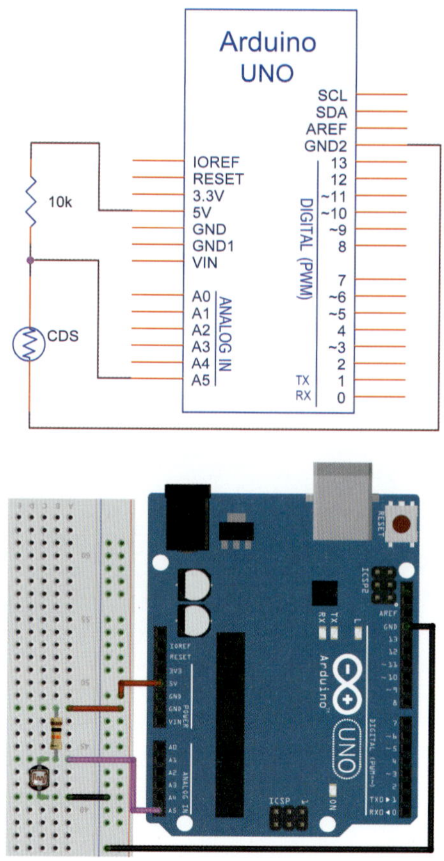

[그림 5-20] 조도 센서 실험 회로 및 배선도

[CdS 연습1] CdS에 걸리는 전압 및 디지털 값 모니터 창에 표시하기

CdS에 걸리는 전압을 A/D 변환하여 시리얼 모니터 창에 디지털 값과 전압으로 표시하는 프로그램을 작성해보자.

[프로그램 5-11] CdS에 걸리는 전압 및 디지털 값 시리얼 모니터 창 표시하기

```
// cds1
// CdS 조도센서에 걸리는 전압과 A/D 변환값 확인
// CdS와 저항 10k 연결하고, 5V 전원은 저항쪽에 GND는 CdS쪽에 연결
// CdS와 저항이 연결된 점의 전압 측정 => CdS에 걸리는 전압
// 따라서 밝으면 저항이 작아지므로 걸리는 전압이 작아지고
// 어두우면 저항이 커지므로 걸리는 전압이 커지게 된다.

const byte cds = A5;                          // CdS 연결핀

void setup()
{
    Serial.begin(9600);
}

void loop()
{
    int  ad_cds;
    float  v_cds;

    ad_cds = analogRead(cds);                 // CdS에 걸리는 전압 디지털 변환

    v_cds = (float)ad_cds / 1024.0 * 5;       // CdS에 걸리는 전압 계산

    Serial.print("AD_CDS = ");                // 디지털값 표시
    Serial.println(ad_cds);

    Serial.print("V_CDS = ");
    Serial.println(v_cds);                    // 전압값 표시
    Serial.println(" ");

    delay(1000);
}
```

동작 확인

형광등 밑에서 디지털 값은 대략 100, 전압은 0.5V정도 그리고 CdS를 가리면 디지털값 270, 전압은 1.3V 정도로 측정됨(이 값들은 환경에 따라 조금씩 다를 수 있으며, 절대적인 값은 아님)

[CdS 연습2] 빛의 밝기에 따라 LED ON/OFF 제어하기

CdS에 걸리는 디지털 값이 150보다 작으면(밝은 상태) 13번 핀에 연결된 LED (LED_BUILTIN)를 ON 시키고, 150보다 크면(어두운 상태) LED를 OFF시키도록 하는 프로그램을 작성해보자. 13번 핀에 연결된 LED는 pull-down 형식으로 연결되어 있어 HIGH를 출력하면 ON, LOW를 출력하면 OFF 된다.

[프로그램 5-12] 빛의 밝기에 따라 LED ON/OFF 제어하기

```
// cds2

const byte cds = A5;                                   // CdS 연결핀

void setup()
{
    pinMode(LED_BUILTIN, OUTPUT);                      // 13번핀 출력 설정
}

void loop()
{
    int  ad_cds;

    ad_cds = analogRead(cds);                          // CdS에 걸리는 전압 디지털 변환

    if(ad_cds <= 150) digitalWrite(LED_BUILTIN, HIGH);   // 밝은 상태, LED ON
    else digitalWrite(LED_BUILTIN, LOW);                 // 어두운 상태, LED OFF
}
```

CdS를 가리지 않은 상태에서는 아두이노 보드 13번 핀에 연결된 LED가 ON이 되고 CdS를 가리면 13번 핀에 연결된 LED가 OFF가 되는 것을 확인할 수 있다.

5.6 온도 센서 및 온습도 센서

● 온도 센서

[그림 5-21]은 -55℃~150℃의 측정범위를 갖는 온도 센서 LM35DZ의 외관과 핀 구성을 보여준다. [그림 5-22]는 사용법과 이에 따른 온도 측정범위를 보여주며, [표 5-4]와 같은 특징을 갖는다.

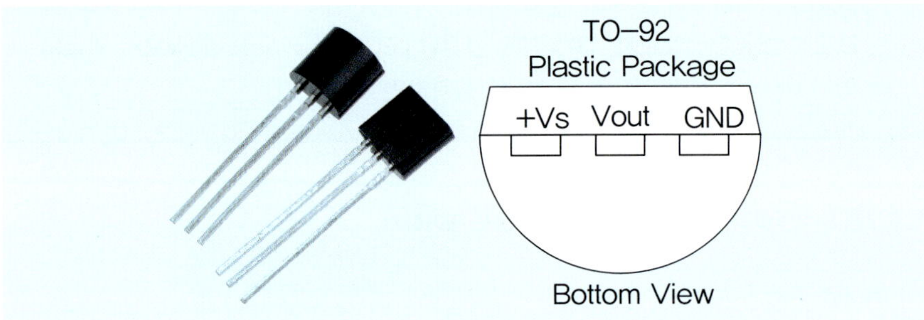

[그림 5-21] LM35DZ 외관 및 핀 구성

[표 5-4] LM35DZ 특징

- 섭씨 온도로 측정
- 25℃에서 0.5℃의 정확도
- 원격응용에 적합
- 60uA보다 적은 소모전류
- +10mV/℃의 선형특성
- -55℃~150℃의 측정범위
- 4V~30V 범위에서 동작

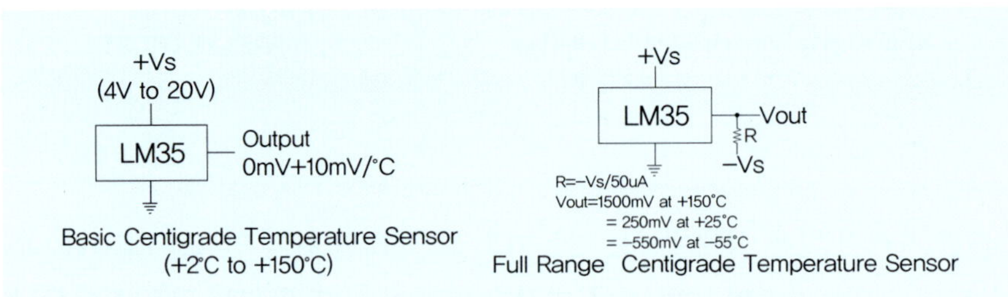

[그림 5-22] LM35 사용법과 이에 따른 온도 측정 범위

LM35DZ는 10mV/℃의 선형특성을 가지므로 아날로그 입력단자를 통해 입력되는 전압값을 측정한 후, 측정 전압값을 10mV로 나누어주면 온도를 바로 알 수 있다.

● 온습도 센서 DHT11 모듈

이 센서는 온도와 습도를 측정하며, 하나의 단자를 통해 디지털 신호를 출력하는 센서이다. 이 센서의 주요 특징은 [표 5-5]와 같다.

[그림 5-23] 온습도 센서 모듈

[표 5-5] DHT11 주요 특징

사 양	특 징
습도	20~90%RH(Relative Humidity), 해상도 8비트, ±5%RH 정확도
온도	0~50도, 해상도 8비트, ±2도(25도)
전원	3.5~5.5V(소모전류 약 1mA)
핀 배열	GND Data Vcc
데이터 출력	40비트 시리얼 데이터
샘플 간격	2초 이상

DHT11로부터 전송되는 온습도 데이터 형식은 [그림 5-24]와 같이 40비트로 구성되어 펄스 형식으로 CPU에게 Data핀을 통해 전송된다. 40비트 데이터에서 습도는 첫 번째 〈8비트 습도 정수 데이터〉에 의해 주어지며, 온도는 3번째 〈8비트 온도 정수 데이터〉에 의해 주어진다.

8비트 습도 정수 데이터 + 8비트 습도 십진 데이터 +
8비트 온도 정수 데이터 + 8비트 온도 분수 데이터 + 8비트 패리티 비트

[그림 5-24] DHT11의 데이터 형식

MCU가 시작 신호를 보내면 DHT11은 동작모드로 전환하여 시작 신호가 끝나기를 기다리며, 시작 신호가 완료되면 DHT11은 40비트의 습도 데이터와 온도 데이터를 MCU에 전송한다. MCU로부터의 시작 신호가 없는 경우에는 DHT11은 저전력모드 상태를 유지한다.
온습도 센서를 사용하기 위해서는 라이브러리는

https://github.com/adafruit/DHT-sensor-library
https://github.com/adafruit/Adafruit_Sensor

에서 두 개의 파일을 다운받아 압축을 풀어 Arduino\libraries 밑에 두 개의 폴더

Adafruit_Sensor-master
DHT-sensor-library-master

를 저장하면 된다. 이들 라이브러리에 포함된 객체 및 함수는 다음과 같다.

멤버 함수명	설명	사용 예
class DHT DHT(uint8_t pin, uint8_t type, uint8_t count = 6)	- 적외선 수신 센서 연결핀 지정 - Type 설정 DHT11, DHT22, DHT21, AM2301	mydht11(2, DHT11);
dht.begin()	데이터 연결핀의 내부 풀업저항 활성화	mydht11.begin();
float readHumidity();	습도 측정	float fh = mydh11.readHumidity();
float readTemperature (bool S = false); (S=true 화씨, default 섭씨)	온도 측정	float fc = mydht11. readTemperature();
isnan(값 또는 변수)	인자가 숫자가 아니면 True 숫자이면 False를 반환	

온도 센서 LM35DZ와 온습도 센서 DHT11 실험을 위한 회로 및 배선도는 [그림 5-25]와 같다.

사용 부품	수량
온도센서 LM35DZ	1개
온습도센서 DHT11	1개
12C LCD	1개

아두이노 연결핀	온도 센서 및 온습도 센서 연결핀	
A0	Vout	LM35DZ
2	DATA	DHT11
SDA	SDA	12C LCD
SCL	SCL	

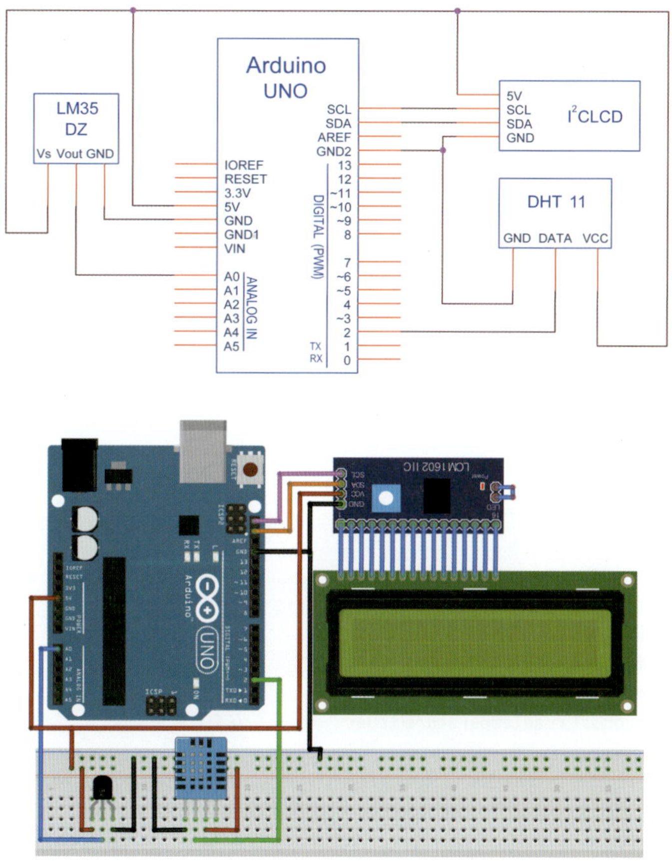

[그림 5-25] 온도 및 온습도 센서 실험 회로 및 배선도

[온도 센서 연습1] 온도 센서와 온습도 센서의 측정값 모니터 창 표시하기

온도 센서와 온습도 센서의 측정값을 시리얼 모니터 창에 표시하는 프로그램을 작성해보자. 첫 번째 라인에는 온도 센서의 온도값을 표시하고, 두 번째 라인에는 온습도 센서의 습도와 온도를 섭씨와 화씨로 표시하도록 한다.

[프로그램 5-13] 온도 센서와 온습도 센서의 측정값 시리얼 모니터 창 표시하기

```
// temp1
// 온도 센서 LM35DZ(핀 5V SIG GND) 이용 온도 측정

#include "DHT.h"

#define DHTTYPE DHT11                        // DHT 11
#define DHTPIN  2                            // DHT11 데이터 연결핀

const int lm35_pin = A0;                     // LM35 연결핀
DHT mydht11(DHTPIN, DHTTYPE);                // DHT11 객체 생성

void setup()
{
    Serial.begin(9600);
    mydht11.begin();
}

void loop()
{
    int   tp1;
    float ftp1, fh, fc, ff;

    delay(2000);                             // 측정사이 2초 이상 간격 필요

    // DHT11 온습도 센서 읽기
    fh = mydht11.readHumidity();             // 습도 측정
    fc = mydht11.readTemperature();          // 섭씨 온도 측정
    ff = mydht11.readTemperature(true);      // 화씨 온도 측정

    if (isnan(fh) || isnan(fc) || isnan(ff)) {          // 측정 실패시에는 출력없이 리턴
        Serial.println("Failed to read from DHT sensor!");
        return;
    }

    // LM35DZ 온도센서 측정
    tp1 = analogRead(lm35_pin);              // 온도센서 디지털 값
```

```
    ftp1 = (float)tp1 / 1024.0 * 5.0;                // 온도센서 전압값
    ftp1 = ftp1 * 100;                               // 온도값(1도/10mv)

    // LM35DZ 온도 센서 표시
    Serial.print("LM35DZ = ");                       // 온도 출력
    Serial.println(ftp1);

    // DHT11 온습도 센서 표시
    Serial.print("Humidity: ");                      // 습도
    Serial.print(fh);
    Serial.print(" %₩t");
    Serial.print("Temperature: ");
    Serial.print(fc);                                // 섭씨 온도
    Serial.print(" 'C ");
    Serial.print(ff);
    Serial.println(" 'F₩t");                         // 화씨 온도
    Serial.println("------------------------------------------------");
}
```

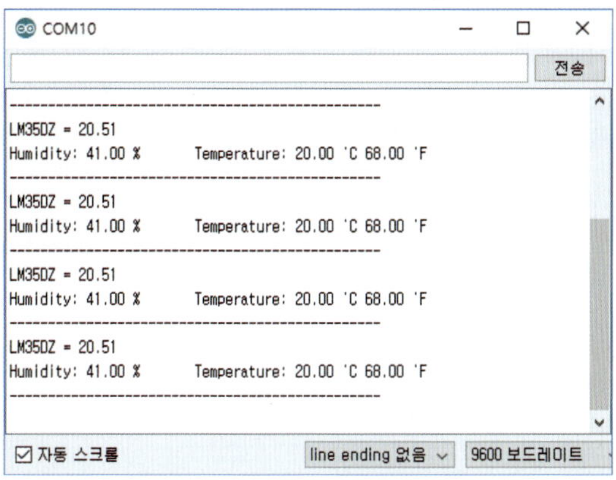

[그림 5-26] 시리얼 모니터 창

[온도 센서 연습2] 온습도 측정 값 LCD 표시하기

온도 센서와 온습도 센서의 측정값을 LCD에 [그림 5-27]과 같이 표시하는 프로그램을 작성해보자. 1행에는 온도 센서의 온도를 표시하고, 2행에는 DHT11 센서로 측정한 습도와 섭씨 온도를 표시하도록 한다.

L	M	3	5	D	Z			2	6	.	3	8	°	C
D	H	T	1	1			7	2	%		2	6	°	C

[그림 5-27] 온습도 LCD 출력하기

[프로그램 5-14] 온습도 측정값 LCD 표시하기

```
// temp2
// 온도 센서 LM35DZ(핀 5V SIG GND) 이용 온도 측정
// I2C LCD 출력

#include "DHT.h"
#include <LiquidCrystal_I2C.h>

#define DHTTYPE DHT11                          // DHT 11
#define DHTPIN 2                               // DHT11  데이터 연결핀

const int lm35_pin = A0;                       // LM35 연결핀

DHT mydht11(DHTPIN, DHTTYPE);                  // DHT11 객체 생성
LiquidCrystal_I2C myLCD(0x3F, 16, 2);          // LCD 객체 생성

void setup()
{
    mydht11.begin();                           // DHT11 초기화

    myLCD.begin();                             // LCD 초기화
    myLCD.setCursor(0, 0);                     // 커서 첫번째 행(0) 첫번째 열(0) 이동
    myLCD.print("LM35DZ");

    myLCD.setCursor(0, 1);                     // 커서 두번째 행(1) 첫번째 열(0) 이동
    myLCD.print("DHT11");
```

```
}

void loop()
{
    int   tp1, th, tc;
    float  ftp1, fh, fc;

    delay(2000);                                   // 측정사이 2초 이상 간격 필요
    // DHT11 온습도 센서 읽기
    fh = (int)mydht11.readHumidity();              // 습도 측정
    fc = mydht11.readTemperature();                // 섭씨 온도 측정

    th = (int)fh;                                  // 습도 정수화
    tc = (int)fc;                                  // 온도 정수화

    if (isnan(fh) || isnan(fc)) {                  // 측정 실패시에는 출력없이 리턴
        Serial.println("Failed to read from DHT sensor!");
        return;
    }

    // LM35DZ 온도센서 측정
    tp1 = analogRead(lm35_pin);                    // 온도센서 디지털 값
    ftp1 = (float)tp1 / 1024.0 * 5.0;              // 온도센서 전압값
    ftp1 = ftp1 * 100.0 + 0.5;                     // 온도값(1도/10mv)

    // LM35DZ 온도 센서 표시
    myLCD.setCursor(9, 0);                         // 커서 첫번째 행(0) 9열 이동
    myLCD.print(ftp1);                             // LM35DZ 온도 소수 2자리 출력
    myLCD.write(0xdf);                             // 도(문자)
    myLCD.print("C");                              // 'C' 출력

    myLCD.setCursor(7, 1);                         // 커서 두번째 행(1) 7열 이동
    myLCD.print(th);                               // DHT11 습도 정수 출력
    myLCD.print("%");                              // '%' 출력

    myLCD.setCursor(12, 1);                        // 커서 두번째 행(1) 12열 이동
    myLCD.print(tc);                               // DHT11 온도 정수 출력
    myLCD.write(0xdf);                             // 도(문자)
    myLCD.print("C");                              // 'C' 출력
}
```

5.7 기울기 센서 SW-520D

이 센서는 세워진 상태에서는 센서 안에 들어 있는 볼에 의해 두 단자가 접촉되어 ON 상태를 유지하지만, 수평에 가깝게 기울어지면 OFF 되는 스위치형 센서이다. 따라서 이 센서의 동작은 일반 스위치와 같으므로 풀업이나 풀다운 형식으로 저항과 연결하여 사용하면 된다.

(a) 외관

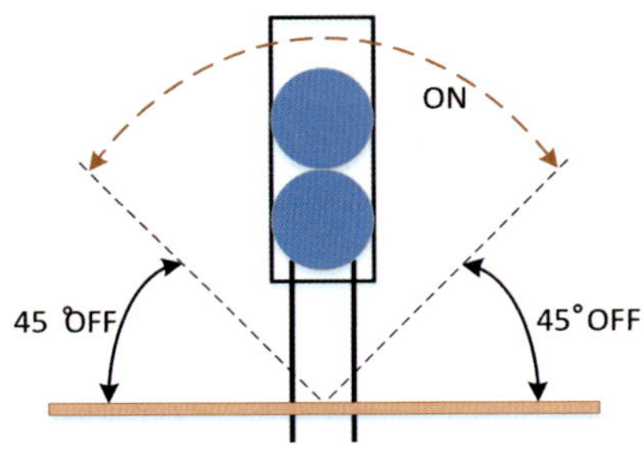

(b) ON/OFF 동작

[그림 5-28] 기울기 센서

기울기 센서 실험을 위한 회로를 [그림 5-29]와 같이 배선해보자.

사용 부품	수량
기울기 센서	1개
저항 10kΩ	1개

아두이노 연결핀	저항 및 기울기 센서
5V	저항
2	기울기 센서(저항과 풀업으로 연결)

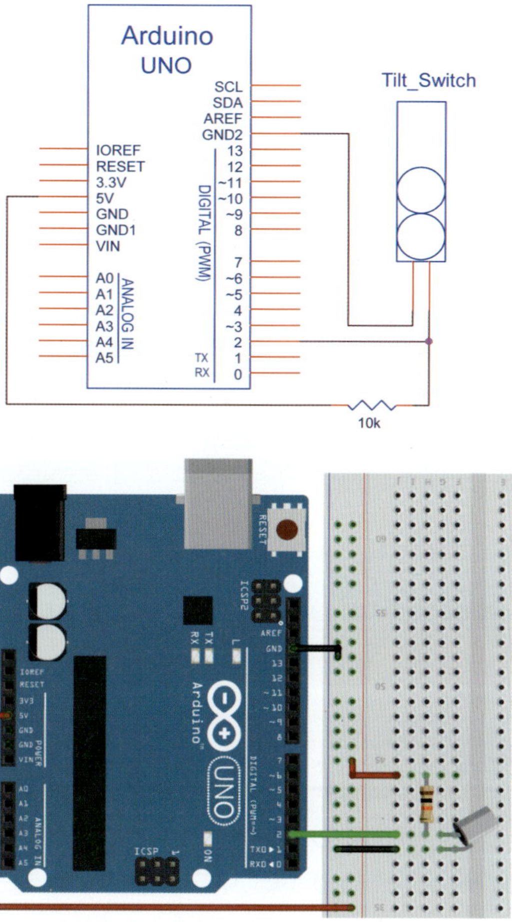

[그림 5-29] 기울기 센서 실험을 위한 회로 및 배선도

[기울기 센서 연습1] 기울기 센서의 상태를 그대로 LED에 출력하기

기울기 센서의 상태(풀업 연결)를 그대로 13번 핀에 연결된 LED(LED_BUILTIN, 풀다운 연결)에 출력하는 프로그램을 작성해보자.

[프로그램 5-15] 기울기 센서의 상태 그대로 LED에 출력하기

```
// tilt1
// 기울기 센서(스위치) : 일반 택 스위치 연결방법과 동일
// 기울어지지 않을때 : ON,  기울어지질때 : OFF
// LED_BUILTIN : 풀다운 연결(1:ON, 0:OFF)
const int tilt_pin = 2;                    // 기울기 스위치 연결핀

void setup()
{
    pinMode(LED_BUILTIN, OUTPUT);          // 보드 장착 LED(13핀) 출력 설정
    pinMode(tilt_pin, INPUT);              // 기울기 스위치 입력 설정
}

void loop()
{
    boolean t_sw;

    t_sw = digitalRead(tilt_pin);          // 기울기 스위치 상태 읽기

    digitalWrite(LED_BUILTIN, t_sw);       // 기울기 스위치 상태 LED_BULTIN LED에 출력
}
```

[기울기 센서 연습2] 기울기 센서가 ON->OFF로 바뀔 때마다 LED ON/OFF 반전

기울기 센서(풀업 연결)의 상태가 ON->OFF로 바뀔 때마다 13번 핀에 연결된 LED(LED_BUILTIN, 풀다운 연결)의 ON/OFF 상태를 반전시키는 프로그램을 작성해보자.

[프로그램 5-16] 기울기 센서가 ON->OFF로 바뀔 때 마다 LED ON/OFF 반전

```
// tilt2
// 기울기 센서(스위치) : 일반 택 스위치 연결방법과 동일
// 기울어지지 않을때 : ON,  기울어지질때 : OFF
// LED_BUILTIN : 풀다운 연결(1:ON, 0:OFF)

const int tilt_pin = 2;                      // 기울기 스위치 연결핀
boolean led_out = LOW;                       // LED_BUILTIN LED(pulldown연결) 초
                                                기상태(OFF)

void setup()
{
    pinMode(LED_BUILTIN, OUTPUT);            // 보드 장착 LED(13핀) 출력 설정
    pinMode(tilt_pin, INPUT);                // 기울기 스위치 입력 설정

    digitalWrite(LED_BUILTIN, led_out);      // LED_BUILTIN LED 초기상태(OFF) 출력
}

void loop()
{
    boolean t_sw1, t_sw2;

    t_sw1 = digitalRead(tilt_pin);           // 기울기 센서 첫 번째 상태 읽기
    delay(100);
    t_sw2 = digitalRead(tilt_pin);           // 기울기 센서 두 번째 상태 읽기

    if(t_sw1 == LOW && t_sw2 == HIGH){       // Tilt SW ON -> OFF 되는 순간
        led_out = !led_out;                  // 출력 반전
        digitalWrite(LED_BUILTIN, led_out);  // LED 출력
    }
}
```

5.8 수위 측정 센서

수위 측정 센서는 [그림 5-30]과 같이 센서 기판에 만들어진 줄 모양의 패턴에 물이 닿게 되면 물이 깊이에 따라 저항값이 변하면서 이를 전압값으로 출력하는 센서이다. 단자는 전원 단자 2개랑 센서 전압 출력 단자 1개로 구성되어 있고, 물의 깊이에 따라 전압값이 출력되도록 회로가 설계되어 있다. 즉 물이 적어 센서의 물에 잠긴 부분이 작은 경우에는 낮은 전압을 출력하고, 물이 많아 센서의 물에 잠긴 부분이 큰 경우에는 높은 전압을 출력한다. 따라서 수위에

따라 가변된 전압 값을 출력하므로 아두이노에 연결할 때는 아날로그 입력 단자(A0~A5)에 연결하여 디지털 값으로 읽어들여 사용하여야 한다.

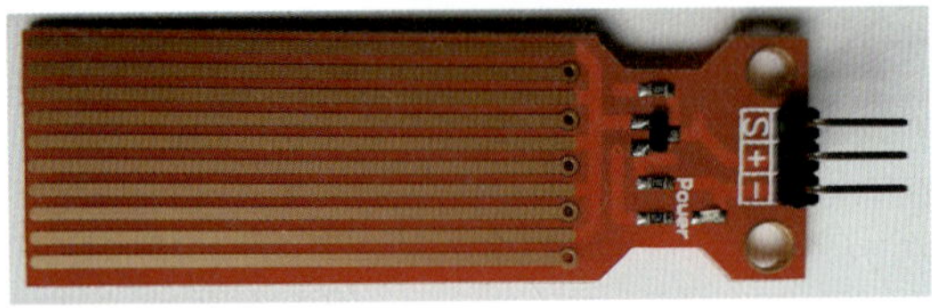

[그림 5-30] 수위 측정 센서

수위 센서를 실험하기 위한 회로를 [그림 5-31]과 같이 배선한다.

사용 부품	수량	아두이노 연결핀	수위 센서 연결핀
수위 센서	1개	A0	S핀

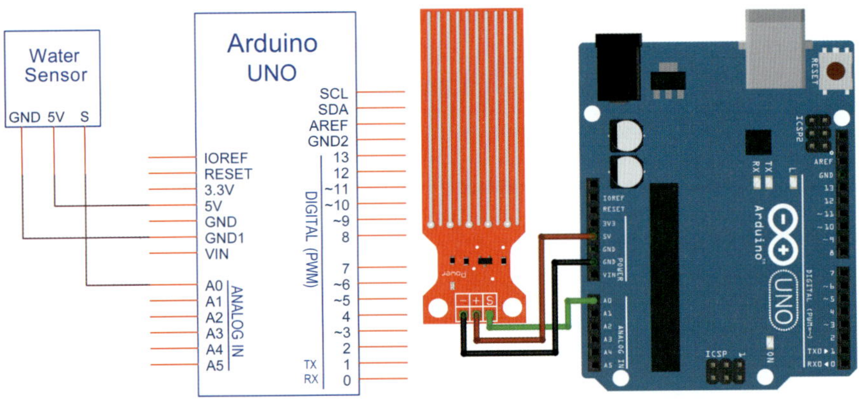

[그림 5-31] 수위 측정 센서 실험을 위한 회로 및 배선도

[수위 센서 연습1] 물의 깊이에 따라 센서 전압 값 시리얼 모니터 창 표시하기

물의 깊이에 따라 출력되는 전압 값을 시리얼 모니터 창에 출력하는 프로그램을 작성해보자.

[프로그램 5-17] 물의 깊이에 따라 출력되는 센서 전압 값 시리얼 모니터 창 표시하기

```
// water1
// 수위 측정 센서
// 물의 깊이에 따라 출력되는 전압값
// 모니터로 확인하기
// 주의 : 물을 엎지르거나
//    기판이 너무 잠겨 쇼트되지 않도록 주의, 주의

const int level_pin = A0;                    // 수위 측정 센서 연결핀

void setup()
{
    Serial.begin(9600);                      // 시리얼 통신 속도(9600bps)
}

void loop()
{
    int  d_water;
    float v_water;

    d_water = analogRead(level_pin);         // 수위 측정 센서 전압 디지털값 읽기
    v_water = (float)d_water * 5.0 / 1024.0; // 전압값 변환

    Serial.print("D : ");
    Serial.print(d_water);                   // 디지털 값 출력
    Serial.print(", A : ");
    Serial.println(v_water);                 // 아날로그 값 출력

    delay(1000);
}
```

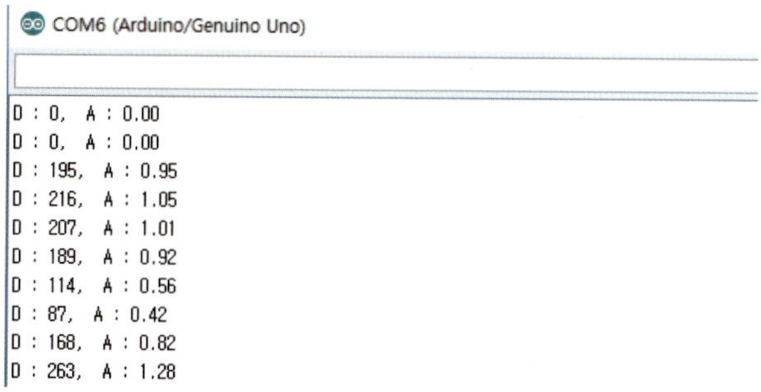

[그림 5-32] 수위 측정 센서 디지털 값과 전압 값

수위 센서의 출력 값은 측정할 때마다 조금씩 변화가 있었지만 대략적으로 [표 5-6]과 같은 디지털 값과 전압 값을 얻었으며, 물에 잠긴 후 수위가 0cm가 되어도 기판에 묻어 있는 물때문에 어느 정도의 값을 갖는 것을 확인할 수 있었다.

[표 5-6] 수위에 따른 센서 출력값

수위	디지털 값	아날로그 전압값
0cm	0	0V
1cm	260	1.26V
2cm	286	1.40V
3cm	300	1.47V
3.5cm	307	1.5V

[수위 센서 연습2] 수위 값에 따라 LED ON/OFF 시키기

1cm보다 높은 수위가 되면 아두이노 보드에 장착된 LED(LED_BUILTIN)를 ON시키고, 1cm보다 낮은 수위이면 LED를 OFF 시키는 프로그램을 작성해보자.

[프로그램 5-18] 수위값에 따라 LED ON/OFF 시키기

```
// water2
// 수위 측정 센서
// 물의 깊이가 1cm보다 크면
// LED_BUILTIN에 연결된 LED ON 시키기

const int level_pin = A0;                    // 수위 측정 센서 연결핀

void setup()
{
    pinMode(LED_BUILTIN, OUTPUT);            // LED_BUILTIN 연결핀(13) 출력 설정
}

void loop()
{
    int  d_water;

    d_water = analogRead(level_pin);         // 수위 측정 센서 전압 디지털값 읽기

    if(d_water > 260) digitalWrite(LED_BUILTIN, HIGH);      // LED ON
    else digitalWrite(LED_BUILTIN, LOW);                    // LED OFF

    delay(1000);
}
```

물의 깊이가 1cm보다 높아질 때는 LED가 바로 ON되지만, 반대로 수위가 1cm보다 낮아질 때는 먼저 잠겼던 부분의 영향으로 센서가 조금 늦게 반응하는 것을 확인할 수 있었다.(대략적인 실험이므로 값이 센서에 따라 조금씩 차이가 날 수 있으므로 각자 주의하면서 1cm 단위로 디지털 값을 확인해보기 바란다. 특히 물을 사용해야 하므로 기판이나 회로에 물이 튀기지 않도록 주의하도록 한다.)

5.9 RTC(Real Time Clock) 모듈

RTC 모듈에 장착된 IC는 DS1302이며, 이 IC는 년, 월, 일, 요일, 시, 분, 초에 대한 정보를 제공하는 기능을 갖고 있다. 모듈과 IC 핀 구성은 [그림 5-33]과 같으며, DS1302는 실시간 시계/달력과 31바이트의 RAM을 내장하고 있

다. 마이크로프로세서와는 동기화된 3개의 시리얼 통신 단자 /RST(Reset), I/O(Data), SCLK(Clk)에 의해 연결된다. 그리고, 정전시에도 동작하도록 하기 위해 두 개의 전원단자 Vcc1과 Vcc2를 가지고 있으며, Vcc2는 칩에 공급되는 전원이고 Vcc1은 백업(배터리 연결) 전원 단자이다.

[그림 5-33] RTC 모듈 및 RTC IC DS1302

RTC를 사용하기 위해서는 클럭과 함께 데이터를 IC에 써주거나 읽어야 하는 조금 복잡한 동작이 필요하므로 여기서는 라이브러리 함수를 이용하여 프로그램을 작성하는 방법을 알아보도록 한다. 라이브러리는

http://www.rinkydinkelectronics.com/library.php?id=5

에서 DS1302.zip 파일을 다운받아 DS1302 폴더를

C:\ Program Files (x86)\Arduino\libraries

에 복사한다. 이 라이브러리에 관련된 클래스 및 함수는 다음과 같다.

〈Time 클래스 변수 및 함수〉

멤버 함수명	설명	사용 예
Time Time()	2011:01:01:00:00:00:Friday	
클래스 변수 uint8_t hour, min, sec, date, mon, dow; uint16_t year;		Time t;

〈DS1302 클래스〉

멤버 함수명	설명	사용 예
DS1302 객체명(uint8_t ce_pin, uint8_t data_pin, uint8_t sclk_pin)	ce_pin, data_pin, sclk_pin에 연결된 DS1302 객체(모듈) 선언	예) DS1302 rtc(2, 3, 4);
Time getTime();	Time 클래스 변수의 값 읽어옴 sec, min, hour, date, mon, dow, year	Time t; t = getTime();
void setTime(uint8_t hour, uint8_t min, uint8_t sec);	시간 설정 hour, min, sec	rtc.setTime(12, 0, 0); //24시간 포맷
void setDate(uint8_t date, uint8_t mon, uint16_t year);	날짜 설정 date, mon, year	rtc.setDate(6, 8, 2010); //2010.8.6
void setDOW(uint8_t dow);	Day of Week : 요일 설정	rtc.setDOW(FRIDAY);
char *getTimeStr(uint8_t format =FORMAT_LONG);	시간 읽기(문자열) FORMAT_LONG hh:mm.ss FORMAT_SHORT hh:mm	char *ff; ff = rtc.getTimeStr();
char *getDateStr(uint8_t slformat = FORMAT_LONG, uint8_t eformat = FORMAT_LITTLEENDIAN, char divider='.');	날짜 읽기 : 문자열 –FORMAT_LITTLEENDIAN(defaut) FORMAT_SHORT dd.mm.yy FORMAT_LONG dd.mm.yyyy – FORMAT_MIDDLEENDIAN FORMAT_SHORT mm.dd.yy FORMAT_LONG mm.dd.yyyy	char *ff; ff = rtc.getTimeStr();
char *getDOWStr(uint8_t format=FORMAT_LONG);	요일 읽기 FORMAT_LONG "Monday" FORMAT_SHORT "Mon"	char *ff; ff = rtc. getDowStr(FORMAT_ SHORT);
char *getMonthStr(uint8_t format = FORMAT_LONG);	달 출력 Format LONG "January" FORMAT_SHORT "Jan"	char *ff; ff = rtc.getMonthStr();
void halt(bool value);	0 : 클럭발진 시작	시작할 때 설정 필요
void writeProtect(bool enable);	0 : 쓰기 허용	시작할 때 설정 필요

RTC 모듈을 실험하기 위해 [그림 5-34]와 같이 회로를 배선한다.

사용 부품	수량
RTC 모듈	1개
I2C LCD 모듈	1개
리모콘	1개

아두이노 연결핀	RTC 및 LCD 연결핀	
5	CLK	RTC 모듈
4	DAT	
3	RST	
SDA	SDA	I2C LCD
SCL	SCL	
2	OUT	리모콘 수광기

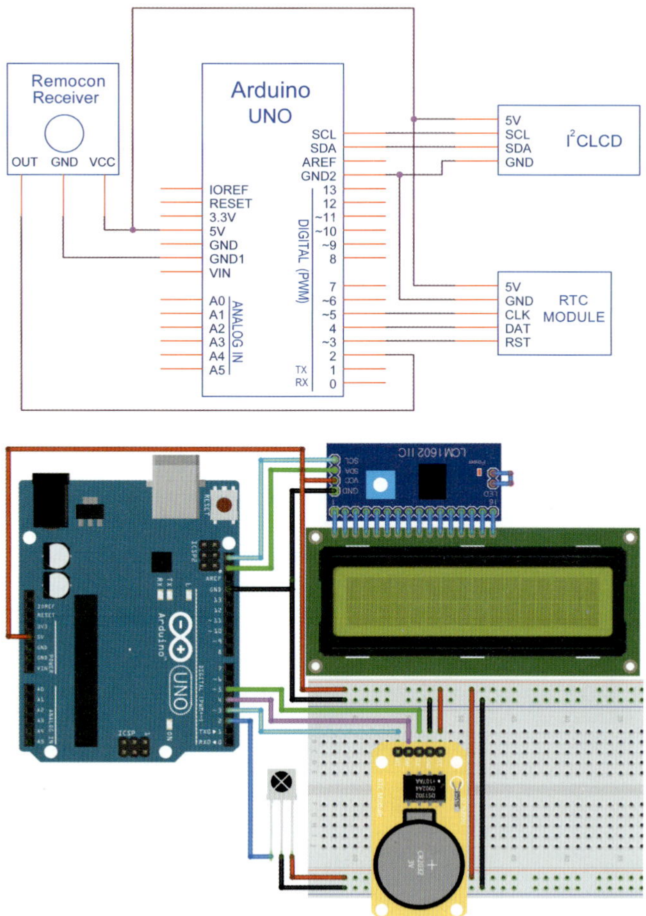

[그림 5-34] RTC 실험을 위한 회로 및 배선도

[RTC 연습1] LCD에 시간 출력 표시하기

LCD 1행에는 년.월.일과 요일(영문 3자리)을 표시하고, 2행에는 시간을 5열부터 다음과 같이 표시되도록 프로그램을 작성해보자.

2	0	1	8	.	0	9	.	2	1			F	r	i	
				2	3	:	5	9	:	5	9				

[프로그램 5-19] LCD에 시간 출력 표시하기

```
// rtc1
// DS1302, I2C LCD

#include <LiquidCrystal_I2C.h>
#include <DS1302.h>

// DS1302객체생성
DS1302 myRTC(3, 4, 5);                      // 연결핀 CE(/RST) : 2, I/O : 3,  SCLK : 4
LiquidCrystal_I2C myLCD(0x3F, 16, 2);       // LCD 객체 생성

void setup()
{
    myLCD.begin();                          // LCD 초기화

    // RTC 설정
    myRTC.halt(false);                      // RTC 동작 시작
    myRTC.writeProtect(false);              // RTC 쓰기 허용
    myRTC.setDOW(FRIDAY);                   // 금요일 설정
    myRTC.setTime(23, 59, 0);               // 23:59:00 (24hr format) 설정
    myRTC.setDate(21, 9, 2018);             // 2018년 9월 21일 설정
}

void loop()
{
    char *buf, str[11], sstr[11];
    byte i = 0;

    // 날짜 데이터
    buf =  myRTC.getDateStr();              // dd.mm.yyyy형식 날짜 읽어오기
    for(i = 0;i < 11;i++) str[i] = *buf++;  // dd.mm.yyyy 형식의 문자열 복사
```

```
    // dd.mm.yyyy => yyyy.mm.dd 변환
    for(i = 0;i < 4;i++) sstr[i] = str[i + 6];
    sstr[4] = '.';
    for(i = 0;i < 2;i++) sstr[i + 5] = str[i + 3];
    sstr[7] = '.';
    for(i = 0;i < 2;i++) sstr[i + 8] = str[i];
    sstr[10] = '₩0';

    // 첫 행 왼쪽에 yyyy.mm.dd 형식으로 출력 표시
    myLCD.setCursor(0, 0);                    // 커서 첫번째 행(0) 0열 이동
    myLCD.print(sstr);

    // 영문 요일
    buf = myRTC.getDOWStr();                  // 영문 요일 읽어오기
    for(i = 0;i < 3;i++) str[i] = *buf++;     // 3문자만 저장
    str[3] = '₩0';

    // 첫 번째행 오른쪽에 영문 요일(3문자) 표시
    myLCD.setCursor(12, 0);                   // 커서 첫번째 행(0) 12열 이동
    myLCD.print(str);

    // 시간 데이터
    buf = myRTC.getTimeStr();                 // hh:mm:ss 시간 데이터 읽어오기

    // 두 번째행에 시간 표시
    myLCD.setCursor(4, 1);                    // 커서 두번째 행(1) 4열 이동
    myLCD.print(buf);

    delay (1000);
}
```

[RTC 연습2] 리모콘으로 날짜 및 시간 설정하기

시간을 LCD에 표시하면서, 리모컨을 이용하여 날짜 및 시간을 아래 표와 같이 설정할 수 있도록 프로그램을 작성해보자.

리모컨	키	시간 설정 기능
	CH-	년도 -1
	CH	년도 + 1
	CH+	년도 + 5
	:<<	달 -1
	>>:	달 +1
	>::	달 +2
	-	일 -1
	+	일 +1
	EQ	일 +5
	0	초 리셋(0)
	100+	분 리셋(0)
	200+	시간 리셋(0)
	1	요일 -1(1:Monday,,,7 : Sunday)
	2	요일 +1
	3	요일 +5
	4	시간 -1
	5	시간 +1
	6	시간 +5
	7	분 -1
	8	분 + 1
	9	분 + 5

[프로그램 5-20] 리모콘으로 날짜 및 시간 설정하기

```
// rtc2
// DS1302, I2C LCD , Remocon

#include <LiquidCrystal_I2C.h>          // I2C LCD 헤더 파일
#include <DS1302.h>                     // DS1302 헤더 파일
#include <IRremote.h>                   // 리모컨 헤더 파일

const int REC_PIN = 2;                  // 리모컨 수신기 연결핀

// DS1302객체생성
DS1302 myRTC(3, 4, 5);                  // 연결핀 CE(/RST) : 2, I/O : 3,  SCLK : 4
LiquidCrystal_I2C myLCD(0x3F, 16, 2);   // LCD 객체 생성
IRrecv myIR(REC_PIN);                   // 리모컨 객체 myIR생성
```

```
decode_results rlt;                                  // 리모컨 수신 데이터 구조체 선언

int  yyyy = 2018, mmmm = 9, dddd = 21;               // 년, 월, 일 변수
int  week = FRIDAY;                                  // 요일 변수
int  hh = 23, mm = 59, ss = 0;                       // 시간, 분, 초 변수

void disp(void);                                     // 현재 날짜 및 시간 표시 함수
void remocon(void);                                  // 리모컨 입력 처리 함수

void setup()
{
    myIR.enableIRIn();                               // 리모컨 입력 시작
    myLCD.begin();                                   // LCD 초기화

    // RTC 설정
    myRTC.halt(false);                               // RTC 동작 시작
    myRTC.writeProtect(false);                       // RTC 쓰기 허용
    myRTC.setDOW(week);                              // 요일 설정
    myRTC.setTime(hh, mm, ss);                       // 시간 (24hr format) 설정
    myRTC.setDate(dddd, mmmm, yyyy);                 // 년 월 일 설정
}

void loop()
{
    remocon();                                       // 리모컨 입력 체크 및 처리
    disp();                                          // 현재 날짜 및 시간 표시
}

void remocon()
{
    byte key, disp;

    if(!myIR.decode(&rlt)) return;                   // 수신된 데이터가 없으면 리턴

    if(rlt.decode_type == NEC){                      // NEC 방식인 경우에만 처리
        key = (unsigned char)rlt.value;              // 반전 데이터 코드만 추출(하위 8비트)

        if(key == 0x5D || key == 0x9D || key == 0x1D){ // CH-, CH, CH+ key
            if(key == 0x5D){                         // CH- key : yyyy--(년도 -1)
                yyyy--;
                if(yyyy < 0) yyyy = 0;
            }
            else if(key == 0x9D) yyyy++;             // CH key : yyyy++(년도 +1)
            else yyyy = yyyy + 5;                    // CH+ key : yyyy+5(년도 +5)
```

```
        myRTC.setDate(dddd, mmmm, yyyy);            // 년 월 일 설정
    }
    else if(key == 0xDD || key == 0xFD || key == 0x3D){ // :〈〈, 〉〉:, 〉:: key
        if(key == 0xDD){                            // :〈〈 key : mmmm—(달 -1)
            if(mmmm == 1) mmmm = 12;
            else mmmm—;
        }
        else if(key == 0xFD){                       // 〉〉: key : mmmmm++(달 +1)
            if(mmmm == 12) mmmm = 1;
            else mmmm++;
        }
        else {                                      // 〉:: key : mmmm+2(달 +2)
            mmmm = mmmm + 2;
            if(mmmm 〉 12) mmmm = mmmm - 12;
        }
        myRTC.setDate(dddd, mmmm, yyyy);            // 년 월 일 설정
    }
    else if(key == 0x1F || key == 0x57 || key == 0x6F){ // -, +, EQ key
        if(key == 0x1F){                            // - key : dddd—(일 -1)
            if(dddd == 1) dddd = 31;
            else dddd—;
        }
        else if(key == 0x57){                       // + key : dddd++(일 +1)
            if(dddd == 31) dddd = 1;
            else dddd++;
        }
        else {                                      // EQ key : dddd+5(일 +5)
            dddd = dddd + 5;
            if(dddd 〉 31) dddd = dddd - 31;
        }
        myRTC.setDate(dddd, mmmm, yyyy);            // 년 월 일 설정
    }
    else if(key == 0x97 || key == 0x67 || key == 0x4F){ // 0, 100+, 200+ key
        if(key == 0x97) ss = 0;                     // 0 key : ss = 0(초값 0)
        else if(key == 0x67) mm = 0;                // 100+ key : mm = 0(분값 0)
        else hh = 0;                                // 200+ key : hh = 0(시간값 0)

        myRTC.setTime(hh, mm, ss);                  // 시간 (24hr format) 설정
    }
    else if(key == 0xCF || key == 0xE7 || key == 0x85){ // 1,2,3 key
        if(key == 0xCF){                            // 1 key : week—(요일 -1)
            if(week == 1) week = 7;                 // Mon -〉 Sun
            else week—;
        }
        else if(key == 0xC7){                       // 2 key : week++(요일 +1)
```

```
            if(week == 7) week = 1;              // Sun -> Mon(요일범위 1~7)
            else week++;
        }
        else {                                   // 3 key : week+2(요일 +2)
            week = week + 2;
            if(week > 7) week = week - 7;        // 요일범위 1~7
        }
        myRTC.setDOW(week);                      // 요일 설정
    }
    else if(key == 0xEF || key == 0xC7 || key == 0xA5){ // 4,5,6 key
        if(key == 0xEF){                         // 4 key : hh--(시간값 -1)
            if(hh == 0) hh = 23;
            else hh--;
        }
        else if(key == 0xC7){                    // 5 key : hh++(시간값 +1)
            if(hh == 23) hh = 0;
            else hh++;
        }
        else {                                   // 6 key : hh+5(시간값 +5)
            hh = hh + 5;
            if(hh > 23) hh = hh - 24;
        }
         myRTC.setTime(hh, mm, ss);              // 시간 (24hr format) 설정
    }
    else if(key == 0xBD || key == 0xB5 || key == 0xAD){ // 7, 8, 9 key : mm--
        if(key == 0xBD){                         // 7 key : mm--(분 -1)
            if(mm == 0) mm = 59;
            else mm--;
        }
        else if(key == 0xB5){                    // 8 key : mm++(분 +1)
            if(mm == 59) mm = 0;
            else mm++;
        }
        else {                                   // 9 key : mm+5(분 +5)
            mm = mm + 5;
            if(mm > 59) mm = mm - 60;
        }
        myRTC.setTime(hh, mm, ss);               // 시간 (24hr format) 설정
    }
  }
  myIR.resume();   // 새로운 데이터 수신
}

void disp()
{
```

```
    char *buf, str[11], sstr[11];
    byte i = 0;
    Time t;

    t = myRTC.getTime();                                    // 현재 시간값 정수값으로 읽어오기
    ss = t.sec;
    mm = t.min;
    hh = t.hour;
    dddd = t.date;
    mmmm = t.mon;
    week = t.dow;
    yyyy = t.year;

    // 날짜 데이터
    buf =  myRTC.getDateStr();                              // dd.mm.yyyy형식 날짜 읽어오기
    for(i = 0;i < 11;i++) str[i] = *buf++;                  // dd.mm.yyyy 형식의 문자열 복사

    // dd.mm.yyyy => yyyy.mm.dd 변환
    for(i = 0;i < 4;i++) sstr[i] = str[i + 6];
    sstr[4] = '.';
    for(i = 0;i < 2;i++) sstr[i + 5] = str[i + 3];
    sstr[7] = '.';
    for(i = 0;i < 2;i++) sstr[i + 8] = str[i];
    sstr[10] = '₩0';

    // 첫 행 왼쪽에 yyyy.mm.dd 형식으로 출력 표시
    myLCD.setCursor(0, 0);                                  // 커서 첫번째 행(0) 0열 이동
    myLCD.print(sstr);

    // 영문 요일
    buf = myRTC.getDOWStr();                                // 영문 요일 읽어오기
    for(i = 0;i < 3;i++) str[i] = *buf++;                   // 3문자만 저장
    str[3] = '₩0';

    // 첫 번째행 오른쪽에 영문 요일(3문자) 표시
    myLCD.setCursor(12, 0);                                 // 커서 첫번째 행(0) 12열 이동
    myLCD.print(str);

    // 시간 데이터
    buf = myRTC.getTimeStr();                               // hh:mm:ss 시간 데이터 읽어오기

    // 두 번째행에 시간 표시
    myLCD.setCursor(4, 1);                                  // 커서 두번째 행(1) 4열 이동
    myLCD.print(buf);

    delay (1000);
}
```

chapter

06

도전 과제

도전은 창의력의 시발점이라 생각한다. 지구상에 하나밖에 없는 여러분들의 프로그램으로 멋진 아두이노 작품들이 완성되길 바라면서 15개의 도전 과제를 남긴다.

CHAPTER

06 도전 과제

이 책을 마무리하는 의미에서 15개의 도전 과제를 남겨둔다. 이들 도전 과제에 대해서는 저자도 아직 프로그램을 작성해보지 못했고, 책이 출판된 후 천천히 〈Queen : We Are The Champions〉의 음악을 들으며 커피향이라도 맡으면서 작성하려고 생각하고 있다. 도전 과제는 프로그램 작성으로 미리 확인하지 않은 상태라 모순점이나 문제점이 있을 수도 있겠지만, 그런 부분은 여러분들이 수정하여 완성된 도전 과제를 만들어주길 바란다.

[도전 과제1] 랩 타임(Lap Time : 경과 시간) 저장 및 표시 기능이 있는 스톱워치

타이머/카운터에서 연습했던 10ms 단위로 동작하는 stopwatch4 프로그램에 랩 타임 기능을 부여하여 4개 스위치의 입력에 따라 다음과 같이 동작하는 스톱워치 프로그램을 작성하라.

¤ **사용부품 :** 스위치 4개, 4자리 7-세그먼트, 저항 330Ω × 8
10kΩ x 4(스위치 내부 풀업 사용 시 필요 없음)

초	초.	1/10 초	1/100 초

[그림 6-1] 스톱워치 시간 표시

[표 6-1] 스위치 기능

스위치	기 능	비 고
SW1	동작/정지	– 토글 동작(스위치가 눌려질 때마다 바뀜)
SW2	리셋(클리어)	– 스톱워치 시간과 저장 랩 타임 모두 클리어
SW3	랩 타임 저장	– 동작 중에만 기능하고, 최대 10개까지 저장 – 스위치가 눌려질 때마다 현재 시간 저장
SW4	랩 타임 표시	– 정지 상태에서만 동작 – 첫 번째부터 순차적으로 반복 표시

[도전 과제2] 7-세그먼트와 스위치 3개를 이용한 다운 카운터

설정된 시간부터 1초 단위로 감소하면서 0이 되면 부저가 울리고, 정지 스위치가 눌려지면 부저가 꺼지는 다운 카운터 프로그램을 작성하라. 4자리 7-세그먼트를 이용하며, 상위 2자리는 분을 나타내고, 하위 2자리는 초를 나타낸다.

¤ **사용부품 :** 부저, 4자리 7-세그먼트, 저항 330Ω x 8, 스위치 4개,
저항 10kΩ x 4(스위치 내부 풀업 사용 시 필요 없음)

분	분.	초	초

[그림 6-2] 스톱워치 시간 표시

[표 6-2] 스위치 기능

스위치	기 능	비 고
SW1	자리 선택	– 자리별 시간 설정 – 59분 59초 최대
SW2	선택 자리 값 +1	
SW3	동작/정지	– 시간이 00:00이 되면 정지 상태가 되면서 부저 ON – 부저가 울리는 상태에서 눌리면 부저 OFF하고 정지 상태 유지

[도전 과제3] 나만의 시계 제작

4자리 7-세그먼트를 이용하여 알람 기능이 있는 시계 프로그램을 작성하라.

¤ **사용부품 :** 부저, 4자리 7-세그먼트, 저항 330Ω x 8, 스위치 4개
10kΩ x 4(스위치 내부 풀업 사용 시 필요 없음)

시	시.	분	분.

[그림 6-3] 시계 시간 표시

[표 6-3] 스위치 기능

스위치	기 능	비 고
SW1	자리 선택	– 시간 설정 00:00~23:59 – 시계와 알람 시간은 각각의 모드에서 설정
SW2	선택 자리 값 +1	
SW3	알람 설정/해제	– 알람 시간이 되면 부저 ON – 스위치 눌려져 해제 상태이면 부저 OFF – 알람이 설정되면 1자리 7-세그먼트 DP를 ON 시켜 나타냄
SW4	시계/알람 모드 선택	알람 모드에서는 알람 시간 표시 시계 모드에서는 시계 시간 표시

[도전 과제4] 도트 매트릭스를 이용한 다운 카운터(분 또는 초 단위 동작)

도트 매트릭스를 이용하여 설정된 시간부터 1초 단위로 감소하면서 0이 되면 부저가 울리고, 정지 스위치가 눌려지면 부저가 꺼지는 다운 카운터 프로그램을 작성하라. 도트 매트릭스에 표시할 숫자는 3 x 8 크기의 폰트로 만들어 [그림 6-4]와 같이 두 자리로 표시하도록 한다.

¤ **사용부품 :** 도트 매트릭스, 저항 330Ω x 8, 부저, 스위치 3개
10kΩ x 3(스위치 내부 풀업 사용 시 필요 없음)

[그림 6-4] 시간 표시(분 또는 초)

[표 6-4] 스위치 기능

스위치	기 능	비 고
SW1	10자리 값 +1	– 0~5
SW2	1자리 값 +1	– 0~9
SW3	동작/정지	– 시간이 00:00이 되면 정지 상태가 되면서 부저 ON – 부저가 울리는 상태에서 눌리면 부저 OFF 하고 정지 상태 유지

[도전 과제5] 도트 매트릭스의 모든 LED를 순차적으로 ON 시키기

아래 3개의 표에 적힌 번호 순서대로 LED를 300ms 간격으로 하나씩 순차적으로 ON 시켜가며 모든 LED가 ON이 되는 프로그램을 작성하라. 표 하나씩 독립적인 프로그램으로 작성하거나 또는 3개 모두 순차적으로 동작하게끔 하나의 프로그램으로 작성하도록 한다.

¤ **사용부품 :** 도트 매트릭스, 저항 330Ω x 8

1	2	3	4	5	6	7	8
9	10	11	12	13	14	15	16
17	18	19	20	21	22	23	24
25	26	27	28	29	30	31	32
33	34	35	36	37	38	39	40
41	42	43	44	45	46	47	48
49	50	51	52	53	54	55	56
57	58	59	60	61	62	63	64

1	2	4	7	11	16	22	29
3	5	8	12	17	23	30	37
6	9	13	18	24	31	38	44
10	14	19	25	32	39	45	50
15	20	26	33	40	46	51	55
21	27	34	41	47	52	56	59
28	35	42	48	53	57	60	62
36	43	49	54	58	61	63	64

1	2	3	4	5	6	7	8
28	29	30	31	32	33	34	9
27	48	49	50	51	52	35	104
26	47	60	61	62	53	36	11
25	46	59	64	63	54	37	12
24	45	58	57	56	55	38	13
23	44	43	42	41	40	39	14
22	21	20	19	18	17	16	15

[그림 6-5] 도트 매트릭스 LED ON 시키는 순서

[도전 과제6] 도트 매트릭스의 LED를 조이스틱으로 이동시키기

도트 매트릭스에서 ON이 되는 LED의 위치를 조이스틱의 x축, y축 키로 이동시키는 프로그램을 작성하라.(커서 LED)

¤ **사용부품 :** 도트 매트릭스, 저항 330Ω x 8, 조이스틱

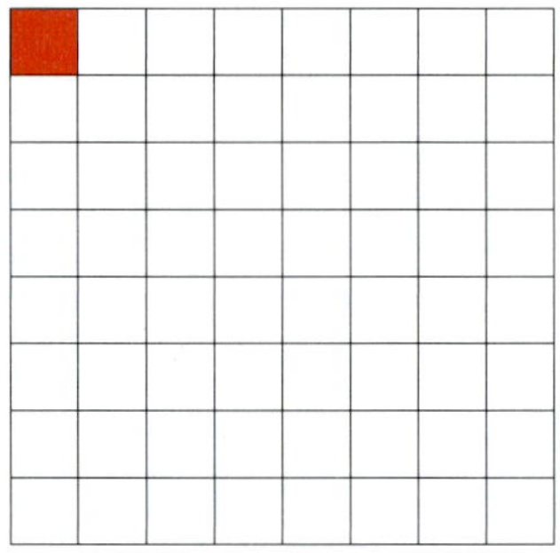

[그림 6-6] **도트 매트릭스 초기 상태**

[표 6-5] **조이스틱 기능**

조이스틱	기 능	비 고
x축	x축 이동	조이스틱 x축과 y축의 V값 A/D 변환하여 임계치보다 크거나 작을 때 x축, y축의 + 또는 −방향으로 이동
y축	y축 이동	

[도전 과제7] 조이스틱을 이용하여 도트 매트릭스에 패턴 그리기

[도전 과제6]에서처럼 조이스틱의 x축, y축 키로 커서 LED를 이동시킨 후 z축 스위치가 눌려지면 그 위치의 값을 반전(0/1)시키며 패턴을 그려가는 프로그램을 작성하라. z축 스위치가 눌려진 후에도 커서 LED는 계속 ON이 되어 있어야 하므로 그 위치 LED의 ON/OFF 상태는 커서 LED를 이동시켜야 확인할 수 있다.

¤ **사용부품 :** 도트 매트릭스, 저항 330Ω x 8, 조이스틱

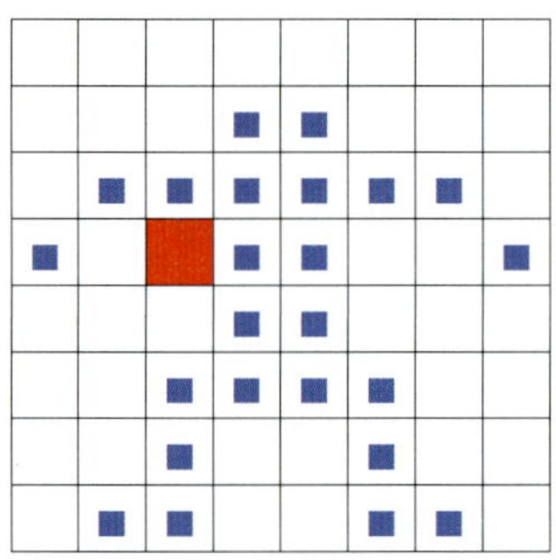

[그림 6-7] **도트 매트릭스 패턴 그리기**

[표 6-6] 조이스틱 기능

조이스틱	기 능	비 고
x축	x축 이동	- 조이스틱 x축과 y축의 V값 A/D 변환 - 임계치보다 크거나 작을 때 x축, y축의 + 또는 -방향으로 이동
y축	y축 이동	
z축	현 위치 값 반전	- 내부 풀업 저항 사용(폴링 방식) - 스위치 눌려질 때마다 토글 동작

[도전 과제8] 도트 매트릭스에 표시된 패턴 지우기

도트 매트릭스에 임의의 패턴을 표시한 후 커서 LED를 이동시켜가며 표시된 패턴을 지워가는 프로그램을 작성하라. 조이스틱의 x축, y축 키로 이동하는 커서 LED가 ON 되어 있는 LED를 통과하면 별도의 스위치 조작 없이 LED가 자동으로 OFF 되게끔 처리한다.

¤ **사용부품 :** 도트 매트릭스, 저항 330Ω x 8, 조이스틱

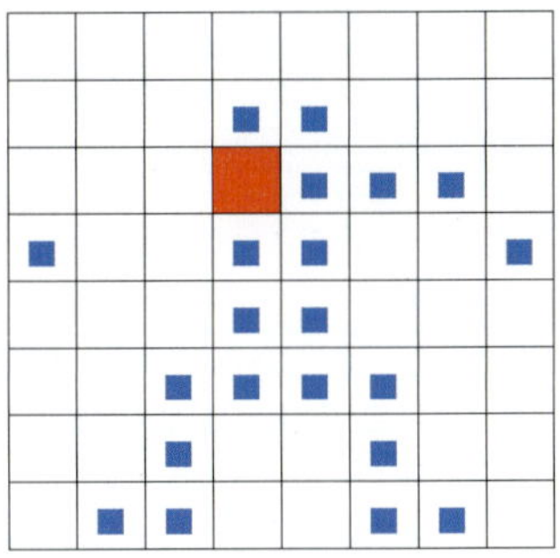

[그림 6-8] 도트 매트릭스 패턴 지우기

[표 6-7] 조이스틱 기능

조이스틱	기 능	비 고
x축	x축 이동	- 조이스틱 x축과 y축의 V값 A/D 변환 - 임계치보다 크거나 작을 때 x축, y축 + 또는 -방향으로 이동
y축	y축 이동	

[도전 과제9] 도트 매트릭스 바이너리(Binary) 시계

도트 매트릭스를 이용하여 [그림 6-9]와 같이 동작하는 바이너리 시계 프로그램을 작성하라. 바이너리 표현은 표시하는 값의 범위에 따라 2개~4개의 LED를 이용하여 LED가 ON이면 1을 LED가 OFF이면 0을 나타내도록 한다. [그림 6-9]에서 알 수 있듯이 시, 분, 초에 대해 각각 2열씩 사용하여 10자리와 1자리를 따로 표시하도록 한다. 시 10자

리는 0~2(00, 01, 10)의 값을 표현해야 하므로 LED 2개를 이용하고, 시/분/초 1자리는 0~9(0000~1001)의 값을 표현해야 하므로 각각 LED 4개를 이용한다. 그리고 분/초 10자리는 0~5(000~101)의 값을 표현해야 하므로 LED 3개를 각각 이용한다.

¤ **사용부품 :** 도트 매트릭스, 저항 330Ω x 8, 스위치 4개,
10kΩ x 4(스위치 내부 풀업 사용 시 필요 없음)

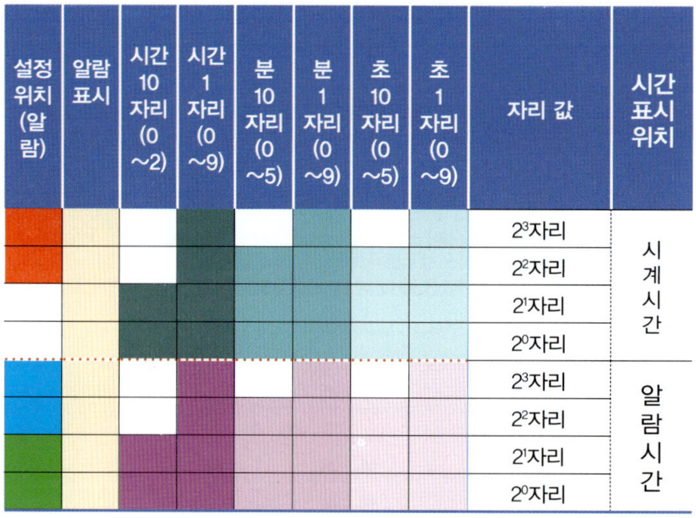

[그림 6-9] 도트 매트릭스 바이너리 시계

[그림 6-10] 표시 예
(시계 시간 : 14시 59분 37초, 알람 시간 : 6시 30분, 시계 모드, 알람 설정)

[표 6-8] 스위치 기능

스위치	기 능	비 고
SW1	자리 선택	– 시간 설정 00:00~23:59 – 시계와 알람 시간은 각각의 모드에서 설정
SW2	선택 자리 값 +1	
SW3	알람 설정/해제	– 알람이 설정되면 도트 매트릭스 맨 좌측 1열 7,8행 LED(표 녹색 부분) LED ON – 알람 시간이 되면 도트 매트릭스 좌측 2열 1초간격 ON/ OFF 점멸 – 스위치 눌려져 해제 상태이면 점멸 OFF
SW4	시계/알람 모드 토글 선택	– 시계 모드이면 도트 매트릭스 맨 좌측 1열 1,2행 LED(표 적색 부분) ON – 알람 모드이면 도트 매트릭스 맨 좌측 1열 5,6행 LED(표 청색 부분) ON

[도전 과제10] 지렁이 게임

먹이를 먹으면 마디가 하나씩 증가하는 지렁이 게임 프로그램을 작성하라. 먹이는 먹을 때마다 새로운 위치에 랜덤하게 위치하도록 랜덤 함수를 이용하도록 한다.(아두이노 라이브러리에서 두 개의 랜덤 함수 randomSeed(seed)와 random(범위1, 범위2)가 지원된다.)

¤ **사용부품 :** 도트 매트릭스, 저항 330Ω x 8, 조이스틱(또는 조이스틱)

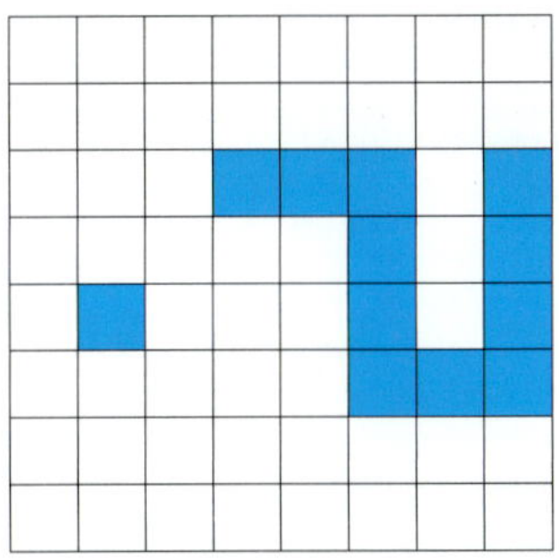

[그림 6-11] 지렁이 게임(먹이와 몸체)

[도전 과제11] LCD 큰 숫자(0~9) 패턴 표시하기

LCD에 [그림 6-12]와 같은 기본 패턴을 저장한 후 이를 이용하여 [그림 6-13]과 같은 숫자 패턴을 만들어 표시하는 프로그램을 작성하라. 즉 기본 패턴을 위에 3개 아래에 3개를 연결 표시하여 하나의 숫자 패턴을 만들어 표시하도록 한다.

¤ **사용부품 :** I2C LCD

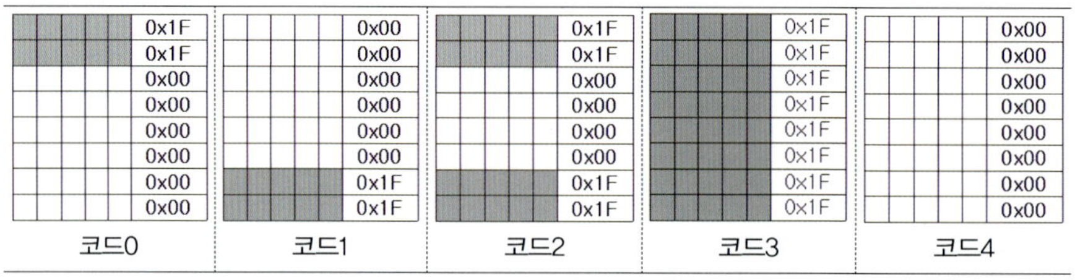

[그림 6-12] 기본 패턴

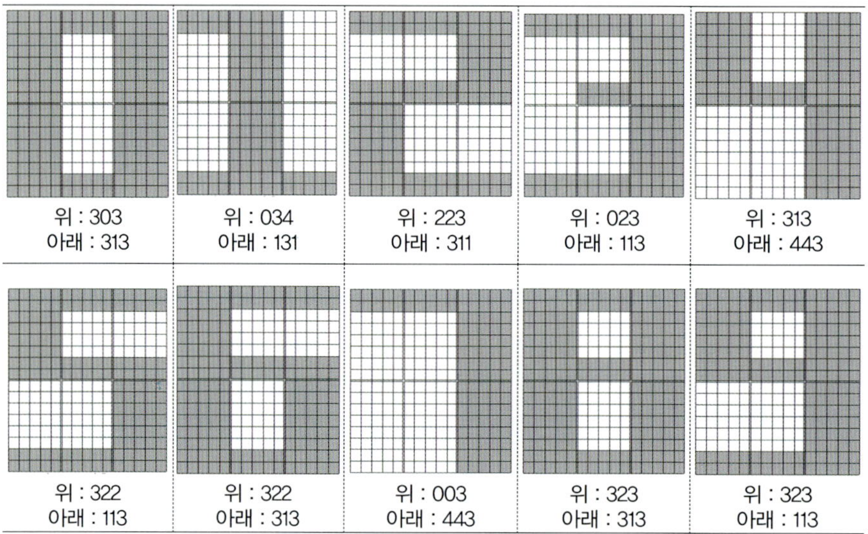

[그림 6-13] 기본 패턴을 이용한 숫자(0~9) 표시

[도전 과제12] LCD 다운 카운터

[도전 과제11]의 패턴을 이용하여 다운 카운터 프로그램을 작성하라.

[도전 과제13] LCD 시계

[도전 과제11]의 패턴을 이용하여 시계 프로그램을 작성하라.

[도전 과제14] LCD, RFID, 키패드, RC 서보 모터를 이용한 도어락

LCD, 키패드, RFID, RC 서보 모터를 이용하여 도어락을 구현하는 프로그램을 작성하라.

¤ **사용부품 :** I2C LCD, RFID, 키패드(내부 풀업 사용), RC 서보모터

[표 6-9] 키패드 키 기능

키패드 키	기 능	비 고
0~9	비밀번호 입력(4자리)	– 비밀번호가 일치하면 서보 모터 회전하여 열림 상태로 – A~F 키 눌려지면 서보 모터 닫힘 상태로
A	새로운 비밀번호 추가 등록	– 4자리 입력되면 자동 등록
B	새로운 태그 ID 추가 등록	– 태그 ID 읽혀지면 자동 등록
C	등록 비밀번호 순차 표시	– 키 눌릴 때마다 한 개씩 순차 표시
D	등록 태그 ID 순차 표시	– 키 눌릴 때마다 한 개씩 순차 표시
E	비밀번호, 태그 ID 삭제	C키와 D키에 의해 표시된 비밀번호(ID) 삭제
F	비밀번호 입력 모드 전환	– 비밀번호(태그 ID) 등록 또는 표시 모드이면 종료하고, 비밀번호 입력 모드로 – 서보 모터가 열림 상태이면 닫힘 상태로

[도전 과제 15] 세탁기

[표 6-10]에 나타낸 기능을 구현하는 세탁기 프로그램을 작성하라.(다른 필요한 사항이 있으면 추가하세요.)

¤ **사용부품 :** 4자리 세그먼트(DP 사용안함), 저항 330Ω x 7, 스텝 모터, ULN2003 모듈, RC 서보 모터, 스위치 3개, 10kΩ x 3(스위치 내부 풀업 사용 시 필요 없음), 부저

탈수 행굼 강도	행굼 설정 횟수	행굼 실행 횟수	세탁기 모드

[그림 14] 7-세그먼트 표시값

[표 6-10] 사용 부품의 기능

사용 부품		기 능	비 고
스텝 모터		세탁기 드럼	정회전/역회전으로 세탁 및 탈수 기능 구현
서보 모터		물의 급수 및 배수	0도 : 잠금, -90 : 배수, 90도 : 급수
SW1		자리 값 선택	세탁 모드 및 동작 설정
SW2		선택 자리 값 +1	
SW3		동작/정지	
7-세그먼트	1자리	세탁기 모드	0 : 정지(종료), 1 : 세탁, 2 : 행굼, 3 : 탈수
	10자리	행굼 실행 횟수 표시	행굼 횟수 표시
	100자리	행굼 설정 횟수 표시	1~5(스텝 모터 좌우 회전수로 구현)
	1000자리	탈수 행굼 강도 표시	1~3(스텝 모터 속도로 구현)
부저		종료 시 10초간 울림	자동으로 멈춤